Eifel hautnah

DAS BUCH 2020

JAHRBUCHVERLAG
FOESTER & PARTNER

HERAUSGEBER
Hubertus Foester

VERLAG
Jahrbuch-Verlag Foester & Partner
Hubertus Foester e. K.
Scholzenhof
Lindenstraße 15
54579 Leudersdorf
Telefon (0 26 96) 12 21
Telefax (0 26 96) 14 31
info@vulkaneifel-hautnah.de
www.vulkaneifel-hautnah.de

ART DIRECTION
Hank Mediengestaltung, Jochen Hank
www.hankmedia.de

AUTOREN
Hubertus Foester (hfr), Helmut Gassen (hg), Jochen Hank (jh), Jürgen Hahn (han), Barbara Hültenschmidt (hue), Angelika Koch (ako), Stefan Lieser (sli), Alexandra Schneiders (as), Valerie Schneider (vs), Verena Welter (vwe), Lia Wülferath (lw)

KARIKATUREN
Roland Grundheber

LEKTORAT
Hans-Udo Meyer, www.richtigfalsch.com

DRUCK
Bastian Druck, Föhren

Fotonachweise Umschlag:
Titelseite, von links: Jochen Hank, Wildpark Daun, Dominik Ketz, Dominik Ketz, D. Ritzenhofen
Buchrückseite, von links: Nicole Esch, Archehof, Landessammlung für Naturkunde RLP, Susanne Schug, Bahn- und Businitiative Schleidener Tal e.V.
Buchrücken: Dominik Ketz

ISBN 978-3-89296-300-4

Foto: Jochen Hank

INHALT

13

DÖRFER UND STÄDTE

85

NATUR UND LANDSCHAFTEN

Fotos: Stefan Lieser, RSI Malmédy, Michael Meyer (von links nach rechts)

91

ESSEN, TRINKEN UND FEIERN

TOURISMUS UND AKTIVITÄTEN

EIFEL UND GEOLOGIE

LAND UND LEUTE

GESCHICHTE UND GESCHICHTEN

Fotos: RBHahn, Jochen Hank, Stefan Lieser, Jochen Hank (von links nach rechts)

KIRCHEN UND KLÖSTER

TRADITION UND HANDWERK

Fotos: Stefan Lieser, Jochen Hank, Regionalmarke EIFEL, David Haas (von links nach rechts)

ERFOLGREICH IN DER EIFEL

KUNST UND KULTUR

WAS, WANN, WO?

WASSERFALL DREIMÜHLEN BEI NOHN

EDITORIAL

Liebe Leser!

Mit **VulkanEifel-Heimat hautnah – das Magazin** berichten wir seit sechs Jahren über eine besondere Landschaft in der Mitte von Europa. Auflagen- und Abonnentenzahlen zeigen: Unsere Region erfreut sich einer wachsenden Begeisterung von Besuchern, Touristen, Wochenend-Eiflern und einheimischer Bevölkerung.

Verständlich: Die Eifel ist sehr Besonders. Man kann und sollte sie jedoch nicht auf Landschaft, Natur, Geologie, Wandern, Radfahren, Geschichte, Kultur, Klöster oder Kirchen reduzieren. Die Eifel ist mehr. Sie ist auch eine gewachsene Arbeitsregion mit innovativen Industrieunternehmen, traditionellen und modernen Handwerksbetrieben und vielfältiger Dienstleistung. „Arbeiten, wo andere Urlaub machen", ist nur eine unzutreffende Beschreibung dieser Vielfalt, die die Eifel kennzeichnet.

Gelebtes Miteinander in Städten, Dörfern und Vereinen zählt ebenso hierzu wie ein erstaunlich großes kulturelles Angebot, das auch ganz ohne subventionierte Opernhäuser und Theater auskommt. Das wird im Übrigen durch die schnelle Erreichbarkeit zu vielen Metropolregionen in allen Himmelsrichtungen locker ausgeglichen.

Mit **Eifel hautnah – Das Buch 2020** legen wir ein weiteres Bekenntnis zu unserer besonderen und außergewöhnlichen Heimat ab. Es ist unser Ziel, neugierig auf die Region und ihre Menschen sowie die hier gebotenen Chancen zum Leben, Erholen und Arbeiten zu machen.

Daher freuen Sie sich auf vielfältige Themen –
ebenso facettenreich wie die Eifel.

Herzlichst
Ihr

Fotos: Dominik Ketz (Wasserfall), Jochen Hank

KREMER-MUEHLE
A 1622 D

LINKS: DIE KREMER-MÜHLE STAMMT AUS DEM JAHR 1622 UND WURDE VON SIMON KREMER NOCH VOR DEM KREMER-HOF, DER „BURG“, GEBAUT.

RECHTS: DAS „JUNKERHAUS“ IN SIMONSKALL STAMMT AUS DEM JAHR 1608.

IM NORDEN UNTERWEGS
EIFELER DORFREISE

IN DER EIFEL GIBT ES VIELE DÖRFER ODER STÄDTCHEN, DIE EINEN BESUCH WERT SIND. HIER FÜHRT EINE KLEINE REISE IN DIE NORDRHEIN-WESTFÄLISCHE EIFEL. START IST IM HÜRTGENWALD, OBERHALB DER RURSEEN.

SIMONSKALL

In engen Serpentinen geht es immer weiter bergab. Wer zum ersten Mal nach Simonskall im Hürtgenwald fährt, der ahnt nicht, dass ihn am Ende dieser Passage, tief im engen Tal der Kall, eine Idylle erwartet. Am 3. Juli 1608 wurde der Grundstein für den Ort gelegt. Das weist eine Urkunde des Herzogs von Jülich nach, der den Gebrüdern Schobinger den Bau einer Glashütte und Seifensiederei im Gebiet „op der callen“ genehmigte. Der erste Teil des Ortsnamens geht auf den Hüttenmeister Simon Kremer zurück. Der Kremer-Hof, die sogenannte „Burg“, entstand 1643 und ist in Privatbesitz. Vieles im kleinen Weiler an der wild gewundenen Kall stammt aus dem 17. Jahrhundert und steht unter Denkmalschutz.

Auch das „Junkerhaus“, ein Doppelhaus mit einem mit Schießscharten versehenen vorgebauten Wehrturm. Es wurde schon 1608 erbaut und nach seinem letzten Besitzer Otto Junker benannt. Zwischen 1919 und 1921 traf sich hier die Künstlergruppe „Kalltal-Gemeinschaft“, der die „Kölner Progressiven“ Otto Freundlich, Franz Wilhelm Seiwert und Anton Räderscheidt angehörten. Heute ist hier die Tourist-Information des Verkehrsvereins Vossenack-Simonskall untergebracht.

Simonskall liegt im Nationalpark Eifel und ist eine bekannte Ausflugadresse und Etappenort für Wanderer. Eine ganze Reihe von markierten Wegen gehen von hier ab oder passieren den Ort, etwa der

Fotos: Stefan Lieser

Rundweg „Kall-Trail". Er erinnert an die verheerenden Schlachten um Schmidt, Vossenack und im Kalltal während des Zweiten Weltkrieges im Herbst 1944.

Zwischen dem 7. und 8. November kam es damals auf der schmalen alten Steinbrücke über die Kall in Höhe der nahen Mestrenger Mühle zu einer bemerkenswerten Geste der Humanität. Der deutsche Militärarzt Dr. Günter Stüttgen vereinbarte in eigener Verantwortung mit den Amerikanern und dem Arzt Dr. Bedford Davis eine mehrstündige Waffenpause. Beide Seiten bargen ihre Verwundeten, die im völlig unübersichtlichen Kampfgebiet auf beiden Seiten hilferufend zurückgeblieben waren. 2004 wurde an der Brücke die Dolomitstein-Skulptur „Zeit zu heilen" des aus Vettweiß stammenden Künstlers Michael Pohlmann enthüllt.

REIFFERSCHEID

In der Eifel gibt es auch andernorts bemerkenswerte historische Gemäuer zu bewundern. Etwa in Blankenheim, Bad Münstereifel, Heimbach, Ahrweiler, Monschau oder in Monreal. Und es gibt „Burgorte", klein wie ein Dorf, Kronenburg zum Beispiel – oder Reifferscheid bei Hellenthal.

Hier ist es innerhalb des historischen Burgrings noch ein wenig mehr so, wie es über die Jahrhunderte war. Touristen sind zwar willkommen, dem Tourismus insgesamt werden aber von der Gemeindeverwaltung in Hellenthal bewusst Grenzen gesetzt. Bisher wurde nur eine Gaststätte im Burgort selbst zugelassen. Dafür ist dessen „Skyline" mit den schönen alten Fachwerkbauten, Mauern und der begrenzenden Pfarrkirche umso selbstbewusster zu sehen. Der Burghang wurde gerodet, Blickachsen geöffnet und nachts werden alte Fassaden, Erker, Giebel und Türmchen mit LED-Beleuchtung angestrahlt.

Fotos: Stefan Lieser

LINKS: EINE REIHENBEBAUUNG TEILWEISE SPÄTGOTISCHER WIRTSCHAFTSGEBÄUDE IST IN DER VORBURG IN REIFFERSCHEID ZU SEHEN.

MITTE: DAS MATTHIASTOR IN REIFFERSCHEID FÜHRT IN DEN HISTORISCHEN BURGORT.

RECHTS: STOLZ AUF DEM BERGSPORN: DER BURGORT REIFFERSCHEID. DIESE „SKYLINE" WIRD NACHTS MIT LED-SCHEINWERFERN ANGESTRAHLT.

Wer hinauf will, hat zwei Möglichkeiten: Entweder zu Fuß die steile Einbahnstraße hinauf, oder per PKW wenige hundert Meter weiter die L17 Richtung Hellenthal und dann links steil bergan Richtung Hönningen. Unmittelbar am Ortseingang führt eine schmale Straße scharf links ab über Wiesen und Felder zum spätmittelalterlichen „Matthias-Tor" hinab. Man sollte sich zuvor in der Tourist Information in Hellenthal den Flyer „Historischer Rundgang" besorgen.

Und dann geht es durchs Tor über das alte Kopfsteinpflaster durch das schmale „Marktgässchen" zum kleinen Marktplatz vor der St. Matthias Pfarrkirche. Sie hat eine von den Gebrüdern Müller erbaute Orgel. Die Orgelbauer hatten von 1802-1920 im Dorf am Fuße des Burgortes ihre Werkstatt.

Vom Marktplatz führen Stufen weiter hoch zur Vorburg, wo eine geschlossene Reihe teilweise spätgotischer ehemaliger Wirtschaftsgebäude zu sehen ist. Die Burg selbst ist heute bis auf den besteigbaren wuchtigen Burgfried – mit „Eifelblick" – Ruine. Wer möchte, kann jetzt zum Abschluss im „Burgcafé Eulenspiegel" eine Pause machen. Bei schönem Wetter lockt ein Platz auf der kleinen Terrasse mit schönem Ausblick.

LINKS: „HOLLYWOOD HILLS“ IN DER EIFEL: ZUM DORFJUBILÄUM WURDE DER ORTSNAME VON „EISERFEY“ IN EINZELBUCHSTABEN AUF SIEBDRUCKPLATTEN AUF EINER HANGWIESE OBERHALB DES ORTES AUFGESTELLT.

OBEN: EINE CLIQUE AUS IDEALISTEN HAT DIE ALTE DORFKNEIPE „EM STÖFFJE“ IN EISERFEY VOR DER SCHLIEßUNG GERETTET.

UNTEN: SEIT VIER JAHREN VERANSTALTET DIE KG FEYTALER JECKEN IN EISERFEY DEN „LICHTERZUG“ AM ABEND ES KARNEVALSFREITAGS.

EISERFEY

Und jetzt ein paar Ecken in der nordrhein-westfälischen Eifel weiter Richtung Südosten, genauer ins Feybachtal vor Mechernich. Zuletzt vor zwei Jahren konnte man in Eiserfey sogar eine „Privathöhle“ besichtigen. Im Hang hinter einem der alten Bauernhäuser an der Hauserbachstraße wurde einst Eisenerz abgebaut. Später dienten die bis zu 60 Meter langen Stollen als Kühlkammern, im Zweiten Weltkrieg auch als Zufluchtsstätten der Bevölkerung vor Bomberangriffen.

Schon das macht Eiserfey besonders. Oder wie wäre es mit den beiden alten Gaststuben im Ort: „Zum Feytal“, oder „Em Stöffje“, mit dem Zusatz: „Gastwirtschaft von Heinrich Nassheuer“. Das „Stübchen“ wird von einer Initiative Eiserfeyer Idealisten nach wie vor offen gehalten. Insgesamt hat Eiserfey noch drei Gaststätten. Auch wenn ein gewisser Tourismus im Veybachtal vorhanden ist, eine bemerkenswerte Zahl!

Sieben Vereine hat Eiserfey, darunter den 2016 gegründeten Bürgerverein, der vor zwei Jahren ein fulminantes Straßenfest zum 1350-jährigen Bestehen des Ortes organisiert hat. „Feykultur“ ist ebenfalls erst drei Jahre alt und organisiert alle zwei Jahre ein Musikfestival, im „Brückenjahr“ Konzerte oder Autorenlesungen. Unter den sieben Aktiven von Feykutur ist auch Metallbildhauer Peter Ratz, der mit seiner Familie vor einigen Jahren in die alte Bürgermeisterei oberhalb der Pfarrkirche gezogen ist.

Der Neu-Eiserfeyer hat sich gleich mal um die „Möblierung“ seiner Wahlheimat gekümmert: Am Ortseingang von Weyer kommend begrüßt der Riese „Kakus“, benannt nach der gleichnamigen Höhle im Weiler Dreimühlen oberhalb von Eiserfey, die Besucher am Straßenrand.

DIE EHEMALIGE BÜRGERMEISTEREI VON EISERFEY IST HEUTE IN PRIVATBESITZ DES METALLBAUKÜNSTLERS PETER RATZ.

Ratz und seinem Kumpel Tobias Mallmann ist es auch zu verdanken, dass das Eifeldorf sich wie Hollywood fühlt: Zur 1350-Jahr-Feier 2017 haben die beiden 2,50 Meter hohe weiße Siebdruckplatten mit den Buchstaben des Ortsnamens auf einer weithin sichtbaren Hangwiese oberhalb des Ortes verankert.

Viele in der Region kennen Eiserfey auch durch den hier exzessiv gefeierten Karneval – nicht nur auf der Kappensitzung im Saal des Gasthofes und Hotels „Zur Römerstube“. Vor allem der seit vier Jahren von der KG Feytaler Jecken am Karnevalsfreitag veranstaltete „Lichterzug“ hat den Ort bekannt gemacht. Alle Festwagen und die Kostüme der Aktiven in den Fußgruppen sind mit LED-Lichterketten beleuchtet. Ein nächtliches Spektakel, zu dem die Straßenbeleuchtung ausgeschaltet wird. Mehrere tausend Besucher wollen sich das am Zochweg nicht entgehen lassen.

Auch wer historisches Ambiente zu schätzen weiß, wird in Eiserfey fündig: Die heute noch funktionsfähige Falkensteinsmühle von 1597 mit ihrem großen Bauerngarten ist am Ortseingang von Vussem ein Blickfang. In der Ortsmitte steht der „Alte Hammer“, ein 30 Meter langes Fachwerkgebäude, das einst als Lagerhaus, Kohlelager und Stallung für Tragetiere der Hammermühle gegenüber diente.

Und wer schon mal im Feybachtal ist: Abstecher lohnen sich etwa zur Kakushöhle im Weiler Dreimühlen (Richtung Weyer) oder – in Richtung Kallmuth – zur am Talhang eingefassten und überdachten römische Brunnenstube. Sie war eine wichtige Sammelstelle verschiedener Wasserzuläufe und ein Ausgangspunkt der römischen Wasserleitung aus der Eifel bis nach Brühl im Rheinland. Die Trasse der Wasserleitung quert das Feybachtal. Am Ortsrand von Vussem führt sie sogar über ein in Resten noch erhaltenes römisches Viadukt. *(sli)* ■

Fotos: Stefan Lieser, KG Feytaler Jecken (1)

Foto: Jochen Hank

BAD MÜNSTEREIFEL

TRENDY UND HIP ZWISCHEN FACHWERKMAUERN

MAN KANN MÜHELOS BAD MÜNSTEREIFEL UMKURVEN: DIE B 51, DIE VOM SAARLAND BIS VOR DIE TORE KÖLNS FÜHRT, MACHT EINEN ELEGANTEN BOGEN UM DIE KLEINE STADT. MAN AHNT BEIM VORBEIFAHREN NUR WENIGE SEKUNDEN LANG, DASS DA HINTER EINER WUCHTIGEN STADTMAUER AUS DEM MITTELALTER ETWAS SEHENSWERTES VERBORGEN SEIN KÖNNTE. OBWOHL: MITTLERWEILE HAT ES SICH HERUMGESPROCHEN, DASS SICH EIN HALT LOHNT.

Ein Besuch in Bad Münstereifel lohnt sich nicht nur für Kuchen- und Schlagerfans auf den Spuren des blonden Barden Heino, der hier in den Altstadtgassen lange Zeit ein Café betrieb … schließlich war er im ersten Leben Bäcker und Konditor. Auch junges Volk, das „Schwarzbraun ist die Haselnuss" des mittlerweile über Achtzigjährigen nie hörte, wird inmitten von schnuckeligen Fachwerkfassaden fündig. Bad Münstereifel ist 2014 zum sogenannten City Outlet mutiert, dem ersten seiner Art in Deutschland: Mehr als ein halbes Hundert verschiedene Marken – überwiegend Mode – gibt es hier in den Shops zu kaufen, die in den kleinen Ladenlokalen eingerichtet wurden.

Die Not machte derart erfinderisch, denn zwar lockte die pittoreske Kulisse noch immer Besucher in die Stadt, vor allem Kölner und Bonner auf der Suche nach dem romantischen Eifelfeeling. Doch das reichte für immer weniger stationäre Geschäfte und Gastronomen, während sich wie überall Supermärkte und Discounter an der Peripherie ansiedelten und der Onlinehandel seine Zähne zeigte. Die Lösung überzeugt. Autos bleiben überwiegend außen vor, so dass man in aller Seelenruhe bummeln und Schnäppchen jagen kann, im Straßencafé sitzen oder ein Eis auf der Hand essen. Um-

Fotos: Jochen Hank

BAD MÜNSTEREIFEL IST EIN ERHOLUNGSORT, INSBESONDERE FÜR DIE BEWOHNER DER BALLUNGSRÄUME KÖLN, BONN, DÜSSELDORF UND DAS RUHRGEBIET. SEIT 1974 IST BAD MÜNSTEREIFEL STAATLICH ANERKANNTES KNEIPP-HEILBAD.

rahmt von den Outlet-Shops gibt es nicht nur Leckeres, sondern es haben sich durchaus auch traditionelle inhabergeführte Läden erhalten, so dass es eine in sich harmonische Mixtur ist aus typisch rheinländischem Charme, der immer gemütlich daherkommt, und trendigen Angeboten.

Doch nicht nur der Kaufrausch feiert in Bad Münstereifel fröhliche Urständ. Wie der Name verrät, ist die Stadt zugleich ein staatlich anerkanntes Kneipp-Heilbad. Von Experten begleitete Kneipp-Physiotherapien kann man hier, am Ufer der Erft, bis heute machen. Im historischen Kurhaus am Hang hoch über der Stadt jedoch ist ein Hotel untergebracht. Es ist nicht irgendeines, sondern beherbergt tatsächlich Heino's Café, das aus dem innerörtlichen Gassengewirr hierher umgezogen ist. Nusstorte, Plüsch und Blümchengardinen … alles echt. Außerdem ist Bad Münstereifel mit seinen sage und schreibe 57 Ortsteilen ein Hort der Kultur: Es gibt das Schwanen-Apothekenmuseum, das Hürten-Museum in einem 850 Jahre alten romanischen Haus oder das Handwebmuseum in Rupperath. Etliche Künstlerateliers liegen mehr oder weniger versteckt über die ganze Stadt und die umliegenden Dörfer verstreut.
Wer eine Erholungspause von Kunst, Kuchen und Kaufen braucht, der kann sich auf etlichen Wander- und Mountainbike-Routen ringsum austoben. Weithin sichtbar ragt aus den Wäldern, welche Bad Münstereifel umgeben, seit 1972 auch ein Superlativ der Technik: das Radioteleskop Effelsberg.

Fotos: Jochen Hank

BAD MÜNSTEREIFEL GILT ALS MITTELALTERLICHES KLEINOD MIT NAHEZU VOLLSTÄNDIG ERHALTENER RESTAURIERTER STADTMAUER.

Es wird betrieben vom Max-Planck-Institut für Radioastronomie. Die hundert Meter Durchmesser des weißen, vollbeweglichen Ungetüms machen es zu einem der weltgrößten seiner Art. Es wird ständig modernisiert, so dass es auch heute noch eine ganz wichtige Station ist im globalen Netzwerk der Radioteleskope. Es liefert extrem scharfe Aufnahmen des Kosmos: Gas- und Staubwolken, die Entstehung von Sternen, Schwarze Löcher, Magnetfelder in der Milchstraße, Pulsare, andere Galaxien … nichts ist sicher vor der Neugier der Wissenschaftler aus der Eifel. *(ako)* ■

www.bad-muenstereifel.de
www.cityoutletbadmuenstereifel.com

DAS RADIOTELESKOP EFFELSBERG

Ganz in der Nähe von Bad Münstereifel befindet sich eines der leistungsfähigsten Observatorien in Europa. Die große Oberfläche der Antenne von etwa 7.850 Quadratmeter ist wichtig für den sicheren Empfang der außerordentlich schwachen Radiosignale aus weiten Entfernungen. Der große Durchmesser von 100 m ist maßgeblich für das vergleichsweise hohe Winkelauflösungsvermögen. Das Gesamtgewicht der Stahlkonstruktion beträgt 3.200 Tonnen. In knapp zwölf Minuten kann der Parabolspiegel des Teleskops um 360 Grad gedreht und in knapp sechs Minuten um nahezu 90 Grad gekippt werden. Dadurch kann der gesamte Himmel über dem Horizont mit dem Teleskop beobachtet werden. Das Radioteleskop zieht seit seiner Fertigstellung im Jahre 1972 viele Besucher aus dem In- und Ausland an. In einem Pavillon direkt in Sichtweite des Radioteleskops Effelsberg finden regelmäßig Vorträge für Besuchergruppen statt. *(red)*

Foto: Raimond Spekking/wikipedia (Stadtmauer), Alfred Dielmann/pixabay (Teleskop)

EINE VERBANDSGEMEINDE DENKT NEU

VON SCHMELZENDEN EISSCHOLLEN UND PINGUINEN

WAS HABEN PINGUINE MIT DER VERBANDSGEMEINDE DAUN ZU TUN? UND TREIBEN NEUERDINGS EISSCHOLLEN AUF DEN MAAREN, DEN AUGEN DER VULKANEIFEL? NATÜRLICH NICHT, ABER BEIDES SPIELT EINE WICHTIGE ROLLE IN DER DEM LANDKREIS VULKANEIFEL ANGEHÖRENDEN GEBIETSKÖRPERSCHAFT MIT IHREN 38 GEMEINDEN.

Bürgermeister Werner Klöckner initiierte im Jahr 2010 den Bewusstseinsbildungsprozess „WEGE – Wandel erfolgreich gestalten", der darauf abzielt, die Verbandsgemeinde Daun im Hinblick auf die Herausforderungen des demographischen Wandels zukunftsfähig zu gestalten.

Den Rahmen für diese Entwicklung bilden die acht Stufen des Change Managements nach John P. Kotter, ein Novum in der ländlichen Strukturentwicklung. Damit kamen auch die Pinguine ins Spiel. Kotter beschreibt in seinem Buch „Das Pinguin-Prinzip" im Stil einer Fabel die Geschichte der in der Antarktis lebenden Kolonie rund um Pinguin Fred. Eines Tages stellt Fred fest, dass der Eisberg, auf dem sie alle leben, schmilzt. Doch niemand möchte diese schlimme Botschaft hören. Nach anfänglichen Widerständen zeigen die Tiere, wie man auch in widrigen Situationen Mut fassen und auch mit unkonventionellen Maßnahmen schwierige Umstände meistern kann. Diese Geschichte inspirierte Bürgermeister Klöckner, hatte er doch zuvor die Bevölkerungsprognose des Statistischen Landesamtes und eine Strategie des rheinland-pfälzischen Wirtschaftsministeriums mit der Erkenntnis wahrgenommen, dass sich etwas ändern muss. Der Grundstein für den WEGE-Prozess war gelegt.

Zwar geht es in der Verbandsgemeinde Daun nicht um Pinguine und Eisschollen. Parallelen zu der Geschichte gibt es aber. Die Folgen des demographischen Wandels sind hier zum Teil deutlich spürbar und stellen die Menschen vor Herausforderungen, denen es aktiv zu begegnen gilt. Weniger Kinder werden geboren, der Altersdurchschnitt der Bevölkerung steigt und auch die kulturelle Vielfalt nimmt durch Zuwanderung zu.

DIE VISIONSGESCHICHTE ERLAUBT EIN EINTAUCHEN IN UNSER LEBEN, WOHNEN UND ARBEITEN IM JAHRE 2030.

ENTWICKLUNG AUS DER VISION HERAUS

Doch wie packt man solche Herausforderungen an ohne in blanken Aktionismus zu verfallen? Eine Vision musste her, die den Rahmen für das künftige Handeln bildet. Und so wurde die Vision der gesunden Verbandsgemeinde Daun in einem Beteiligungsprozess mit Akteuren aus Zivilgesellschaft und Verwaltung entwickelt. Gesundheit soll demnach das Leben, Wohnen und Arbeiten wie ein roter Faden durchdringen. Dabei wird der Gesundheitsbegriff ganzheitlich verstanden. Neben der physischen Facette haben die Akteure des WEGE-Prozesses von Beginn an die seelische, geistige, soziale und auch ökologische Gesundheit gleichermaßen im Blick. Ein beispielhafter Ansatz, wie der bekannte Medizinwissenschaftler Prof. Dr. Dietrich Grönemeyer bei einer AusWEGE-Veranstaltung im Jahr 2013 bescheinigte.

VIELE WEGE FÜHREN ZUM WANDEL

Um die Vision der gesunden Verbandsgemeinde Daun mit Leben zu füllen, ist ein Umdenken in den Köpfen der Menschen, ein Bewusstseinswandel, notwendig. So verschieden wie die Bürgerinnen und Bürger sind auch die Formate, die der WEGE-Prozess zu diesem Zweck bereithält. Da gibt es die sogenannten AusWEGE-Veranstaltungen, bei denen durch externe Fachakteure Impulse in der Verbandsgemeinde Daun gesetzt werden. So waren beispielsweise die Kommunikationstrainerin Anna Fuchs zum Thema Visionskommunikation oder der Österreicher Martin Hollinetz, der die Idee der Otelos (Offenes Technologielabor) vorstellte, in Daun zu Gast. Über den Tellerrand schauen kann man auch bei den angebotenen Exkursionen. Im Jahr 2010 erkundeten Mitglieder des Verbandsgemeinderates und Ortsbürgermeister das Steirische Vulkanland, wo seit vielen Jahren bereits eine ganzheitliche Regionalentwicklung praktiziert wird.

Doch auch ein Blick vor die Haustür lohnt sich. Jährlich gibt es Exkursionen durch die Verbandsgemeinde Daun und angrenzende Gemeinden, die zeigen, was sich hier vor Ort schon alles bewegt. Von regionaler Wertschöpfung über Dorfpioniere bis hin zu starken mittelständischen Unternehmen gibt es vieles zu entdecken. Verschiedene Beteiligungsformate runden dieses Angebot ab und geben den Akteuren Gelegenheit, diesen umfassenden Prozess bzw. Wandel mitzugestalten. Sie tragen damit zum Erhalt einer lebens- und liebenswerten Heimat bei.

Gestaltung Umschlag „Vision“: Dieter Klas, Foto: WEGE-Büro

RUND 50 EXKURSIONSTEILNEHMER AUF ENTDECKUNGSREISE DURCH DIE VG DAUN; HIER VOR DEM „FITNESS STÜFFJE" IN SARMERSBACH.

MIT WEITBLICK ZUKUNFT GESTALTEN

Einen Zugang zum WEGE-Prozess finden viele Bürgerinnen und Bürger über die Zukunftskonferenzen, die vom WEGE-Team durchgeführt werden. Gestaltet werden diese mit der Methode und Haltung der Themenzentrierten Interaktion (TZI) nach Ruth Cohn. Die TZI ist ein Konzept zur Arbeit in Gruppen, womit das soziale Lernen und die persönliche Entwicklung gefördert werden. In der Regel ein Wochenende nehmen sich die Teilnehmerinnen und Teilnehmer Zeit, um Herausforderungen zu identifizieren, Visionen für ihr Zusammenleben im Dorf zu entwickeln und ganz konkrete Projekte auf den Weg zu bringen, die einen Beitrag zu deren Umsetzung leisten. So kommt es, dass hier die Kleinsten der Gemeinde mit Hochbetagten an der Realisierung einer gemeinsamen Idee arbeiten und dabei ihre Potenziale entfalten.

Als erste Gemeinde machte sich Sarmersbach auf diesen Weg. Bei dieser Veranstaltung waren im Jahr 2015 rund 60 Bürgerinnen und Bürger aktiv. Entstanden sind daraus acht Arbeitsgruppen, die eigenverantwortlich Aufgaben im Dorf wahrnehmen. Exkursionsziel war zum Beispiel schon der Dorfgarten, welcher mit prominenter Unterstützung durch die Gartenexpertin Heike Boomgarden konzipiert und angelegt wurde. Neuestes Schmuckstück in der Gemeinde ist jedoch das im Oktober 2019 eröffnete Fitness Stüffje. Gegen einen kleinen monatlichen Obolus können Jugendliche, Erwachsene und Senioren ihr individuelles Sportprogramm an mit modernster Technik ausgestatteten Trainingsgeräten absolvieren. Dieses tolle Angebot ist das Ergebnis der Arbeit der engagierten Gruppe „Fitness Stüffje", welche unter dem Leitsatz „Generationsübergreifend mobil bleiben bis ins hohe Alter" agiert.

Bei der Zukunftskonferenz in Mückeln stand neben Themen wie Angeboten für Jung und Alt etc. die Dorf(innen)entwicklung im Fokus. „Neubaugebiet vs. Ortsrandarrondierung" nannte sich die Arbeitsgruppe, die sich damit beschäftigt, wie attraktives Bauland geschaffen werden kann. Die Ortsgemeinde im Süden der Verbandsgemeinde Daun führt jährliche Bestandserhebungen durch und versucht über die persönliche Ansprache von Eigentümern Leerstände zu vermei-

HIER LEBEN DORFPIONIERE! DAS ANWESEN DER FAMILIE DURCHDEWALD IN MÜCKELN.

den. Ein Ansatz mit Erfolg, denn innerhalb von fünf Jahren wurde die Zahl von damals zehn Leerständen auf drei reduziert. Auch der Erhalt durch Um- bzw. Nachnutzung spielt in Mückeln eine Rolle.
So hat beispielsweise eine junge Familie ein altes Haus mit Scheune im Dorfkern erworben und liebevoll renoviert. Seit dem Jahr 2017 darf Mückeln sich als Kerniges Dorf bezeichnen. Die Gemeinde gewann diesen Preis, mit dem das Bundesministerium für Ernährung und Landwirtschaft Dörfer auszeichnet, die sich um eine zukunftsweisende Innenentwicklung bemühen. Positiver Nebeneffekt: Die Ortsgemeinde Mückeln verzeichnet steigende Einwohnerzahlen.

Als erste Ortsgemeinde in der Vulkaneifel funkte Dreis-Brück über die Dorf-App. In der Zukunftskonferenz im Jahr 2017 kam auf den Tisch, dass sich die Bürgerinnen und Bürger eine bessere Vernetzung untereinander wünschen und dies auf relativ kurzen Wegen. Die Arbeitsgruppe „Information und Kommunikation“ engagierte sich intensiv und konnte gemeinsam mit dem Fraunhofer-Institut für Experimentelles Software Engineering als eine der ersten Gemeinden die Dorf-App auf den Weg bringen. Nun wird fleißig gefunkt, wer wem in irgendeiner Form Hilfe anbieten kann, sei es, dass man den wenig genutzten Anhänger verleiht oder anbietet, Einkäufe mit zu erledigen. Beliebt ist es aber auch, über die App Terminhinweise zu teilen, die das Dorf betreffen. Hier taucht regelmäßig auch die Terminankündigung für den nächsten Dorftreff auf, der im Rahmen der Zukunftskonferenz ins Leben gerufen wurde. Im Dorftreff begegnen sich Jung und Alt, kochen und basteln zusammen. Das Miteinander steht im Fokus.

EIN KIND HAT LAUFEN GELERNT

Der Verein Bürger für Bürger e. V. ist das Paradebeispiel für ehrenamtliches Engagement im WEGE-Prozess. Als eine der ersten Initiativen im Prozess entwickelte sich im Jahr 2012 der gemeinnützige Verein. Mitglieder sind Menschen, die niedrigschwellige Hilfen anbieten, wie z. B. Rasen mähen, Behördengänge oder andere Hilfen im Haushalt. Dem stehen die Personen gegenüber, die diese Hilfen in Anspruch nehmen. Die Tätigkeit kann man sich entweder vergüten lassen oder man spart auf ein Zeitkonto ein, welches man bei persönlichem Hilfebedarf in Anspruch nehmen kann. Der Verein erfreut sich großer Beliebtheit und erreichte bereits u. a. den zweiten Platz beim Zukunftspreis Heimat der Volksbank RheinAhrEifel. Eine Mitgliederzahl von mehr als 700 Personen und Institutionen bestätigt die Popularität und zeigt, dass es einen Bedarf für solche Angebote gibt.

Seit dem Jahr 2017 rollen außerdem zwei Bürgerbusse durch die Verbandsgemeinde Daun. Gemeinsam mit dem Bus der Ortsgemeinde Sarmersbach decken die Fahrer des Vereins Bürger für Bürger e. V. mit ihrem Angebot verschiedene Routen in der Verbandsgemeinde ab und leisten damit insbesondere für die älteren Mitbürgerinnen und Mitbürger einen wichtigen Beitrag zu deren Mobilität. Für die Fahrgäste ist die Mitfahrt kostenlos, ein freiwilliger Obolus kann aber geleistet werden.

Im Jahr 2015 erreichte der Verein auch Bekanntheit auf Bundesebene. Im Rahmen des Programms Engagierte Stadt, welches vom Bundesfamilienministerium und namhaften deutschen Stiftungen aufgelegt wurde, erhält der Bürger für Bürger e. V. finanzielle Förderung und Experten-Know-how, um sich zu einer Rückgratorganisation für Sorgende Gemeinschaften zu entwickeln. Ziel der Sorgenden Gemeinschaft ist es, dass konkrete Aufgaben des Miteinanders dort übernommen werden, wo familiäre und nachbarschaftliche Strukturen gegenseitige Hilfe nicht mehr gewährleisten können. Im Sinne des Gemeinsamen Wirkens sind Zivilgesellschaft, Unternehmen und die Kommunen gefordert, die Lebensqualität aller Dorfbewohner zu fördern und dabei an einem Strang zu ziehen. Diese neue Kultur des

DER VEREIN BÜRGER FÜR BÜRGER E. V. PRÄSENTIERTE SEINEN BÜRGERBUS IM RAHMEN VON „DAUN SPIELT!"

Miteinanders wird in zahlreichen Orten der Verbandsgemeinde Daun konsequent gesteuert und nach und nach mit Leben gefüllt.

WEITER AUF DIESEM WEG

Der WEGE-Prozess ist vielseitig. Genau das ist eine seiner Stärken. Viele verschiedene Initiativen sind als Konsequenz der ganzheitlichen Vorgehensweise darauf angelegt, Synergien zu entwickeln. Als Leuchtturm auf Bundesebene ist der Prozess ein prominentes Beispiel für eine gelingende ländliche Strukturentwicklung.

Mit wachsender Begeisterung entdecken in den letzten Jahren mehr und mehr Mitmacher ihre Selbstwirksamkeit und steigen mit ein, übernehmen Verantwortung für ihr Dorf, für ihre Lebenswelt. Eine Entwicklung, die Initiator Werner Klöckner sowie das WEGE-Team freut und darin bestärkt, diesen ehrgeizigen Weg weiterzugehen, um die Vision der gesunden Verbandsgemeinde Daun mit Leben zu füllen. *(vwe)* ■

KONTAKT:

WEGE-Büro in der Verbandsgemeindeverwaltung Daun
Daniel Weber und Verena Welter
Tel.: 06592 939 -225 bzw. -227
E-Mail: wege@daun.de

1904
Das
Kriminalhaus
Café
Sherlock
DAS KRIMIHOTEL

KRIMINELLES IN DER REGION

DIE HEIMLICHE HAUPTSTADT FÜR TATORT-FANS

ES GIBT TITEL, DIE WILL KEIN MENSCH ... UND EINE STADT AUCH NICHT. ALS „HAUPTSTADT DES VERBRECHENS" BEZEICHNET ZU WERDEN GILT GEMEINHIN ALS K.O.-KRITERIUM FÜR ENTSPANNTE URLAUBSGÄSTE UND FAMILIEN, DIE SICH DORT NIEDERLASSEN. WAS ALSO IST MIT HILLESHEIM LOS? WAS FÄLLT DEM STÄDTCHEN MIT SEINEN WENIG MEHR ALS 3000 EINWOHNERN EIN, SICH „KRIMIHAUPTSTADT" ZU NENNEN?

Hillesheim besitzt tatsächlich Stadtrechte, ist aber natürlich keine Metropole und hat eigentlich nur Dorfausmaße. Und doch schrecken die Bewohner der pittoresken Kommune nicht vor kriminellen Umtrieben zurück – sofern sie fiktiv zwischen Buchdeckeln stattfinden, versteht sich.

Alles fing im Ortsteil Berndorf an. Hier ließ sich ein in der Schimanski-Heimat Duisburg geborener Journalist nieder, der nach Jahren in der Münchener Zeitschriftenszene den Bunker der Bundesregierung im nahen Ahrtal recherchieren wollte. Private Umstände überzeugten ihn zu bleiben, und zu den privaten Umständen zählte sicher auch die Faszination einer Landschaft, die so ganz anders ist als Schickimickischwabing. Herbe Typen, schroffe Felsen, unendlich viele Wälder – all das inspirierte Jacques Berndorf, wie sich Pressemann Michael Preute fürderhin nannte, zur Drapierung fiktiver Leichen und zur amüsanten Mörderhatz, auf die er seinen Protagonisten Siggi Baumeister schickte. Das gastronomische Angebot in Hillesheim, nur einen ausgedehnten Spaziergang vom Wohnort in Berndorf entfernt, kam in diesen Krimis immer wieder vor. Kein Wunder, beehrte Jacques alias Michael die Cafés und Restaurants doch selbst auch gern.

Je größer die Leserschaft in ganz Deutschland wurde, desto weiter reichte so auch der Ruhm von Hillesheim. Irgendwann kannte ein Millionenpublikum den Namen des Städtchens, immer mehr Krimifans kamen, um auf den Spuren von Baumeister und Preute zu wandeln.

MICHAEL PREUTE ALIAS JACQUES BERNDORF

Fotos: Jochen Hank (links), Helmut Gassen

SEIT KURZEM GIBT ES IM KRIMIHOTEL EIN PROMINENTES, NEUES THEMENZIMMER: DAS ORIGINALSCHLAFZIMMER VON SOPHIE HAAS AUS DER ARD-KULTSERIE „MORD MIT AUSSICHT“.

AUF TATORT-TOUR: MIT DEM KRIMIBUS GEHT ES EINEN HALBEN TAG LANG ZU EIFELKRIMI-SCHAUPLÄTZEN.

Es lag also nah, daraus mehr zu machen: Heute gibt es ein Krimihotel, einen Krimiwanderweg, das Kriminalhaus mit Buchhandlung, Krimiarchiv (zigtausend Bände warten hier auf interessierte Leserinnen und Leser), Café Sherlock und dem KBV-Verlag, der sich unter Verleger Ralf Kramp zum Spezialisten für deutschsprachige Taschenbuch-Krimis etablierte. Ralf Kramp ist selbst auch als Krimiautor erfolgreich, seine feinhumorigen Storys begeistern bei Lesungen in ganz Deutschland und als Krimikost auf dem heimischen Sofa.

Man kann in Hillesheim dem Thema Krimi kaum aus dem Weg gehen, und das Hotel beispielsweise verschafft seinen Gästen wohlige Schauder im Escape-Room oder in jedem Zimmer. Die Gäste schlafen zumeist in originalen Kulissen etwa aus „Mord mit Aussicht“, überall gibt es Aha-Effekte in Form von Requisiten und Accessoires aus Kriminliteratur und -filmen. Der Hit für Krimifans, die nicht selbst wandern wollen, sind Bustouren zu den Schauplätzen der mittlerweile vielen Eifelkrimis. Und natürlich bleibt es da nicht beim harmlosen Sightseeing …

HILLESHEIMS STADTMAUER STAMMT AUS DEM 13. JAHRHUNDERT.

Doch auch denjenigen, die mit Krimis nichts anfangen können und eher auf Liebesromane, Sachbücher oder Gedichte stehen, sei Hillesheim ans Herz gelegt. Ein kleiner Stadtspaziergang zeigt, wie ein mittelalterlicher Marktflecken als „Europäische Beispielstadt“ wiederbelebt und attraktiv gestaltet wurde. Der erhaltene Teil der wuchtigen Stadtmauer wird immer wieder zur Kulisse für Theaterstücke, Autorenlesungen oder Konzerte. Das Bolsdorfer Tälchen ist fußläufig von der Stadt aus erreichbar und ein idyllisches Naturrefugium.

Das Bachtal ist erschlossen von Wander- und Radwegen, ideal auch zum Joggen oder Walken. Eifelsteig und Kalkeifel-Radweg führen hindurch und auch an einem faszinierenden Biotop vorbei, an dem Waldsofas zum Ausruhen einladen … oder zum Nachdenken über die spannenden Infos, die ein forstökologischer Lehrpfad vermittelt. In Richtung Berndorf oder Wiesbaum treten die natürlichen Reize der Hillesheimer Kalkmulde immer deutlicher zu Tage: Kalkmagerwiesen mit Orchideen auf dem und Fossilien im Boden. *(ako)* ■

www.krimiland-eifel.de

Fotos: Jochen Hank, Krimihotel (Themenzimmer)

EXTRA

Am Eingang zum Bolsdorfer Tälchen ist aus einer ehemaligen Feldscheune ein kleines Museum geworden. Es ist ein Fenster in die Vergangenheit der Eifel rund um Hillesheim: Wie lebten Dorfschmiede und Schuster, wie lernte es sich in den alten Dorfschulen, wie wohnten die Bauern und welche Bräuche strukturierten ihren Alltag?

Stück
Aufgabe am
009
von Bad Kohlgrub
nach
über

KUNST UND KULTUR

MUSENKUSS FÜR EINE STADT

DAS THEMA LANDFLUCHT SCHEINT IN DEUTSCHLAND SO NORMAL ZU SEIN, DASS DEMOGRAFEN UND ANDERE GESELLSCHAFTSWISSENSCHAFTLER IN IHREN PROGNOSEN NICHTS ANDERES TUN KÖNNEN ODER MÜSSEN ALS AUSSTERBENDE DÖRFER UND IMMER VOLLERE METROPOLEN ZU BERECHNEN. ZURÜCKBLICKEND JEDENFALLS HABEN SIE NICHT UNRECHT: AUCH VOR DER EIFEL MACHTE DIE ENTWICKLUNG NICHT HALT. DÖRFER UND STÄDTE, DIE NICHT GERADE VERKEHRSTECHNISCHE HOTSPOTS SIND, MÜSSEN VIEL TUN, UM JUNGE LEUTE ZU HALTEN ODER GAR HERZULOCKEN.

Doch wieso traf es dann Kyllburg? Die mehr als 1200 Jahre alte, zweitkleinste Stadt in Rheinland-Pfalz mit rund 1000 Einwohnern hat einen Bahnanschluss und eine Autobahnanbindung als Tor zur Welt, Schule, Arbeitsplätze, Einkaufsmöglichkeiten, ein wachsendes Neubaugebiet. Vor allem hat sie eine unvergleichlich postkartenidyllische Lage, umgeben von den dichten Galeriewäldern der Kyll. Kein Wunder, dass Kyllburg als eine touristische Perle galt, mit prächtigem Nobelhotel im Stil der Neurenaissance und Gastronomie. Auch ein Campingplatz ist nah und naturliebende Urlauber können sich hier, am Kylltalradweg, nach Herzenslust austoben. Ein schönes Waldschwimmbad verspricht Sommerbadefreuden und Angler sowie Fliegenfischer finden in der Kyll reinstes Wasser für ihren Sport.

DIE KYLLBURGER MÜHLE IST SEIT SEPTEMBER 2012 NICHT MEHR IN BETRIEB.

Fotos: Angelika Koch

IMPRESSIONEN AUS KYLLBURG: DER EIFELER HOF (OBEN LINKS), DER BERGFRIED DER BURG (OBEN RECHTS) UND DER KREUZGANG DER STIFTSKIRCHE.

Im Nachbarort Malberg, nur einen Spaziergang entfernt, thront mit dem dortigen Schloss ein echtes barockes Architekturhighlight auf einem Felssporn, in seiner arkadischen Eleganz einzigartig in Westdeutschland und zudem Kulisse für Konzerte, Hochzeiten oder andere Events. Reste einer eigenen Burg hat Kyllburg auch, ebenso eine imposante Stiftskirche. Es fällt leicht sich vorzustellen, dass die steilen gewundenen Gassen und Häuser des Stadtkerns in der Toskana liegen. Die Gebäude schmiegen sich eng aneinander und haben ihre Gärten zum Flussufer hin ausgerichtet.

Doch etwas fehlt im Stadtkern: Einwohner und Geschäftigkeit. Das moderne Leben hat sich in die Peripherie auf den Höhen zurückgezogen. Ein Spaziergang durch den Ortskern indes offenbarte etliche Jahre lang Tristesse pur. Teils wirkte Kyllburgs Herz wie eine Geisterstadt nach dem Goldrausch, Fenster blieben dunkel und blind. Die Hauptstraße wurde zum Fotomotiv für Menschen mit Neigung zu leicht morbiden Sujets und zum Charme des Vergänglichen. Auch das einstige Luxushotel Eifeler Hof war verwaist. Mit dessen Managementproblemen begann ein langsamer Niedergang der malerischen Altstadt, erst schloss das Hotel, dann die kleinen inhabergeführten Läden, immer mehr Leerstände folgten.

Das wollten die Kyllburger und einige Stammgäste des Ferienorts nicht länger tatenlos hinnehmen. Ein Düsseldorfer namens Dietmar

Fotos: Ferienregion Bitburger Land/Sven Arce de la Cruz

EINES DER NEU ENTSTANDENEN EVENTS IN KYLLBURG: DAS „ENTEN-TREFFEN" FÜR FANS DES KULT-CITROËNS.

Wolf war einer der ersten bekennenden und aktiven Kyllburg-Fans, die gemeinsam mit anderen wie etwa dem Bürgermeister Wolfgang Krämer eine buchstäblich kreative Idee hatte: die Kunststraße. Malerei und Skulptur statt leerer Schaufenster, Autorenlesungen und Konzerte statt Stille im Eifeler Hof – das Herz des alten Kyllburg in der Hoch- und in der Bahnhofstraße sollte wieder schlagen.

Das Projekt erhielt den Namen „KunstKulturKyllburg“ und ging 2012 an den Start. Bildende Künstlerinnen und Künstler, Schriftsteller und Musiker aus der Region und darüber hinaus konnten gewonnen werden, um es mit Leben zu füllen. Zur Kultur kamen weitere Events, etwa speziell für Kinder oder auch ein „Enten-Treffen“ für Fans des kleinen Kult-Citroën. Ein Ladenlokal wurde unter dem Motto „shop in shop“ zur Verfügung gestellt, damit hier Kreative aus den Bereichen Kunsthandwerk, Fotografie oder Mode komprimiert ihre Produkte anbieten können.

So drehten die Kyllburger allmählich den Spieß wieder um. Etliche neue Zuzügler schlugen ihre „Zelte“ in der Stadt auf. Einige Hauseigentümer signalisierten dafür auch ihre Bereitschaft, ihre Häuser mietfrei gegen Wartung und Instandsetzung zur Verfügung zu stellen.
www.kunst-kultur-kyllburg.de

Über die örtliche Touristinfo und den Verkehrsverein sind Auskünfte über Gastronomie und Übernachtungsmöglichkeiten, Veranstaltungen und Sehenswürdigkeiten zu bekommen:
www.eifel-kyllburg.de (*ako*) ■

Foto: Rene Venema/pixabay

WAS MACHT DIESEN FERNWANDERWEG SO EINZIGARTIG? IMMERHIN SIND 15 ETAPPEN VON AACHEN NACH TRIER ZU BEWÄLTIGEN. VIEL NATUR ERWARTET DIE WANDERER. HOCH HINAUS ODER MITTEN DURCHS TAL – DER EIFELSTEIG FASZINIERT, ER SPRICHT DIE SINNE AN, ER BERÜHRT, ZIEHT IN SEINEN BANN, ER IST EIN WEGWEISER. EIN WEGWEISER DURCH DIE NATUR, EIN PFAD, AUF DEM SCHON VIELE MENSCHEN WANDERTEN UND IHRE SPUREN HINTERLASSEN HABEN. DAS WECHSELSPIEL AUS FEUER, ERDE, LUFT UND WASSER FORMTE EINST DIE LANDSCHAFT. WÄLDER ENTSTANDEN EBENSO WIE TÄLER, FLUSSLANDSCHAFTEN UND BERGE. ABWECHSLUNGSREICH UND VIELFÄLTIG PRÄSENTIERT SICH DIE NATUR AUF JEDER DER EINZELNEN ETAPPEN.

10 JAHRE EIFELSTEIG – WANDERERLEBNIS PUR

WO FELS UND WASSER DICH BEGLEITEN

Foto: Eifel Tourismus GmbH / Dominik Ketz

STARTPUNKT DES EIFELSTEIGS: KORNELIMÜNSTER.

UNTEN: DAS HOCHMOOR STRUFFELT HEIDE

Der Eifelsteig beginnt in Kornelimünster am historischen Korneliusmarkt. Der Marktplatz wirkt noch wie aus einer anderen Zeit, ein Gefühl der Geborgenheit macht sich breit. Mit dieser Vorstellung lässt es sich gut starten. Schnell ist der Wanderpfad in den Wald gefunden, der zum mystischen Hochmoor Struffelt Heide führt. Es wird nicht das einzige Moorgebiet sein, das die Wanderer erleben. Es wartet auch noch das Hohe Venn, das größte Hochmoorgebiet Europas. Zwischen Belgien und Deutschland wechselt hier der Weg, Grenzen werden überschritten, der Eifelsteig verbindet. Auf Holzstegen führt der Weg durch das Moor, der Blick schweift über eine beruhigende Landschaft mit Gräsern, Birken und Heiden. Urwüchsig und rau präsentiert sich an diesen Orten der Eifelsteig. Was wohl schon alles in den Mooren versunken ist?

Wasser ist eines der Elemente, aus denen die Eifel entstanden ist. Schritt für Schritt ist der Eifelsteig in den Jahrmillionen gewachsen, hat Strukturen geschaffen und weist beständig den Wanderern ihren Weg. Glitzernd präsentiert sich die Wasseroberfläche nicht nur an der Dreilägerbachtalsperre.

DIE DREILÄGERBACHTALSPERRE BEI ROETGEN WURDE ZUM ZWECK DER TRINKWASSERVERSORGUNG GEBAUT.

Die Perlenbachtalsperre begrüßt jeden Gast und führt in ein ganz besonderes Gebiet: Die Narzissenwiesen. Im Frühjahr strecken Millionen kleiner wilder Narzissen ihre gelben Blüten Richtung Sonne. Die haushohen Buchenhecken sind ein weiterer Höhepunkt auf der Wanderung auf dem Eifelsteig. Angelegt, um die Menschen vor dem kräftigen Wind zu schützen, vermitteln sie auch heute noch ein Gefühl von Geborgenheit.

Wasser begleitet die Wanderer auf ihrem Weg durch den Nationalpark Eifel. Ganz nah am schroffen Felsufer entlang führt der Weg bis hin zur Dreiborner Hochfläche, einer offenen Hochebene, auf der im Sommer der Ginster leuchtend gelb erstrahlt. Hier gibt es übrigens kaum künstliche Lichtquellen, weshalb die Sterne hier nachts besonders gut funkeln. Kein Wunder, dass die Region als Sternenpark ausgezeichnet wurde. Viele Generationen von Menschen haben ihre Spuren auf dem Eifelsteig hinterlassen, sodass die Wanderer nicht nur in eine abwechslungsreiche Natur eintauchen, sondern sich in vergangene Zeiten bewegen können, als die Römer ihre Wasserleitungen aus der Eifel bis nach Köln bauten oder Klöster wie Steinfeld und Himmerod gebaut wurden.

Der höchste Punkt mit 658 Metern ist beim Eifel-Blick „Steling“ erreicht. Weit kann der Blick schweifen, die Landschaft liegt den Wanderern zu Füßen. Viele andere atemberaubende Eifel-Blicke werden noch folgen. Vom Kierberg fällt der Blick noch einmal zurück auf Monschau, von der Kuckucksley schauen die Wanderer in das weite, bewaldete Oleftal, auf dem Kalvarienberg erfrischt der Wind und verzaubert mit seinen klein gewachsenen, schlanken, grünen Bäumen – dem Wacholder.

DAS SCHALKENMEHRENER MAAR, EIN ZEUGE DES VULKANISMUS.

Einst brodelte es in der Eifel, es ist kaum 13.000 Jahre her, dass der letzte Vulkan ausbrach und die Elemente noch einmal kräftig wüteten und kämpften – es ist eine feurige Vergangenheit. Geblieben sind heute die „blauen Augen“ der Eifel, die Maare. Ganz tief eintauchen in die Erdgeschichte des Eifelsteigs können die Wanderer auf ihrem Weg an vielen Stellen. Kaum zu glauben, dass vor 390 Millionen Jahren ein Meer bis an die Eifel reichte. Die Gerolsteiner Dolomiten zeugen von dieser Vergangenheit, denn sie sind ein ehemaliges Korallenriff. Der Eifelsteig geizt nicht mit prächtigen Ausblicken über die Landschaft und Einblicken in mystische Wälder und Höhlen. Am Ende, nach 313 Kilometern und 15 Etappen ist das Ziel schon Weitem zu erkennen: Die Römerbrücke führt über die Mosel, die Basilika sticht aus dem Stadtbild heraus – Trier ist erreicht. Wer alle Etappen gemeistert hat, wird mit einem einzigartigen Erlebnis belohnt: Anstiege sind bewältigt, verschlungene Pfade gewandert und Hochebenen erobert worden.

Foto: Eifel Tourismus GmbH / Dominik Ketz

PARTNERWEGE

Großartige Naturschauspiele gilt es auch auf den Partnerwegen zu entdecken. Sie verlaufen zum Teil in Abschnitten auf dem Eifelsteig, zum Teil sind es ganz eigenständige Wege. Wie der Eifelsteig zeichnen sie sich durch die gleiche hohe Qualität aus, Markierung und Beschilderung machen ein Verlaufen unmöglich. Sich Zeit nehmen, die Landschaft auf sich wirken zu lassen, quasi in einen Dialog mit der Eifel zu gelangen, das ist das Ansinnen der Mußepfade. Hier werden Geschichten erzählt von der Natur, von den Menschen, die diese Region geprägt haben.

WEGEMANAGEMENT DES EIFELVEREINS

Damit Wanderer dieses einzigartige Naturerlebnis auf dem Eifelsteig erleben können, sind nicht nur gute Wege nötig. Einmal eingerichtet, müssen die Pfade gepflegt und Gastgeber gefunden werden. Die Eifel Tourismus GmbH trägt einen großen Anteil am Erfolg des Premiumwanderweges. Von dort aus erfolgt die Abstimmung mit den Kommunen, die sich am Eifelsteig befinden, mit dem Eifelverein, der für das Wegemanagement zuständig ist, und mit den Betrieben, die die passenden Unterkünfte und Gastronomie für die Wanderer bereitstellen. Gemeinsam werden der Eifelsteig und seine Partnerwege vermarktet und die rund 50 Gastgeber betreut.

MÜHLSTEINHÖHLE BEI GEROLSTEIN-ROTH

Ein gutes Wegenetz, durchgehend gute Markierungen – neben den landschaftlichen Naturschönheiten suchen Wanderer qualitativ hochwertige Wanderstrecken. Durch die Zertifizierung durch das Deutsche Wanderinstitut, können die Gäste sicher sein, auf einem Premiumwanderweg zu laufen. Alle drei Jahre kommen die Prüfer und vergeben ihre Noten für den Eifelsteig. Von 57,7 auf 61 Punkte steigerte sich das Gesamtergebnis im Vergleich zur letzten Überprüfung. Eine verbesserte Wegemarkierung und der Austausch von Wegweisern führten zu dieser guten Bewertung.

Um die Qualität zu erhalten und stets zu verbessern, sind die Wegepaten immens wichtig. Der Eifelverein ist seit mehr als 130 Jahren fest in der Region verwurzelt und pflegt enge Kontakte nicht nur zur Eifel Tourismus GmbH, sondern auch zu den anliegenden Kommunen. 26 Wegepaten am Eifelsteig und 36 Paten an den Partnerwegen sorgen dafür, dass die Wanderer ohne Probleme ihren Weg finden und die Natur um sich herum genießen können. Zweimal pro Jahr überprüfen die Paten ihre Strecke, sie erfassen Schäden, führen kleinere Instandsetzungsarbeiten durch und erneuern Markierungen, falls dies notwendig ist. Was sie nicht selbst in Ordnung bringen können, leiten sie an die kommunalen Wegemanager weiter. Dort erhalten sie auch das Markierungsmaterial für ihre Arbeit auf ihrem Abschnitt. Von der Kommune aus werden bei Bedarf größere Maßnahmen organisiert, um die Wege in bestem Zustand zu erhalten. Schätzungsweise 2.500 Arbeitsstunden fallen pro Jahr insgesamt für die Wegepaten an. Ihre Arbeit ist von unschätzbarem Wert.

DIE GEROLSTEINER DOLOMITEN SIND EIN EHEMALIGES RIFF AUS STROMATOPOREN.

GASTGEBER ARBEITEN ALS TEAM ZUSAMMEN

Der Eifelsteig ist nicht nur für die Wanderer ein großartiges Naturerlebnis, er ist auch ein zentraler Punkt für die touristische Wirtschaftsförderung. Nachhaltig profitieren die Betriebe, die sich am Weg befinden. Zum Teil arbeiten sie in den Angeboten zum „Wandern ohne Gepäck“ der Eifel Tourismus GmbH zusammen, andererseits entwickeln sie eigene Hauspackages zum Eifelsteig und unterstützen damit die Vermarktung des Weges. Auf der Grundlage der Kriterien „Qualitätsgastgeber Wanderbares Deutschland“ und „Servicequalität Deutschland“ werden die Mitarbeiter geschult, es gibt Shuttles zum Start oder Ziel der Wanderungen, regional-typische Lunchpakete werden gepackt und Gepäcktransfers sind mittlerweile Standard. Dies rechnet sich für die Betriebe: Eine Befragung der Gastgeber ergab, dass 70 Prozent der Unternehmer mehr an Übernachtungen durch den Eifelsteig gewonnen haben und jeder zweite Betrieb hat sich vom Etappenziel zum Standorthotel weiterentwickelt. Basis für diese positive Entwicklung ist auch die zunehmende Qualität der Wanderwege abseits des Eifelsteiges, wie der Partnerwege, der Wege des Eifelvereins oder der lokalen Wanderwege, die in den letzten Jahren aufholen konnten und heute über eine verbesserte Markierung und Wegweisung verfügen. Mehr Gäste und längere Übernachtungszeiten bedeuten Mehreinnahmen für die Betriebe, die diese wieder in die Ausstattung und Einrichtung ihrer Unternehmen investieren können. Nicht nur das Gastgewerbe profitiert vom Eifelsteig. Denn die Investitionen und gesteigerte Nachfrage durch die Eifelsteig-Wanderer verlängert die Wertschöpfungskette hin zu Dienstleistern aus dem Einzelhandel oder dem Baugewerbe. Für die Kommunen und Gemeinden entlang des Eifelsteigs ist dieser Premiumwanderweg ein Schlüsselprojekt, um den Tourismus weiter voranzubringen und die Zusammenarbeit zwischen den Kommunen weiter zu festigen.

Foto: Eifel Tourismus GmbH / Dominik Ketz

URFTTALSPERRE

NÄCHSTE SCHRITTE AM EIFELSTEIG

Viel ist in den vergangenen zehn Jahren geleistet worden, doch es verbleiben für die Zukunft noch einige Herausforderungen, die es gilt, zu meistern. Der Tourismus befindet sich in einem steten Wandel, doch es gibt auch Konstanten: Die Hinwendung zur Natur und Zeit dort zu verbringen ist ein ungebrochener Trend, der sich durch alle Gesellschaftsschichten zieht. Die Wanderer möchten eine unvergessliche Zeit erleben, an die sie sich noch lange erinnern. Um dies zu erreichen, wurde bei der Eifel Tourismus GmbH das Storytelling eingeführt. Authentische Geschichten lassen den Eifelsteig zu etwas Besonderem werden, zu etwas, das an anderen Orten nicht zu finden ist. Und davon hat die Eifel viel zu bieten: Entstanden vor Jahrmillionen, aus einem Kampf der Elemente Feuer, Erde, Wasser und Wind – da gibt es viel zu erzählen. Es brodelte und toste, Felsen wurden geschliffen, Vulkane spuckten heiße Lava und ließen eine ganz besondere Region entstehen, die viele herausstechende Landschaftsbilder zu bieten hat. Mit Muße und Ruhe können die Wanderer den Eifelsteig entdecken und die ganze Vielfalt der Eifel erleben. Um diese Wirkung noch zu verstärken, werden entlang des Weges einige der Verweilplätze neu gestaltet, wie beispielsweise am Weinfelder Maar. Die Bankgruppe in der Nähe der Kapelle ist etwas in die Jahre gekommen, doch der Platz ist prädestiniert für einen Verweilort. Von dort öffnet sich der Blick erstmals auf das Maar. Die neue Bankkonstruktion greift das nördliche Halbrund des Weinfelder Maars auf. Es wird eine Kombination aus Sitz- und Liegebereichen geben, die dazu einlädt, sich Zeit an diesem Ort zu nehmen und das Augenmerk auf das Wasser zu richten.
Sich Zeit nehmen, inne zu halten und die Umgebung in sich aufzunehmen, der Hektik des Alltags entfliehen und sich ganz auf die Natur einzulassen – dies soll an rund zehn Verweilplätzen entlang des Eifelsteigs verstärkt thematisiert werden.

Doch Wanderer möchten nicht nur eine schöne Tour erleben, sie suchen auch gute Unterkünfte und Einkehrmöglichkeiten. Die Inhaber der gastronomischen Betriebe sollen sich als Teammitglied begreifen,

sie sollen als Partner der Angebotsentwicklung gewonnen werden. Auf diese Weise kann die Wertschöpfungskette entlang des Weges noch besser verknüpft werden. Wandern kann mit kulinarischen Genüssen verbunden werden, um den Besuchern einen Mehrwert zu bieten und für unvergessliche Aufenthalte zu sorgen. Regionale Produkte stehen bei den Besuchern hoch im Kurs, damit kann die Eifel punkten.

Außerdem sind Zwischenetappen gefragt, denn der ein oder andere Wanderer schreckt vor den langen Strecken zurück und sucht kürzere Distanzen. In diesem Bereich können noch neue Produkte entwickelt werden, um unterschiedliche Zielgruppen gezielter anzusprechen. Jeder Gast soll mit vielen schönen Erinnerungen wieder nach Hause fahren, sich an die Geschichten der Eifel erinnern und gerne wiederkommen, um noch mehr Spannendes zu erfahren.

Am Eifelsteig herrscht kein Stillstand – die Akteure stellen sich den Herausforderungen des Marktes.

ZAHLEN, DATEN FAKTEN

Der Eifelsteig zählt zu den beliebtesten Fernwanderwegen in Deutschland. Dies zeigt nicht nur ein aktuelles Ranking des Verbrauchermagazins „Vergleich-Org“ von der Berliner Verlagsgesellschaft vom September 2019 – nach eigenen Angaben erreicht das unabhängige Verbraucherportal monatlich 3,4 Millionen Konsumenten. Das Magazin wertete monatlich Google-Abfragen zu den großen Fernwanderwegen aus und der Eifelsteig kann sich dort gleich hinter Rennsteig und Rheinsteig auf Platz drei positionieren. Dies zeigt, der Premiumwanderweg ist bekannt und beliebt bei den Wanderern. Der Eifelsteig ist Gründungsmitglied des Vereins „Top Trails of Germany e.V.“, in dem sich 14 der besten Wege Deutschlands gemeinsam vermarkten.

Wie viele Menschen jährlich auf dem Eifelsteig unterwegs sind, lässt sich natürlich nicht genau beziffern, doch einige beachtliche Aussagen kann die Eifel Tourismus (ET) GmbH dennoch treffen. Jährlich informieren sich rund 400.000 Wanderer bei 1,3 Millionen Seitenaufrufen auf der Internetseite www.eifelsteig.de über die Tour. In den vergangenen zehn Jahren konnte die Buchungszentrale der ET mehr als sechs Millionen Euro Umsatz erzielen. Dahinter verbergen sich mehr als 17.000 Wanderer, die eine mehrtägige Pauschale zum Eifelsteig buchten. 70 Prozent der Gäste kommen dabei aus Deutschland, 30 Prozent aus den benachbarten Beneluxstaaten. Auch wenn viele der Besucher nicht die gesamte Strecke auf einmal erwandern, gibt es doch einige „Unerschrockene“ - 2019 waren es rund 85 Wanderer - die die 313 Kilometer am Stück liefen. Andere kehren immer wieder in die Eifel zurück, um weitere Etappen des Eifelsteiges zu wandern oder die Partnerwege zu erkunden. Damit ist der Eifelsteig nicht nur ein Spitzenprodukt, sondern er ist ein zentraler Ankerpunkt in der touristischen Wirtschaftsförderung, von dem die Betriebe nachhaltig profitieren.

Weitere Informationen zum Eifelsteig und der Ferienregion Eifel: Eifel Tourismus GmbH, Kalvarienbergstraße 1, 54595 Prüm, Tel.: +49 6551 96560, Fax.: +49 6551 9656 96, E-Mail: info@eifel.info Internet: www.eifelsteig.de und www.eifel.info (red) ■

EIN KLEINES ZUHAUSE AUF DEM EIFELSTEIG

DIE SCHÖNSTE HÜTTE?

DIE WANDERHÜTTE AM „BROTPFAD" ZWISCHEN BLANKENHEIM UND RIPSDORF BEGEISTERT NICHT NUR DIE EIFELSTEIG-FREUNDE. DAS KANN MAN IM HÜTTENBUCH NACHLESEN. ABER WARUM?

Seit 1973 steht die knuffige Pausen-Idylle an einer Wegekreuzung mitten im Salchenbusch. Zum moosbedeckten Dach weitet sich der Grundriss, die beiden Türflügel sind mit einem Band zusammengehalten. Denn verschlossen ist die „Hütte am Brotpfad" nie. „Ja, die ist ganzjährig geöffnet", betont Werner Schwarz. Er und seine Frau Rita betreuen als Hüttenwarte das Häuschen seit weit über 20 Jahren – Wanderers Traumhaus auf dem Eifelsteig.
Wer die Hüttentüren öffnet, reibt sich verwundert die Augen: Ein mit einer Decke gedeckter Tisch in der Mitte, darauf in einer kleinen Vase – in der Regel – frische Blumen. An der Wand zwei kleine Erste-Hilfe-Kästen. Worunter Wanderer offenkundig auch zwei Skatspiele verstehen, die neben dem Verbandszeug liegen. Vom Tisch mit den gemütlichen Sitzbänken an den Wänden drum herum geht der Blick durch ein kleines Fenster mit weißen Gardinen ins Grüne.

Das alles ist für eine Wanderhütte in der Eifel so selten, wie einfach gemütlich und einladend. Damit es so bleibt, darauf hat das Ehepaar aus Nonnenbach, Mitglied in der Ortsgruppe Blankenheim des Eifelvereins, in dessen Beritt die Hütte steht, ein Auge. Auch auf die Sitzgruppe davor und die Wegekreuze der verschiedenen Wanderwege, die sich hier kreuzen. Ein anderes Kreuz aus Eisen, direkt neben der kleinen Gastlichkeit, ersetzt seit 2012 eines aus Holz. Es erinnert an ein Unglück vor über 100 Jahren. Damals wurde hier im Winter ein erfrorenes Kind gefunden, so Werner Schwarz.

EINLADENDER GEHT ES KAUM: DAS TISCHLEIN IST GEDECKT IN DER SCHÖNSTEN WANDERHÜTTE; MINDESTENS AUF DEM EIFELSTEIG ZWISCHEN RIPSDORF UND BLANKENHEIM.

IST SELBST BEGEISTERTER WANDERER: HÜTTENWART WERNER SCHWARZ.

Der ehemalige Busfahrer sammelt in und um die Hütte herum auf, was eigentlich im Müllsack an der Außenwand hängen sollte, erneuert bei Bedarf die am Haken in der Hütte baumelnde Toilettenpapierrolle, tauscht das Hüttenbuch aus, wenn es wieder einmal vollgeschrieben ist. Eventuelle Reste eines erkalteten kleinen Feuerchens draußen werden sofort verstreut: „Damit es keine Nachahmer gibt. Ein Brand hier oben, das wäre eine Katastrophe“, so der Hüttenwart. Doch das hat es seit 1973 an der „Hütte am Brotpfad“ nicht gegeben. Und auch ins Hüttenholz geritzte Grußbotschaften sind eher selten. Dafür sind die Einträge ins Hüttenbuch – der Kugelschreiber liegt daneben – umso zahlreicher. Die allermeisten loben das kleine Pausenhäuschen übereinstimmend als „schönste Hütte des Eifelsteigs“.

Es sind seit der Eröffnung des bekannten Weitwanderweges 2009 deutlich mehr geworden und aus aller Welt. „Hello from Sydney, Australia!“ grüßt etwa „Sam“ am 18. September 2017. Und „Marc“, der laut Bucheintrag in der Nacht vom 11. auf den 12. September desselben Jahres hier geschlafen hat: „Vielen Dank für Hege und Pflege, da fühlt man sich heimisch. Nun bin ich gut erholt und ausgeruht auf meinem Weg auf dem Eifelsteig!“ Wer es hier hinauf auf 521 Meter geschafft hat, weiß eben, was er getan hat. Ob von Blankenheim oder von Ripsdorf: immer steht das Häuschen am Ende eines recht steilen Anstiegs durch den Eifelwald.

Letztlich dank des einstigen Revierförsters des Staatsforstes Salchenbusch, Otto Premper. Der erteilte Schreiner Ulrich Kass aus Ripsdorf 1973 den Auftrag für den Hüttenbau. Mittlerweile gehört der umliegende Wald zwar der Bofrost-Stiftung und ist so gesehen Privateigentum – öffentlich zugänglich blieb die Hütte trotzdem.

„Zum 1. Mai stellen wir vor der Hütte einen Maibaum auf, Ostern hängen bunte Osterkugeln drin und Weihnachten steht hier ein geschmückter Weihnachtsbaum“, erklärt Werner Schwarz. Dass die Pflege seiner Hütte geschätzt wird, weiß er nicht nur aus den Dankesworten im Hüttenbuch. Über dem Eingang hängt ein grober Besen: „Meine Frau kehrte damit wie immer eines Tages die Hütte aus, da meinte sie: Guck mal, da ist ein Papier drin.“ Verloren hatte den gefalteten Zettel offenkundig niemand. Werner Schwarz schaute nach: Ein Dankeschön in Form eines 50-Euro-Scheins war ins Papier geklemmt! *(sli)* ■

Foto: Stefan Lieser, Heinrich Bertram (oben rechts)

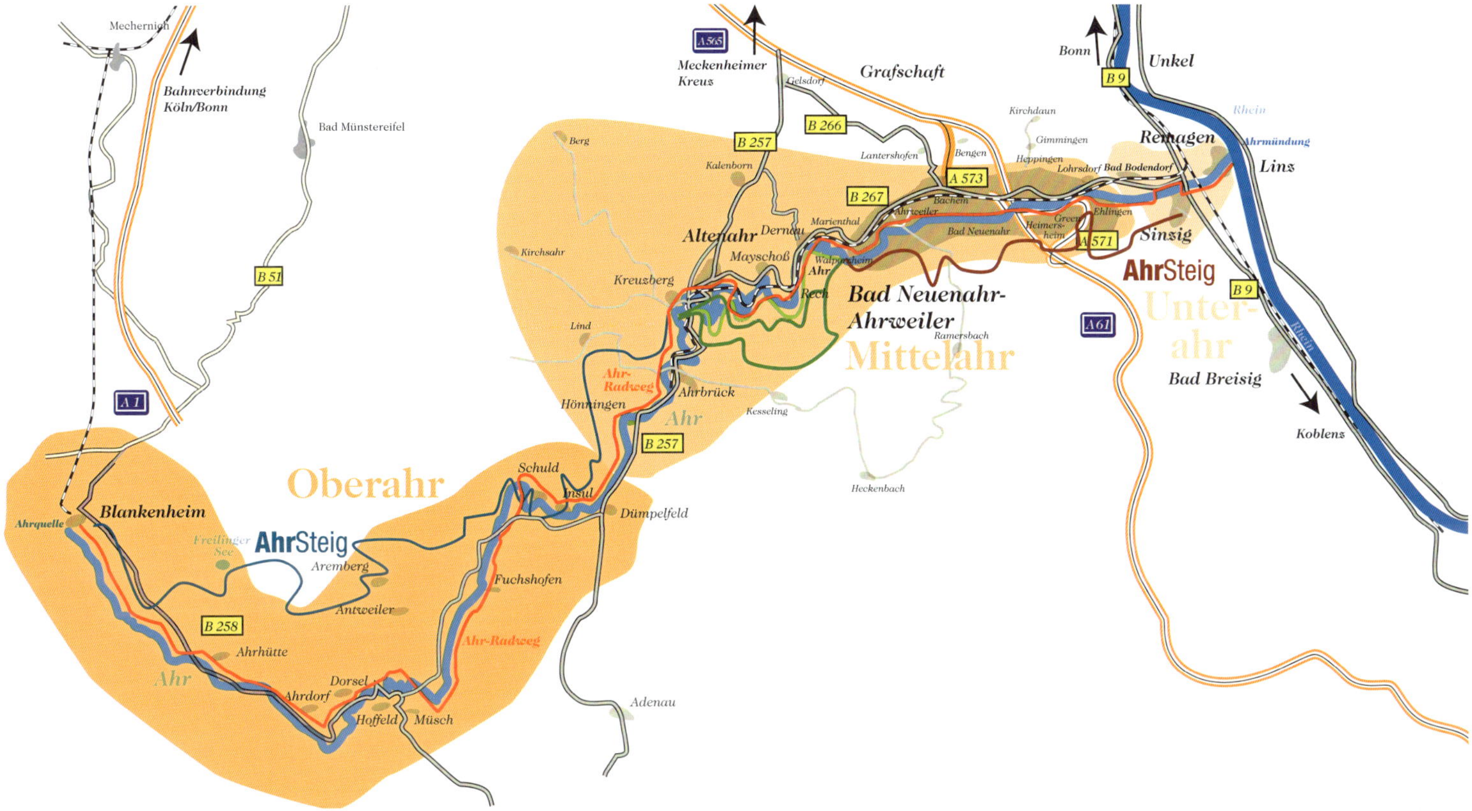

DAS AHRTAL UND DIE EIFEL

EIFELWEIN – JA ODER NEIN?

EINE BUCHHÄNDLERIN AUS AHRWEILER, DER „EIFEL HAUTNAH – DAS BUCH 2020" ANGEBOTEN WURDE, FRAGTE NACH, OB DENN DIE AHR ÜBERHAUPT IN DIESEM EIFELBUCH VORKOMME. EIN TYPISCHES PHÄNOMEN, DENN NIEMAND MÖCHTE SICH SO WIRKLICH FESTLEGEN: WAS IST DENN ALLES EIFEL?

Die Buchhändlerin konnte beruhigt werden: Die Eifel wird im Osten vom Rhein begrenzt. Da ist es mehr als selbstverständlich, dass das Tal der Ahr, die in Blankenheim ihren Quellort hat, zur Eifel gehört und damit der bekannte Ahrwein letztlich auch ein Wein aus der Eifel ist.

Eine Festlegung, die manchem stolzen Ahrwinzer nicht so wirklich gefallen mag. Denn man ist in einem der kleinsten Weinanbaugebiete Deutschlands selbstbewusst – aufgrund der dort geernteten Qualitäten auch zu Recht.

Foto: Dominik Ketz/Rheinland-Pfalz Tourismus GmbH, Karte: www.ahrtal.de

VOM SCHNITTCHEN ZUM STERNEMENÜ

Acht Restaurants des Ahrtals von Sinzig bis Altenahr werden im Guide Michelin vorgestellt. Mit einem Stern ausgezeichnet ist das Restaurant St. Peter in Ahrweiler und Hans Stefan Steinheuer mit seinem Restaurant „Zur Alten Post“ in Heppingen hält seit Jahren zwei Sterne im Guide Michelin.

Aber auch kleine, einfache Leckereien zum Wein schmecken gut: „Mit 3,5 Hektar Größe gehören wir nicht zu den Großen des Ahrtals. Und das ist auch gut so“, sagt selbstbewusst Paul Schumacher vom gleichnamigen Weingut in Marienthal. Wie er betreiben viele kleinere und familiengeführte Weingüter einige Wochen im Jahr ihre Straußwirtschaft. Als Erkennungsmerkmal dekorierte man früher – und auch heute noch – die Haustür mit einem Kranz aus Reben. Die urigen Straußwirtschaften und Winzerstuben der Ahr sind bereits ab April bis in den Herbst für maximal vier Monate mit jeweils eigenen Öffnungszeiten für Wanderer, Radler und Genießer geöffnet. Wo man es sich wann gut gehen lassen kann: *www.ahrtal.de*

HINTER DEN GITTERN ENTSPRINGT EIN FLUSS: DIE AHRQUELLE IN BLANKENHEIM:

Namensgeber des Tals ist die Ahr, die in Blankenheim entspringt und im 90 Kilometer entfernten Kripp bei Sinzig in den Rhein mündet. Die landschaftliche Vielfalt reicht über sanfte Hügel, schroffe Felsen, hohe Gipfel, romantische Flussauen bis hin zu den Steillagen der Weinberglandschaft. Die vielfach ausgezeichneten Ahrweine und die heimische Küche gehören ebenso zum Ahrtal wie romantische Weindörfer, Wanderwege mit spektakulären Aussichtspunkten, verschiedene sportliche und kulturelle Aktivitäten und Veranstaltungen sowie das Erbe der alten Römer, der Kaiserzeit und Vermächtnisse des Kalten Krieges.

WANDERUNGEN IM AHRTAL WERDEN VIELERORTS MIT HERRLICHEN FERNSICHTEN BELOHNT. GERADE ZUR LESEZEIT IM HERBST BEGEISTERT DIE NATUR MIT EINER REICHHALTIGEN FARBPALETTE.

DIE OBERAHR

Mitten im historischen Ortskern von Blankenheim mit seinen Fachwerkhäusern und romantischen Gassen, dem Eifelmuseum und der Tiergartentunnel-Anlage entspringt die Ahr. Zahlreiche Themenwanderwege und ausgebaute Radwege machen Blankenheim zu einem Paradies für Wanderer und Radfahrer. Im Adenauer Land setzt sich die waldreiche und hügelige Landschaft mit sanften Auen und schönen Wanderwegen bis zum Flusslauf in Dümpelfeld fort.

DIE MITTELAHR

Neben den Höhengemeinden bilden die beschaulichen Weinorte entlang der Ahr einen Teil der Mittelahr. Hier hat der preisgekrönte Ahrwein seinen Ursprung, der auf den Steilhängen entlang des Flusses angebaut wird. International angesehene Weinfachleute vergleichen die Top-Rotweine der Ahr mit Spitzengewächsen aus dem französischen Burgund. Berühmt ist die Ahr vor allem wegen des Spätburgunders, der als König aller Rebsorten gilt und in Frankreich Pinot noir heißt. Der Weinbau an der Ahr ist dem Hochalpinismus vergleichbar. Um in die sonnenverwöhnten Steillagen zu gelangen, kraxeln die Weinbauern über schroffe Geröllpfade in die Schieferterrassen. In den seit Jahrhunderten unberührten Parzellen stehen oft

Fotos: Dominik Ketz/Rheinland-Pfalz Tourismus GmbH

DIE STEILHÄNGE UND KARGEN BÖDEN DES AHRTALS BIETEN IDEALE BEDINGUNGEN FÜR DEN ANBAU ERLESENER REBSORTEN – WIE BEISPIELSWEISE DES SPÄTBURGUNDERS.

nur sechs oder acht Rebstöcke beieinander. Der Einsatz von Maschinen lohnt sich nicht. Im Ahrtal ist alles eine Nummer kleiner, als in den übrigen Weinanbaugebieten. Indes zählen die Weine – besonders die Spätburgunder – zur absoluten Qualitätsspitze in Deutschland. Der Gesamtausstoß liegt durchschnittlich bei 50.000 Hektolitern Wein; davon 64,8 Prozent Spätburgunder. Günstige geologische Bodenverhältnisse und fast 1500 Sonnenstunden pro Jahr bieten den Trauben optimale Wachstumsbedingungen. Die Steillagen sind frei von schädlichen Umwelteinflüssen und entwickeln ein dem Mittelmeerraum sehr ähnliches Mikroklima. So gedeihen ausdrucksstarke Spitzenweine von einzigartiger Struktur, Eleganz und Fruchtfülle. Die kargen Böden aus verwittertem Schiefer, Lößlehm, Kies, Vulkangestein und Grauwacke saugen tagsüber die Wärme auf und geben sie in den Nachtstunden wohldosiert an die Reben ab. Der Effekt lässt sich mit einer Fußbodenheizung, besser, mit einer Nachtspeicherheizung, vergleichen: Die Trauben werden rund um die Uhr mit Wärme versorgt. Wenn auch der Wein vom mediterranen Klima schier endlos verwöhnt wird, haben es die Ahrwinzer weit schwerer als in den meisten anderen deutschen Anbaugebieten. Die extremen Steillagen in den Felsterrassen hoch über dem Flüsschen Ahr sind zwar malerisch anzusehen, aber für die Winzer nur sehr schwer zugänglich, für Fahrzeuge meist unerreichbar. Knapp 500 Winzer trotzen heute noch den widrigen Arbeitsbedingungen. Rund 50 Weinbauern sind Selbstvermarkter. Die übrigen beliefern als Nebenerwerbswinzer eine der Genossenschaften in Mayschoß, Walporzheim, Ahrweiler und die Dagernova Weinmanufaktur mit Sitz in Bad Neuenahr. Die Winzergenossenschaft Mayschoß-Altenahr wurde bereits 1868 gegründet. Heute ist sie die älteste noch bestehende Winzerkooperative der Welt.

ERSTRAHLEN JEDES JAHR AB DEM ERSTEN ADVENTSWOCHENENDE: DIE UFERLICHTER IN BAD NEUENAHR

BAD NEUENAHR-AHRWEILER

Die kulturelle Vielfalt des Ahrtals lässt sich besonders gut an der unterschiedlichen Architektur der Stadtteile Bad Neuenahr und Ahrweiler erkennen. Während sich in Bad Neuenahr prachtvolle Bauten der Kaiserzeit, wunderschöne Gärten und Parks, die Spielbank und die Ahr-Thermen erheben, überzeugt Ahrweiler mit seinem rustikalen Charme, historischen Stadtmauern und alten Fachwerkhäusern. *(hfr)* ■

Foto: Sascha Kelschenbach (Regierungsbunker)

DER REGIERUNGSBUNKER

Tief in den Felsen unter den Weinbergen an der Ahr befand sich einst eines der bestgehüteten Geheimnisse der Regierung der Bundesrepublik Deutschland: Der Regierungsbunker. Für den Fall eines Atomschlages während des Kalten Krieges sollten Bonner Politiker und ihr Stab so gut wie möglich geschützt werden.

Ab 1962 wurde das geheimste Bauwerk in der Geschichte der Bundesrepublik in 25 Kilometer Entfernung von Bonn in die Weinberge oberhalb von Ahrweiler hineingebaut. Zehn Jahre später war die Bunkeranlage auf 17,3 Kilometer Länge gewachsen und umfasste 936 Schlaf- sowie 897 Büroräume. Hinter atombombensicheren Toren lagen beispielsweise die Kommunikations-Schaltzentrale, eine Zahnarztpraxis, ein Friseursalon, das Zimmer des Bundeskanzlers sowie ein Fernsehstudio.

Seit 2008 können Besucher im Regierungsbunker auf eine Entdeckungsreise in die Zeit des Kalten Krieges und des Ost-West-Konfliktes gehen. Beim Eintritt in die Bunkeranlage lässt die Besucher nicht nur die Durchschnittstemperatur von nur 12 Grad Celsius frösteln, sondern auch die Vorstellung, dass hier im Ernstfall eines Atomschlages mehrere tausend Menschen für 30 Tage hätten überleben können. Infos und Öffnungszeiten: *www.regbu.de*

BAUMDENKMÄLER

SEELENTROST UND ÜBERLEBENDE

Angst muss man um ihn schon haben … um diesen riesigen Baum, der etwas abseits von der Landstraße zwischen Rockeskyll und Walsdorf steht. Denn der Klimawandel mit den immer häufigeren Dürre- und Hitzeperioden macht auch Eichen schwer zu schaffen. Und sicher hat die Siegeseiche – so wird das Prachtexemplar genannt – viel menschliche Angst miterlebt, falls Bäume erleben können. Denn sie keimte um das Jahr 1630 herum aus einer Eichel, mitten im Dreißigjährigen Krieg, der auch vor der Eifel nicht Halt machte und ganz Europa verwüstete. Es ist eine Schätzung anhand der Mächtigkeit ihres Stammes, der mehr als dreieinhalb Meter Umfang misst. Ihre Krone spannt sich über einen Durchmesser von 23 Metern mindestens. Vielleicht wurde sie aber auch erst knapp zwanzig Jahre später gepflanzt, als das Töten ein Ende hatte … als Zeichen des Friedens.

Der Standort, den sie auf einer Wiese und unweit eines Lavabruchs ganz allein hat, ermöglichte ihr jedenfalls ein imposantes Wachstum. Im Wald bleiben Eichen schmal, auf freiem Gelände nehmen sie sich ihren Platz. Unter ihren raumgreifenden Ästen befindet sich ein rustikales Ensemble aus hölzernen Bänken und Tisch, ideal für eine Radwanderpause, für eine luftige Mahlzeit. Die Siegeseiche, die – wie eine Infotafel verrät – so erst seit 1870 und seit dem Sieg von Preußen, Bayern, Sachsen und Württemberg über Frankreich heißt, steht nämlich an einem Radweg. Die Autos, die aus Richtung Westen heraneilen, um weiterzufahren zur Autobahn Richtung Köln, bleiben weit weg und ihre Motoren hört man kaum. Vermutlich sind früher Pferdekutschen hier entlanggezogen, langsamer natürlich als die modernen Gefährte. Denn die Siegeseiche markiert auch den uralten Weg von Trier nach Köln.

Fotos: Jochen Hank

DIE BEFREIUNGSBUCHE:
MIT IHREN MEHR ALS DREIßIG METERN HÖHE
THRONT SIE AUF EINEM VULKANKEGEL ZWISCHEN
BERLINGEN UND HOHENFELS-ESSINGEN.
IHR ALTER WIRD AUF 200-300 JAHRE GESCHÄTZT.

Nur etwas jünger ist die mehr als dreißig Meter große Befreiungsbuche hoch oben auf einem Basaltkegel zwischen den Dörfern Berlingen und Hohenfels-Essingen. Vermutlich wurde auch sie erst anlässlich des Sieges über Frankreich so benannt. Und „Alter Voß" heißt der Berg, auf dem sie wächst, also alter Fuchs. Bis heute leben hier Füchse. Schlau wie Meister Reineke war, wer sich in den vielen Kriegswirren, welche die Eifel heimsuchten, hierhin zurückzog. Denn der Blick reicht weit, bis in die Gemarkungen von Gerolstein, Kirchweiler und Betteldorf. Feinde konnten früh erkannt werden. Ebenso sieht man den markanten Baum von weither, so dass sich viele Touristen sicher fragen, wie man dorthin kommt. Ein schmaler, teils steil ansteigender Trampelpfad führt durch den Wald zu ihr, ausgehend von einem kaum befahrenen Sträßchen. Am einzigen Hinweisschild, das von ihrer Existenz kündet, ist man schnell vorbei. Die Chancen, unter ihrer zwanzig Meter umfassenden Krone ungestörtes Naturerleben zu finden, sind also groß.

VON DER BEFREIUNGSBUCHE AUS HAT MAN EINEN WUNDERBAR WEITEN BLICK ÜBER DIE LANDSCHAFT DER VULKANEIFEL.

Die Eifel ist voller solcher Baumdenkmäler. Die ältesten, die den Kelten als spirituelle Hüter des Lebens galten, sind natürlich längst gestorben. Aber inmitten der üblichen Forste haben mächtige Eichen, Buchen und Tannen an besonderen Orten jahrhundertelang überlebt. Zu den weit überall verbreiteten Fichtenmonokulturen haben die Eifeler seit jeher ein eher angespanntes Verhältnis – lange bevor sie sich wegen ihrer Anfälligkeit bei Sturm und Trockenheit als ungeeignet erwiesen. Die Preußen, die das schnell wachsende Holz als „Brot- und Butter-Baum“ in Massen anpflanzten, um die Eifel wirtschaftlich zu nutzen, machten sich damit nicht beliebt. „Preußendreck“ hießen die Fichtenzapfen und -nadeln im Volksmund. *(ako)* ■

Fotos: Jochen Hank

EXTRA

Deutschlands berühmtester Förster, Peter Wohlleben, hat in der Eifel unweit von Blankenheim und Adenau – im Dörfchen Hümmel – einen Bestattungswald errichtet. Wer sich hier unter einem Baum in einer Urne zur ewigen Ruhe legt, trägt zum Erhalt eines natürlichen Waldes bei, der nicht der Forstwirtschaft dienen muss. Und im benachbarten Wershofen hat Wohlleben mit einem Team ökologisch gleich gesinnter WaldexpertInnen eine Waldakademie ins Leben gerufen. Hier erfahren Naturfreunde aus erster Hand, wie das lebendige „System“ Wald funktioniert, kommuniziert und für das Überleben von Menschen, Tieren und anderen Pflanzen wichtig ist. *www.peter-wohlleben.de*

ULMENER MAAR

Foto: GesundLand Vulkaneifel/Dominik Ketz

GESUNDLAND VULKANEIFEL

WO EINST DIE VULKANE TOBTEN

ABSCHALTEN, WO ES FRÜHER HOCH HERGING: DIE FUSION EISKALTEN WASSERS MIT GLUTROTER LAVA SCHUF IM GESUNDLAND VULKANEIFEL EINE ERLEBENSWERTE LANDSCHAFT

Tiefblau und glitzernd liegt der Maarsee zwischen den geschwungenen Hügeln. Sanft kräuselt sich die Wasseroberfläche, wenn ein leiser Windhauch darüber weht. Die Esel, die fast ganzjährig am Ufer grasen, trotten gemütlich zum nächsten Büschel grünen Grases. Ein Stück die Anhöhe hinauf thront der Dronketurm mitten auf dem Mäuseberg und ermöglicht eine unvergleichliche Fernsicht über weite Wiesen und Wälder. Die alte Hollywoodschaukel am Fuße des Turms bewegt sich sacht im Wind.

Diese Szenerie liegt nicht etwa irgendwo in den schottischen Highlands oder anderen fernen Urlaubsgebieten, sondern mitten im GesundLand Vulkaneifel. Die Fusion aus idyllischer und schroff vulkanisch geprägter Landschaft, inmitten derer heute ganz friedlich die Maare, uralte Bauwerke und die schönsten Wanderwege schlummern, verleiht der Region um Ulmen, Bad Bertrich, Manderscheid und Daun ihren außergewöhnlichen Reiz. Hier ist die Natur kraftvoll, ursprünglich und belebend – ein kleines Paradies, das Raum für Entschleunigung und mentale Gesundheitsförderung bietet. Ein enges Wander- und Radwegenetz trifft hier auf unberührte Umgebung und ein breitgefächertes Angebot an Führungen und Erlebniswanderungen. Ausflugsziele für Familien verbinden sich mit geologischen Highlights und einer ästhetisch reizvollen Landschaft zu einem Urlaubsparadies für alle, die sich nach Naturverbundenheit und mentaler Wellness sehnen.

SCHALKENMEHRENER MAAR

DAUN: WANDERN UND BIKEN IM VULKANLAND

Die Kreisstadt Daun ist für die drei Dauner Maare weit über die Grenzen der Vulkaneifel bekannt. Besonders im Sommer werden die Maare zur Kulisse nass-erfrischenden Schwimmvergnügens. Ein wohliger Schauer erfüllt den Körper beim Eintauchen in das kristallklare, angenehm kühle Wasser, während in einiger Entfernung Ruder- und Tretboote über das Maar schippern. Als beliebte Ziele für den Badeurlaub sind das Schalkenmehrener, das Gemündener sowie das Pulvermaar bei Gillenfeld die bekanntesten Maare. Weniger bekannt sind die kleineren Maare wie das Holzmaar, das Immerather Maar oder das Trautzberger Maar. Während letztere noch mit Wasser gefüllt sind, sind viele Maare inzwischen auch verlandet. Dazu gehört zum Beispiel der Dreiser Weiher bei Dreis-Brück. In diesem Trockenmaar entspringen die Quellen, die das Mineralwasser für Nürburg Quelle und Dreiser Sprudel liefern.

In den kälteren Jahreszeiten, wenn das Bad in den Eifelmaaren nur noch den Hartgesottenen zu empfehlen ist, lässt sich die Natur rund um Daun am besten zu Fuß oder mit dem Fahrrad erleben, denn hier gibt es eine große Auswahl an Wander- und Radwegen. Wandern und Laufen geht nirgends so gut wie im GesundLand Vulkaneifel, wo sich ruhige Bachtäler mit stillen Wäldern und den steinigen Anstiegen der erloschenen Vulkane abwechseln. Mehrtägige Wanderrouten, tagesfüllende Strecken oder kurze Spazierwege sind in Daun wie auch in Manderscheid, Bad Bertrich und Ulmen an jeder Ecke zu finden.

DER LIESERPFAD

Der Lieserpfad ist besonders bei passionierten Wanderern beliebt. Über vier Etappen führt der Weg von der Quelle der Lieser in Boxberg quer durch die Eifel bis hin nach Lieser, wo der gleichnamige Fluss in die Mosel mündet. Jede Etappe überzeugt dabei mit ihren eigenen Naturhöhepunkten. Breite Feld- und Wiesenwege folgen auf schmale Pfaden entlang von mächtigen Felsen. Die Lieser bleibt dabei stets treue Wegbegleiterin. Die unverwechselbaren Panoramen, die sich an den vielen Aussichtspunkten eröffnen, bleiben eindrucksvoll in Erinnerung. Nicht umsonst wurde der Lieserpfad 2018 als zweitschönster Wanderweg Deutschlands prämiert.

Auch für Action liebende Mountainbiker halten viele Wege anspruchsvolle wie abwechslungsreiche Streckenabschnitte bereit. Die Vulkaneifel ist ein Bikeparadies, das seinesgleichen sucht. Rund 750 Mountainbike-Kilometer durch Täler und Anhöhen, vorbei an unverwechselbaren Maarseen und uralten Vulkankratern warten darauf, befahren zu werden. Mit dem Puls steigt auch das Adrenalin – Erfüllung pur, wenn sich die breiten Reifen ihren Weg über Stock und Stein bahnen und der Schwung der letzten Abfahrt bis zur nächsten Anhöhe reicht. Alle Strecken sind hervorragend ausgeschildert. Ob für Profis, Gelegenheitsfahrer oder Familien, alle Schwierigkeitsgrade sind vertreten. Die Guides des Vulkanbike Trailparks halten tolle Touren durch die ganze Region und rund um Daun, Manderscheid, Bad Bertrich und Ulmen bereit. Im Technik-Parcours „KoulShôre“, abgeleitet aus dem Eifeler Dialekt für „Lavagrube“, verbinden sich die heißesten Trails der Vulkaneifel mit coolen Northshore-Elementen kanadischer Bikeparks zu einer idealen Spielwiese für Action liebende Mountainbiker. Die knackigen, anspruchsvollen Single-Trails garantieren jede Menge Fahrspaß. Die neu angelegte Pumptrack-Strecke ist die wohl größte Herausforderung: Wellen, Steilkurven und Sprünge warten auf ambitionierte Biker, denen es gelingt, per Gewichtsverlagerung den Pumptrack-Parcours in einem Durchgang zu meistern.

DER MAARE-MOSEL-RADWEG

Der Maare-Mosel-Radweg ist für alle gut geeignet, die statt der sportlichen Herausforderung im Pumptrack eher das ruhige Radeln durch die reizvolle Landschaft bevorzugen. Ganz entspannt führt der Radweg über 58 Kilometer von Daun bis nach Bernkastel-Kues. Nach einer kurzen Steigung direkt zu Beginn führt der Weg hauptsächlich bergab und sorgt so für mühelosen Radtour-Genuss. Früher verlief auf dem heutigen Radweg eine Bahntrasse. Überreste davon sind noch heute zu sehen, zum Beispiel am alten Bahnhof von Daun oder am alten Eisenbahntunnel „Großes Schlitzohr“, der zu durchfahren ist. Unterwegs locken einige Highlights, darunter historische Viadukte, gemütliche Einkehrmöglichkeiten und natürlich unberührte Natur soweit das Auge reicht. Ein Teil des Maare-Mosel-Radweges ist besonders für Kinder ausgelegt. Die Figuren Elli Eule, Biggi Biene, Freddi Fledermaus und Willi Basalt begleiten die kleinen Radler an verschiedenen Stationen auf ihrem Weg und bringen ihnen allerlei interessante Informationen zur Natur- und Tierwelt bei.

BAD BERTRICH: MALERISCHE IDYLLE IM ÜSSBACHTAL

Bad Bertrich bedeutet Ruhe und Entschleunigung pur. Irgendwo an der Grenze von Eifel und Mosel liegt der Ort ganz verträumt und ein wenig abgeschieden im romantischen Üssbachtal. Die Kessellage, die durch die vulkanischen Aktivitäten vor vielen hunderttausenden Jahren entstanden ist, verleiht Bad Bertrich eine einzigartige Atmosphäre. Majestätisch ragen die Felsen des Römerkessels in die Höhe und sorgen für eine willkommene Abgeschiedenheit von der Hektik und dem Lärm großer Städte. Nirgends sind die Sorgen des Alltags so fern wie in dieser beschaulichen Zurückgezogenheit, die Gelegenheit zum Durchatmen und Abschalten gibt. Doch so friedlich wie heute war es in Bad Bertrich nicht immer. Auch hier hat der Vulkanismus Spuren hinterlassen, die immer noch ganz unterschiedlich zu Tage treten.

Eines der Geschenke des Vulkanismus, das auch tausende Jahre nach der bewegten Zeit der Eifel ganz ursprünglich erhalten ist: Das Wasser der Bad Bertricher Bergquelle. Das anerkannte Heilwasser wird auch heute noch zur natürlichen Behandlung in Trink- oder Badekuren eingesetzt. Schon in der römischen Bäderkunde war das Wasser aus Bad Bertrich bekannt – sein Alter wird auf ungefähr 24.000 Jahre geschätzt. In einem Liter der Bad Bertricher Bergquelle sind fast 2.500 mg Mineralien enthalten. Damit entspricht es den Bedingungen eines Mineralwassers. Die Zusammensetzung des in der Bergquelle gelösten Salzes wird nach dem deutschen Apotheker und Chemiker Johann Rudolph Glauber auch als Glaubersalz bezeichnet. Das Glaubersalzwasser hat nachweisbar therapeutische Wirkung. Bei Gastritis oder chronischen Magenschleimhautentzündungen kann eine Trinkkur Linderung verschaffen.

GLAUBERSALZTHERME

Wer an entzündlich-rheumatischen Erkrankungen oder degenerativen Beschwerden der Gelenke und der Wirbelsäule leidet, dem hilft eine Badekur in der einzigen Glaubersalztherme Deutschlands, der Vulkaneifel Therme Bad Bertrich. Mit 32° Celsius natürlicher Wärme tritt das mineralienreiche Wasser aus den Tiefen der Eifeler Gebirge zutage. 2.000 Meter unter der Erde ist es so warm, dass das Quell- und Grundwasser die erdgeschichtlich entstandenen Meeresmineralien und Spurenelemente aus dem Gestein löst und als Thermalsole an die Oberfläche tritt. Mit diesem Quellwasser wird die Glaubersalztherme gespeist. Mehrere Innen- und Außensaunen, das Dampfbad und ein breit gefächertes Wellnessangebot sorgen zusätzlich für eine angenehme Wohlfühlatmosphäre.

LANDSCHAFTSTHERAPEUTISCHER PARK

Und noch auf eine weitere Weise hat der Vulkanismus in Bad Bertrich seine Spuren hinterlassen. Der Landschaftstherapeutische Park Römerkessel, der einzige seiner Art in Europa, ist umgeben von hohen Felswänden aus Lava und anderem Gestein, die ein Überbleibsel der vulkanischen Aktivitäten vor Jahrtausenden sind. Diese Felswände verleihen dem Park eine behütete Atmosphäre, wo man eins mit der Natur werden kann. Im GesundLand Vulkaneifel schützen und stützen heilende Naturkontakte die seelische und körperliche Gesundheit. Der Landschaftstherapeutische Park ist ein Baustein in diesem Konzept. Der Park, der ganz auf den Prinzipien der Landschaftstherapie beruht, besteht aus sieben unterschiedlichen Gärten. Jeder davon hat seine ganz eigene Zielsetzung: Die Besucher der Gärten sollen entschleunigen, den positiven Einfluss ihrer Umgebung spüren und ausgeglichen werden. Den Alltag hinter sich lassen, sich einen Moment entfernen von den kleinen und großen Hindernissen des Lebens, in sich kehren, der Seele Raum geben. Im Römerkessel wird die Natur zum Erlebnis und zeigt, welche Wirkung sie auf den Organismus und die Stimmung haben kann.

Der Fürstengarten ist beispielsweise eine Widmung an den letzten Kurfürsten und Erzbischof von Trier, Clemens Wenzeslaus. Denn schon er wusste die Schönheit des Ortes im Üssbachtal zu schätzen und residierte dort den Sommer über. Üppige Bäume, leuchtende Blumen und ein malerischer Wasserlauf erinnern an die prunkvollen Gärten von Fürsten und Königen. Im Entspannungsgarten steht die Entschleunigung im Fokus. Eine große Sanduhr erinnert symbolisch daran, wie wichtig Entspannung und Ruhe für die seelische Gesundheit sind. Ähnlich ist es im Stillen Garten: Die weitläufige, helle Streuobstwiese auf der Anhöhe ermöglicht eine beeindruckende Aussicht – und beeindruckende Ruhe, die nur von den Geräuschen der Natur unterbrochen wird. Ein Windrausch, ein Vogelzwitschern, das Rascheln einer Maus im Untergrund oder das Surren der Bienen und Wespen, die sich am Fallobst gütlich tun. Auch die weiteren Gärten haben jeweils ihr ganz eigenes Ziel. Um herauszufinden, was zum Beispiel hinter dem Terrassengarten oder dem Lavagarten steckt, lohnt sich eine Auszeit im Römerkessel.

ULMEN: NATUR PUR INMITTEN ALTER VULKANE

Einzigartige Natur ist auch in Ulmen Anziehungspunkt Nr. 1. Der Jungferweiher ist einer der schönsten Orte im ganzen GesundLand Vulkaneifel. Gerade an Frühlings- und Herbsttagen, wenn in der Früh die Nebelschwaden über dem Gewässer hängen, herrscht hier eine geradezu mystische Atmosphäre. Der Jungferweiher steht unter Naturschutz. Zahlreiche bedrohte Arten brüten in den binsenreichen Uferzonen des flachen Gewässers, darunter Bekassine und Wiesenpieper. Von der Vogelbeobachtungsstation kann man besonders gut sehen, wie die Vögel auf der Suche nach Nahrung am Ufer entlangwaten. Vor circa hundert Jahren war der Weiher jedoch nicht die Lebensgrundlage für seltene Vogelarten, sondern für die Bewohner von Ulmen. Lange Zeit lag der Weiher trocken. Die Ulmener nutzen das Gebiet, um Torf zu stechen und ihn zum Heizen zu nutzen. Erst 1942 wurde der Bereich wieder geflutet. Heute kann man wunderbar um den Jungferweiher spazieren.

Gleich gegenüber dem Weiher liegt ein weiteres Naturschutzgebiet: das Ulmener Maar. Es ist das jüngste aller Eifelmaare. Ungefähr 11.000 Jahre sind seit seiner Entstehung vergangen – erdgeschichtlich betrachtet nicht mehr als ein Wimpernschlag. Der Vulkanismus ist auch noch lange nicht erloschen. Das zeigen die Blasen, die am Uferbereich des Maars an die Wasseroberfläche steigen. Auch wenn der Vulkanismus hier noch sichtlich aktiv ist, ist ein Ausbruch trotzdem nicht in Sicht. Aus Gründen des Naturschutzes ist das Baden am Maar genauso wie auch am Weiher nicht erlaubt. Angler könnten jedoch Glück haben, denn Hechte und Karpfen tummeln sich im Ulmener Maar.

Foto: GesundLand Vulkaneifel / Klaus Peter Kappest

DER JUNGFERWEIHER

ULMENER BURG

In unmittelbarer Nähe zum Maar liegen die Überreste der Ulmener Burg. Ursprünglich bestand sie aus einer Ober- und einer Niederburg. Wann genau sie errichtet wurde, ist unklar. Man munkelt, es sei um das Jahr 1.000 n.Chr. gewesen. Seitdem liegt eine bewegte Geschichte hinter den Gemäuern, von denen heute nicht mehr als eine Ruine geblieben ist. Eins bewohnten zwei Rittergeschlechter die Burg, bis sie von den französischen Truppen des Sonnenkönigs zerstört wurde. Nach dem Wiederaufbau dauerte es nicht lange bis zur nächsten Zerstörung. Ein weiterer Aufbau folgte. Viel Zeit ging ins Land, bis die Burg an einen Cochemer Kaufmann versteigert und als Steinbruch vermarktet wurde. Nach einem verheerenden Feuer im 19. Jahrhundert nutzten die Ulmener die Steine der Burg, um ihre Häuser aufzubauen.

KERBHOLZER AUF DER WOLLMERATHER KOPP

Foto: GesundLand Vulkaneifel / Dominik Ketz

UNZÄHLIGE WANDERROUTEN

Ulmen ist aber auch ein Eldorado für Wanderer. Viele Routen haben in Ulmen ihren Start- bzw. Endpunkt, darunter der Schönste Wanderweg Deutschlands 2019, „Im Tal der Wilden Endert", oder der Maare-und-Thermen-Pfad, der in zwei Etappen von Ulmen über Lutzerath nach Bad Bertrich führt. Das Besondere an diesem Pfad ist nicht nur, dass er einige der schönsten Naturmomente des GesundLand Vulkaneifel bereithält – darunter zum Beispiel den Ausblick vom Eifelblick Achterhöhe bei Lutzerath – sondern auch, dass er zu den sogenannten Muße-Pfaden gehört. Die Muße-Pfade tragen ihre Mission schon im Namen: Hier ist Wandern ohne Eile angesagt. Auf diesen Partnerwegen des Eifelsteiges verbindet sich die Wanderung mit den Märchen und Mythen vergangener Zeiten. So auch auf dem Maare-und-Thermen-Pfad, auf dem sich alles um das Kerbholz dreht. Das Kerbholz begegnet dem Wanderer auf dieser Strecke immer wieder. Es ist ein Symbol aus alten Epochen: Früher wurde das Kerbholz als System der primitiven Buchführung genutzt. Passten die Kerbhölzer zweier Geschäftspartner, wie etwa Bauer und Müller, nicht zusammen, hatte einer der beiden geschummelt – derjenige hatte „etwas auf dem Kerbholz". Damals wie heute hat wohl jeder „etwas auf dem Kerbholz" – der Maare-und-Thermen-Pfad erinnert an verschiedenen Muße-Plätzen mit einem überdimensionalen Kerbholz daran.

MANDERSCHEIDER BURGEN

MANDERSCHEIDER BURGENFEST

Beim traditionellen Manderscheider Burgenfest verwandelt sich für zwei Tage die Kleinstadt zum Schauplatz atemberaubender Ritterkämpfe. Wer wird seinen Gegner als erstes mit der Lanze vom Pferd stoßen? In solchen Momenten stockt den zahlreichen Schaulustigen auf den Tribünen der Atem. Auch für die kleinsten Knappen und Kammerzofen ist das Fest ein unvergessliches Erlebnis, denn wo sonst kann man Falkner mit ihren gefiederten Gefährten oder lustige Gauklertruppen aus nächster Nähe bestaunen? Spätestens wenn der Herold laut und vernehmlich die Langfanfare am Fuße der Niederburg bläst und mit feierlich geschraubten Worten das Fest eröffnet, setzt eine fantastische Reise in das Mittelalter ein.

MANDERSCHEID: REISE IN VERGANGENE ZEITEN

Ähnlich wie Ulmen ist auch Manderscheid eng mit dem Mittelalter verwoben. Die wunderschöne Kleinstadt ist wohl am bekanntesten für ihr historisches Flair, das sie vor allem den Manderscheider Burgen verdankt. Eindrucksvoll ragen die uralten Mauern aus dem verwunschenen Liesertal gen Himmel und erinnern an eine alte Ära, als noch edle Ritter und Burgfräulein in teuren Gewändern in Manderscheid zu Hause waren. Doch nicht immer ging es dort so idyllisch zu, wie es heute scheinen mag.

Die Ober- und die Niederburg, die nur einen Katzensprung voneinander entfernt sind, standen sich lange Zeit feindlich gegenüber. Denn an dieser Stelle trafen der Herrschaftsbereich des Kurfürsten von Trier und der des Manderscheider Grafen aufeinander. Beide Burgen erlitten im Dreißigjährigen Krieg und in dem Raubkrieg Ludwigs XIV. schwere Schäden.

Vom Manderscheider Burgensteig aus lässt sich die Schönheit der alten Mauern bewundern. Die sechs Kilometer kurze Tour hat es in sich, denn einige anspruchsvolle Anstiege warten auf den Wanderer. Doch die Belohnung folgt kurz darauf, denn landschaftlich reizvolle Aussichten auf die Burgen sind garantiert. Vor allem am Aussichtspunkt Belvedere eröffnet sich ein grandioser Ausblick auf das tief eingeschnittene Liesertal, die Burgen und die jenseits des Tales gelegene Stadt Manderscheid.

Fotos: GesundLand Vulkaneifel / Dominik Ketz

KERZENMANUFAKTUR MOLL

In Manderscheid ist nicht nur uraltes Gemäuer, sondern auch uraltes Handwerk zu Hause, denn hier ist einer der wenigen Wachsziehermeisterbetriebe in ganz Deutschland zu finden. In dem alten Bauernhaus, in dem der Betrieb untergebracht ist, liegt stets der Geruch von Honig und Wachs in der Luft. Die Arbeit mit dem Naturprodukt Bienenwachs schafft eine ganz besondere Verbindung zwischen der Natur und Wachsziehermeister Michael Moll. Seine Fantasie kennt bei der Arbeit mit Wachs keine Grenzen. Von einfachen Bienenwachslichtern über glitzernde Einhörner, heimische Fossilien und individuelle Einzelanfertigungen kreiert er nicht nur Kerzen, sondern stellt auch Senf, Essig und Seife aus den natürlichen Ressourcen der Eifel her. Dabei kann man dem Wachsziehermeister auch live über die Schulter schauen. Der kleine Betrieb ist fast täglich geöffnet und lädt zur Besichtigung ein. Wer sich dann auch selbst an dem kreativen Handwerk versuchen will, kann in einem der Workshops selbst Kerzen anfertigen.

HEIDSMÜHLE

Im Tal der Kleinen Kyll liegt das Hotel Restaurant Heidsmühle. Hier startet und endet der Achtsamkeitspfad Kleine Kyll. Auf diesem Weg geht es nicht ums Ankommen. Auf dem Achtsamkeitspfad ist sprichwörtlich der Weg das Ziel. Hier soll der Wanderer oder Spaziergänger genießen und abschalten, gehen ganz ohne Zeitdruck. Es geht darum, mehr Achtsamkeit im Alltag zu erlangen. Bewusst wahrzunehmen, was im gegenwärtigen Moment ist. Ohne darüber zur urteilen. Mit den Gedanken befindet man sich meist in der Zukunft oder in der Vergangenheit. Auf dem Achtsamkeitspfad soll man im Hier und Jetzt ankommen. Einatmen. Ausatmen. Klare Gedanken fassen und die Natur auf die Seele wirken lassen. Insgesamt sieben Erlebnispunkte entlang des Pfades sind darauf ausgelegt, die Achtsamkeit zu steigern. An diesen Punkten lohnt es sich besonders, innezuhalten und die Umgebung zu genießen – sei es an der Germanenbrücke, am Barfußbadeplatz oder an der kleinen Quelle, deren herrlich klares Wasser auch bedenkenlos getrunken werden kann.

An vielen weiteren Orten lädt die therapeutische Landschaft des GesundLand Vulkaneifel zu heilsamen Kontakten mit der Natur ein. Ob Aktivität oder Entspannung, das Urlaubsvergnügen kommt dabei nie zu kurz. Der Wild- und Erlebnispark Daun, die verschiedenen Geomuseen, die Abtei Himmerod oder urige kleine Hofläden – die Liste an weiteren Ausflugszielen ist noch ellenlang. Entdecken ist ganz einfach: Der Gäste- und Buchungsservice des GesundLand Vulkaneifel kümmert sich um den individuellen Urlaub. *(vs)* ■

www.gesundland-vulkaneifel.de

LINKS: DER SIEBEN METER HOHE WASSERFALL „RAUSCH“.

PREISGEKRÖNT WANDERN

IM TAL DER WILDEN ENDERT

JÄHRLICH KÜREN DIE LESER DES WANDERMAGAZINS DEN SCHÖNSTEN WANDERWEG DEUTSCHLANDS. 2019 SETZTE SICH EIN WEG, DER AUCH DURCH DAS GESUNDLAND VULKANEIFEL VERLÄUFT, AN DIE SPITZE: DER WANDERWEG DURCH DAS TAL DER WILDEN ENDERT ÜBERZEUGTE DIE LESER UND BELEGTE DEN ERSTEN PLATZ.

Über 21 Kilometer führt die Tour von Ulmen durch das Schieferland Kaisersesch bis nach Cochem. Die „Wilde Endert“ ist dabei stete Wegbegleiterin. Ausgangspunkt des Weges ist die Ulmener Burgruine, von wo aus gleich zu Beginn der Wanderung ein imposanter Blick auf das jüngste Maar der Eifel möglich ist.
Die Burgruine war einst Schauplatz vieler historischer Ereignisse. Seit ihrem Bau ca. 1000 n. Chr. wurden die alten Mauern oft zerstört – aber auch immer wieder aufgebaut. Nachdem die Ulmener die Steine der Burg schließlich zum Wiederaufbau ihrer Häuser nutzten, die in einem verheerenden Feuer zerstört worden waren, sind nur noch Ruinen übriggeblieben.

Fotos: GesundLand Vulkaneifel/Marco Rothbrust

ZAHLREICHE MÜHLEN AM WEGESRAND MACHEN DIE WANDERTOUR LOHNENSWERT. EINIGE WURDEN LIEBEVOLL AUFGEARBEITET UND DIENEN HEUTE ALS WOHNHÄUSER.

Sobald Ulmen hinter dem Wanderer liegt, führt der Weg durch den Wald bis in die Nähe des Klosters Maria Martental, dessen Geschichte bis in die früheste Zeit des Christentums zurückreicht. Unweit des Klosters befindet sich eines der Highlights der Tour direkt am Wanderweg: Sieben Meter stürzt der Wasserfall „Rausch" in die Tiefe. Dieses beeindruckende Naturschauspiel kann man am besten von einer Brücke aus beobachten, die nahe dem Wasserfall über die rauschende Endert führt.

Anschließend führt der Weg über weitere Brücken an steilen Abhängen und beachtlichen Schieferfelsen vorbei. Die zahlreichen alten Mühlen am Wegesrand machen die Tour lohnenswert. Einst säumten fast 30 Mühlen den Weg bis nach Cochem. Heute sind nicht mehr alle erhalten, aber einige wurden liebevoll aufgearbeitet und zu Wohnhäusern umgebaut. Die Bauwerke aus alten Zeiten verleihen dem wildromantischen Enderttal eine verträumte Atmosphäre. In der bewirtschafteten Göbelsmühle lohnt sich die Einkehr zu einer rustikalen Brotzeit.

Fotos: GesundLand Vulkaneifel/Marco Rothbrust

Nach einer Gehzeit von gut sechs Stunden ist dann die Reichsstadt Cochem erreicht. Zum Abschluss locken in Cochem zahlreiche kleine Geschäfte und gemütliche Gaststätten. Ein Highlight ist der Besuch der berühmten Cochemer Reichsburg, die im Zuge der Burgenromantik im 19. Jahrhundert liebevoll restauriert wurde.

Anschließend ist der Ausgangspunkt der Wanderung wieder ganz leicht mit der Buslinie 500 (Cochem-Ulmen-Daun-Gerolstein) zu erreichen.

INFORMATIONEN KOMPAKT

- Strecke: 20,7 Kilometer
- Dauer: 6:15 h
- Aufstieg: 74 hm
- Abstieg: 414 hm

Weitere Informationen zu Streckenführungen, mögliche Abkürzungen und Zuwege sowie fertige Wanderangebote: *www.gesundland-vulkaneifel.de oder www.wilde-endert.de (vs)* ■

wandermagazin
Deutschlands Schönster Wanderweg 2019
Platz 1 Kategorie Touren

DIE RIPSDORFER WACHOLDERHEIDE

DAS ERBE DER SCHÄFER

RUND UM HILLESHEIM UND BLANKENHEIM KONZENTRIEREN SICH BIS HEUTE VON HEIDE, WACHOLDER, ORCHIDEEN UND ANDEREN GENÜGSAMEN PFLANZEN BEWACHSENEN BERGE UND SENKEN. VOR ALLEM DIE WACHOLDERBÜSCHE MIT IHREM SCHMALEN, AUFRECHT STREBENDEN WUCHS ERINNERN AN ZYPRESSEN. DER STEINIGE TROCKENE UNTERGRUND TUT EIN ÜBRIGES, UM EIN MEDITERRANES GEFÜHL AUFKOMMEN ZU LASSEN.

Fotos: Jochen Hank, SueSchi/pixelio.de (rechts)

Wanderschäfer mit großen, oft Hunderte Tiere umfassenden Herden gibt es heute so gut wie nicht mehr. Denn es lohnt sich kaum, den geringen Verdienst für Wolle, Lammfleisch oder Milch gegen Tierarztkosten, Sprit und vor allem gegen den immensen Kraft- und Zeitaufwand gegenzurechnen.
So gibt es auch in der Eifel fast nur noch kleine Schafherden, die sich als Eigentum von ein paar Hobbyhaltern auf wenigen verbliebenen Weidegelegenheiten tummeln. Das sah schon mal ganz anders aus: Schafe gehörten zu den wichtigsten Nutztieren der Region. Sie kamen schon immer gut klar mit rauen Wintern und kargen Böden. Sie prägten vielerorts die Landschaft der Eifel, vor allem die kalkhaltigen Hanglagen im Herzen der Region.

ABENDDÄMMERUNG AN DER WACHOLDERHEIDE: VON HIER HAT MAN EINE WUNDERBARE SICHT AUF RIPSDORF UND DIE EIFELLANDSCHAFT.

Schafe sind hier oder auch an den Ufern der Maare noch zu finden … als emsige Landschaftspfleger, die der Verbuschung Einhalt gebieten und (fast) alles fressen. Außer eben jene Kräuter und Sträucher, die bitter, ungenießbar oder gar giftig sind. Zu den widerständigen Pflanzen gesellen sich seltene Schmetterlinge, Vögel und Reptilien. Die Vierbeiner arbeiten quasi als Landschaftsgärtner und hinterlassen eine einzigartige Natur, die sich der Nutzung durch die industrielle Land- und Forstwirtschaft entzieht und darum geheimnisvoll wirkt, wie aus der Zeit gefallen.

Apropos Zeit: Die Wanderschäfer der Vergangenheit wie auch die wenigen der Gegenwart wirken oft tiefenentspannt, wie sie an ihren Stab gelehnt und vom Hütehund assistiert die Herde bewachen. Dabei sind sie natürlich hellwach und im Prinzip nonstop im Dienst. Doch ein Stück ihrer Entschleunigung überträgt sich auf Menschen, die in der Heidelandschaft wandern oder innehalten. Still ist es hier bis auf das Summen von Insekten. Die Ripsdorfer Heide bei Blankenheim ist mit dem Lampertstal und dem Schaafbachtal eines der größten Refugien dieser Art in der Eifel. Es wird vom Eifelsteig durchzogen und ist besonders reizvoll. An der Premium-Wanderroute liegt auch der Steinbruch Höneberg, der Fossilien zu Tage gefördert hat. Denn einst wogte in der heute kargen Landschaft ein reich belebtes tropisches Meer mit Riffen und Brandungszonen.

Der Mensch hat jedoch auch Spuren hinterlassen. Ein Kreuzweg führt auf den wenige Höfe umfassenden Weiler Schloßthal zu, der markiert wird von den senkrechten Mauerresten einer Burg, die einst den Grafen von Manderscheid gehörte. Die mehr als 1000 Jahre alte Turm-

DER FINGER GOTTES: DER ÜBER 20 METER HOHE BERGFRIED DER BURG SCHLOSSTHAL STEHT NUR NOCH ZUM TEIL UND IST SELBST AUS WEITER ENTFERNUNG GUT ZU SEHEN.

ruine wird „Finger Gottes" genannt. Ein architektonischer Kontrast hierzu ist die barocke Antoniuskapelle nicht weit entfernt. Sie wurde 1701 erbaut. Von hier aus hat man einen schönen Weitblick sowohl in Richtung Hohe Acht wie über die von Heide und Kiefern bestandenen Täler im Westen. So wundert es nicht, dass in der Antike an selber Stelle ein römischer Tempel dem Mars geweiht war. Dieser Gott der Römer ist vor allem als Kriegsgott bekannt – die Widmung des Tempels war insofern nahe liegend, als man hier anrückende Feinde lange voraus erkennen konnte. Doch auch als Gott der Vegetation trat Mars mythologisch in Erscheinung, Sohn einer Göttin, die von einer Orchidee schwanger wurde.

Von christlicher Frömmigkeit kündet bei Alendorf der Kalvarienberg, zu dem wiederum ein Kreuzweg führt. Wer einen spirituellen Kraft- oder Stilleort sucht, wird hier fündig … und genießt einen spektakulären Rundblick mit knorrigen Bäumen und herb duftendem Wacholder im Vordergrund, dem Eifelpanorama als Horizont.

DIE BLAUE BLUME

Zur Ripsdorfer Heide gehört auch die Sage vom Ritter, der im Lampertstal eine bezaubernd schöne blaue Blume fand. Vielleicht eine Küchenschelle? Sie gibt es hier noch heute. Jedenfalls pflückte der Ritter sie, und prompt öffnete sich zu seinen Füßen ein Gang in die Unterwelt. Dort unten begegnete ihm eine weiß gekleidete Frau, die ihm einen glitzernden Schatz anbot, aber zugleich mahnte: „Vergiss das Beste nicht!" Der Ritte füllte seine Taschen und stürmte wieder davon. Doch die blaue Blume hatte er vergessen. Sie war das Beste … denn als er zu Hause ankam, hatte er den Schatz verloren und konnte weder die Blume noch den Eingang zum Berginneren jemals wiederfinden. *(ako)* ■

Fotos: Jochen Hahn

KAISER KARLS BETTSTATT

WIE MAN SICH BETTET...

KARL DER GROßE MUSS EINEN HANG ZUM SPARTANISCHEN GEHABT HABEN. DENN KAISER KARLS BETTSTATT IST NICHTS KUSCHELIGES, SONDERN EINE SEHR HARTE FELSFORMATION AUS QUARZIT, DIE AUS DEM WALDBODEN BEI MÜTZENICH RAGT.

Es ist ein Grenzgebiet in mehrfacher Hinsicht: Hier mäandert die grüne Grenze zwischen Belgien und Deutschland, so dass man – in Ermangelung von Zäunen oder Posten, zum Glück – als Wanderer mal im Ausland und mal im Inland unterwegs ist. Unvorstellbar, dass hier mal Kriege ausgefochten wurden und die Menschen beider Nationen einander spinnefeind sein sollten. Und hier gehen die dichten Wälder der Nordeifel in die moorigen Weiten des Hohen Venns über.

Die graue „Bettstatt“ des Kaisers ist ein flacher Steinbrocken, auf dessen Oberfläche man sich mit viel Fantasie die Vertiefungen eines menschlichen Körpers vorstellen kann, der hier lag. Der arme Kerl hatte sich der Sage nach auf einem Jagdausflug so im Venn verirrt, dass er den Stein als Nachtlager wählte. Und angeblich wurde dem gekrönten Haupt zum Schutz vor Kälte und Härte von einem der begleitenden Ritter eine Mütze angeboten, die der Kaiser bescheiden ablehnte: „Mütze nicht!“ So sei der Ort zu seinem Namen gekommen. Wahrscheinlicher ist jedoch, dass bereits die Römer hier eine Siedlung Mutiniacum nannten, eventuell in Anlehnung an die antike Stadt Mutina, die heute Modena heißt. Dass es hier Römer gab, ist belegt, denn unter einem der aufgeschütteten Dämme, welche das Venn zugänglich machen, wurde ein toter römischer Legionär in voller Rüstung gefunden.

Foto: Angelika Koch

IM HOHEN VENN TUT MAN GUT DARAN, AUF DEN HÖLZERNEN STEGEN ZU BLEIBEN, DIE IN DIE SUMPFIGE WILDNIS GEBAUT WURDEN.

Auch viel später ging es hier nicht vollkommen gewaltfrei zur Sache. Der Ort Mützenich, heute nach Monschau eingemeindet, ist von allen Seiten von Belgien umzingelt … nach dem zweiten Weltkrieg eine ideale Lage für den Schmuggel notwendiger Alltagsgüter. Kaffee stand hoch im Kurs, und das Dorf gehörte zur sogenannten Aachener Kaffeefront. So kam es, dass gegen hundert Einwohner wegen Schmuggels ermittelt wurde; tatsächlich waren fast alle jungen Männer des Dorfes daran beteiligt. Die Hälfte wurde schuldig gesprochen und landete im Knast … eine Tragödie für den örtlichen Fußballverein. An derlei Turbulenzen erinnert heute nur noch ein Denkmal. Ansonsten herrscht tiefster Frieden und das behagliche Mützenich wurde mehrfach beim Dorfwettbewerb mit Gold ausgezeichnet.

Die Trasse der einstigen Vennbahn von Aachen bis in den Norden Luxemburgs führt an Mützenich vorbei. Heute ist sie mit 125 Kilometern einer der längsten Radwanderwege auf einer umgewidmeten Bahnstrecke. An Wochenenden radeln Hunderte über das ebene Profil und betreiben mühelose Grenzüberschreitungen. Wer sich von Kaiser Karls Bettstatt als Spaziergänger entfernt, hat es etwas abenteuerlicher. Die Wege werden immer schmaler, kleine Pfade verlieren sich im Dickicht und man tut gut daran, auf den hölzernen Stegen zu bleiben, die in die sumpfige Wildnis des Venns gebaut wurden.

Fotos: Angelika Koch

Hier gibt es auch einen ausgeschilderten kleinen Wanderweg zu den Palsen. Mit ihnen fing zum Ende der letzten Eiszeit die Vennbildung an: Es sind kleine Moorkreise, die entstanden, als sich einzelne Eishügel bildeten, die den Boden anhoben. Er rutschte ab und häufte sich zu einer Art Wall an, in dem das Schmelzwasser gefangen war. Diese einzigartigen Relikte der Eiszeit blieben nicht vom Zugriff der Menschen verschont. Der größte Palsen unweit Mützenich wurde trockengelegt, das Areal verwandelte sich in eine Fichtenplantage. Doch die Entwässerung ist seit drei Jahrzehnten gestoppt. Wieder sammelte sich Wasser an. Und wieder nimmt die Natur ihre Arbeit auf: Der entstandene natürliche Weiher verlandet, die typische Moorvegetation – vor allem mit Pfeifengras – erobert sich den Palsen als Heimat. *(ako)* ■

GEOLOGIE

Streng genommen gehört das Hohe Venn nicht zur Eifel. Die ist Teil des Rheinischen Schiefergebirges, während der Untergrund des Venns eine 500 Millionen Jahre alte Revin-Schicht aus dem Kambrium ist und geologisch zum „Massiv von Stavelot" gezählt wird. Kaiser Karls Bettstatt aus Quarzit ist ein Rest der ansonsten verwitterten Revin-Schicht. Deren Erosion führte zu einer wasserundurchlässigen und kalkfreien Schicht, deren Staunässe zur Moorbildung führte.

EINER VON DREI NEUEN SPIELPLÄTZEN BEFINDET SICH IN SASSEN: DAS SPIEL- UND KLETTERHAUS IM BAUERNHOFLOOK HAT TUNNEL, VERBINDUNGSSTEGE, HÖHLEN, LEITERN UND NATÜRLICH EINE ABENTEUERRUTSCHE.

OBERES ELZTAL

EINE FERIENREGION FÜR ALLE

DIE REGION OBERES ELZTAL ZWISCHEN DER GRÜNEN HÖLLE DES NÜRBURGRINGS UND DEM MALERISCHEN MONREAL SETZT NICHT NUR WUNDERSCHÖNE LANDSCHAFTLICHE AKZENTE FÜR WANDERER UND RADFAHRER, SONDERN IST ALS WANDERLAND AUCH EIN PARADIES FÜR ABENTEUERLUSTIGE KINDER.

Mit den Eltern durch eine abwechslungsreiche Landschaft spazieren zu gehen, hat bestimmt seinen Reiz. Aber schöner ist es für die Kids dann doch, wenn sie dabei Abenteuer bestehen und ihrem spielerischen Drang nachgehen können. Im Kinder Wanderland Oberes Elztal – KiWaLa – können sie das und erleben immer wieder Überraschungen. „Kinder gehen im Allgemeinen nicht so gerne mit den Eltern zum Wandern oder Spazieren. Wenn sie aber ein Ziel haben, ist das anders. Wichtig ist uns, dass Kinder sich bewegen und die Spielgeräte in unserem Kinder Wanderland regen dazu besonders an", erklärt Werner Ritter, Geschäftsführer der Touristik GmbH Oberes Elztal. Die Gesellschaft ist auch verantwortlich für den großen Spaß im Kinder Wanderland, der ein weiterer Mosaikstein im Naturerlebnispark Oberes Elztal ist.

Die Touristik GmbH Oberes Elztal wurde 2009 von fünf Gesellschaftern, den Ortsgemeinden Uersfeld, Sassen und Gunderath sowie dem Gewerbe- und Verkehrsverein Uersfeld und Umgebung (gufu) und CenterParcs Park Eifel gegründet, um die touristische Infrastruktur rund um den CenterParcs Eifel zu verbessern. Das scheint gelungen zu sein. In den vergangenen Jahren wurden immerhin über eine Million Euro in Einrichtungen des Naturerlebnis-Parks Oberes Elztal investiert. Das Geld nimmt die Touristik GmbH aus einer freiwilligen Gästeabgabe des Ferienparks Centerparcs Eifel in Gunderath ein, rund 200.000 Euro kommen so im Jahr zusammen. 2016 wurde der Vertrag zwischen CenterParcs und der Touristik Gesellschaft um zehn Jahre bis Ende 2025 verlängert.

Foto: Helmut Gassen

DAS BAUMHAUS „HOLZBERG" IM WALD BEI GUNDERATH BIETET VIEL SPIEL- UND KLETTERPLATZ AUF VERSCHIEDENEN EBENEN.

„Seit der Gründung waren wir also nicht untätig, unsere Bilanz kann sich sehen lassen", sagt Werner Ritter, der die Geschäftsführung von Beginn an innehat. Gebaut wurden in dieser Zeit unter anderem das Baumhaus „Holzberg" bei Gunderath, das Spielschiff und der Beobachtungssteg am Heilbachsee, die Schutzhütte Sassen, Spielplätze in Gunderath, Uersfeld und 2018 noch in Sassen, der Aussichtsturm „Eifelguck" bei Sassen, Kinder-Spielelemente an den Wanderwegen, sowie nahezu 50 Rastplätze mit Sitzgruppen und Waldsofas.
In der Investitionssumme enthalten ist auch das im September 2011 eröffnete Erlebnismuseum „Nostalgikum" in Uersfeld. Das beliebte Museum zeigt, wie die Eifeler in den 1940er, 50er und 60er Jahren gelebt haben.

Besonders rund um den Heilbachsee bei Gunderath, wo auch der Ferienpark CenterParcs Park Eifel mit seinen vielen Spielmöglichkeiten lockt, werden Kinderträume vom Leben in der Natur lebendig. Ob beim Geo-Caching, wo es auf acht Kilometern Länge den „Schatz im Silbersee" zu entdecken gibt, beim abenteuerlustigen Klettern für kleine Entdecker und Möchtegernpiraten auf dem Spielschiff oder im Entdeckungsturm am See, wo durch eine Glasscheibe am Boden das Fischleben im See live beobachtet werden kann. Hoch hinaus geht es dann am nahen Baumhaus „Holzberg" im Wald, das mit seinen verschiedenen Ebenen viel Platz bietet. Auf drei Plattformen in zwei, vier und sechs Metern Höhe, einer Rampe und einem Netztunnel aus Tauwerk bietet das Spielhaus viel Platz zum Spielen und Klettern. Kinderträume werden wahr beim Entdecken des Baumhauses. Es ist, besonders für Stadtkinder, ein Ausflug in die Welt früherer Kindergenerationen, die noch mehr die Natur als Spielplatz kannten.

VOM AUSSICHTSPUNKT "EIFELGUCK" HAT MAN AUS 18 METERN HÖHE EINEN WUNDERBAREN RUNDUMBLICK ÜBER DIE VULKANEIFEL.

Der Aussichtsturm „Eifelguck" bei Sassen ist ein teures, aber faszinierendes Projekt der Touristik Gesellschaft. Auf dem 18 Meter hohen Turm genießen Kinder und Eltern einen 360-Grad-Blick über die Vulkaneifel und zum Hochkelberg. Am Fuße des Aussichtsturms beginnt im Kinder Wanderland Oberes Elztal auch eine Wanderung mit zehn abenteuerlichen Spiel- und Klettergeräten im Zeichen des Schmetterlings, die zum Turnen, Balancieren und Ausprobieren einladen.

Zum Kinder Wanderland gehören auch drei tolle Spielplätze in Gunderath, Uersfeld und Sassen, die die Touristik Gesellschaft nach neuen, modernen Gesichtspunkten bauen ließ. Nur ein einfacher Spielplatz, das war einmal. Die neuen Spielhäuser im Hexen- oder Bauernhoflook haben Tunnel, Netz - Verbindungsstege, Höhlen, Leitern und natürlich eine Abenteuerrutsche. Und wer es als Jugendlicher sportlich mag, auf den wartet in Uersfeld ein Skateplatz mit Quarterpipe, Skaterampe und Pyramide. Für Kids ist Spaß im Oberen Elztal garantiert. *(hg)* ■

DER BEOBACHTUNGSTURM AM HEILBACHSEE, IN DEM MAN DURCH EINE GLASSCHEIBE UNTER DIE WASSEROBERFLÄCHE SCHAUEN KANN.

LINKS: DAS HOHE VENN, EINE DER LETZTEN HOCHMOORLANDSCHAFTEN EUROPAS.

OSTBELGIEN

MITTEN IN EUROPA UND SEHR SPEZIELL

ES SIND GERADE MAL 74.000 EINWOHNER, DIE DIE DEUTSCHSPRACHIGE GEMEINSCHAFT BELGIENS (DG) AUSMACHEN. DENNOCH IST SIE IST EIN POLITISCH EIGENSTÄNDIGER GLIEDSTAAT UND BILDET ZUSAMMEN MIT DER FRANZÖSISCHEN UND DER FLÄMISCHEN GEMEINSCHAFT DAS KÖNIGREICH BELGIEN. DIE GEMEINSCHAFTEN SIND AUTONOM UND VERFÜGEN JEWEILS ÜBER EIN PARLAMENT UND EINE REGIERUNG. EUPEN IST DIE DG-HAUPTSTADT UND LIEGT MITTEN IN OSTBELGIEN. ZUR REGION GEHÖREN JEDOCH AUCH MALMÉDY UND WAIMES. ALLERDINGS WIRD HIER FRANZÖSISCH GESPROCHEN. EINERSEITS ALLE OSTBELGIER, ABER MIT SPRACHGRENZEN. WAS ZÄHLT NUN MEHR? DIE GEMEINSAME REGION ODER DIE UNTERSCHIEDLICHE GEMEINSCHAFTSZUGEHÖRIGKEIT?

Foto: Dominik Ketz

VERSCHWIEGEN UND LÄNDLICH
GEPRÄGT: DAS OURTAL

Die Ostbelgier haben sich für die gemeinsame Region entschieden. Neben der Deutschsprachigen Gemeinschaft ist auch oft die Rede von den Ostkantonen oder Ostbelgien. Diese Begriffe entstanden 1920, als der neugegründete Völkerbund die Annexion der vormals preußischen Kantone Eupen, Malmédy und St. Vith an Belgien bestätigte. Ostkantone und Deutschsprachige Gemeinschaft sind nicht identisch, da die Gemeinden des Kantons Malmédy zur Französischen Gemeinschaft gehören.

DIE MARKE OSTBELGIEN

Seit dem 15. März 2017 präsentiert sich die Deutschsprachige Gemeinschaft in ihrer Innen- und Außendarstellung unter dem Begriff „Ostbelgien". Ziel der neuen Dachmarke: Die Positionierung Ostbelgiens als starker, attraktiver Standort zur Gewinnung von Fach- und Führungskräften, Gästen und Besuchern.

Bei der Bezeichnung „Ostbelgien" handelt es sich einen rein kommunikativen Namen, der künftig zur Außendarstellung und im normalen Sprachgebrauch verwendet wird. Der Name „Deutschsprachige Gemeinschaft" bleibt jedoch im verfassungsrechtlichen Rahmen bestehen, wie z. B. bei Dekreten, Parlamentsbeschlüssen, Regierungserlassen und anderen Rechtstexten. Neben der touristischen Bewerbung der neun deutschsprachigen Gemeinden, bewirbt die Tourismusagentur Ostbelgien auch Malmédy und Waimes.

Ostbelgien verblüfft mit einer Reihe unterschiedlichster Landschaften. Das Eupener Land und das des Göhltals im Norden sind als Region der Gutshöfe, Burgen und Schlösser bekannt und können als Ausläufer des Herver Landes mit unverkennbaren landschaftlichen Reizen aufwarten.

Foto: vennbahn.eu

DIE „VENNBAHN“, EIN PREMIUMRADWEG MIT 125 KILOMETERN LÄNGE, FÜHRT ÜBER EINE EHEMALIGE BAHNTRASSE UND DURCHQUERT GANZ OSTBELGIEN.

Wer unberührte Natur liebt, kommt im Naturschutzreservat Hohes Venn, eine der letzten Hochmoorlandschaften Europas, auf seine Kosten. Hier, in der grünen Lunge Belgiens, entspringen viele Quellen, die die umliegenden Talsperren füllen. Wanderwege und Stege führen durch eine endlose Weite aus Tümpeln, Mooren und krautigen Heideflächen. Trotz der nahezu flachen Landschaft des Hochmoors wird das Hohe Venn seinem Namen gerecht: Der 694 Meter hohe Signal de Botrange ist der höchste Punkt Belgiens.

Weiter südlich ändert sich erneut die Landschaft. Mit den Ardennen beginnt Belgiens waldreichstes Gebiet. Bei Sankt Vith gehen die Ardennen in die bis an den Horizont reichenden Mittelgebirgskämme der Eifel über. Verschwiegene Täler wie das der Our locken in das ländlich geprägte Umland.

Über ein halbes Dutzend Fernwanderwege, die GR, führen mit rot-weißer Markierung durch Ostbelgien. Der Klassiker ist der GR 56 durch das Hohe Venn und die Nordeifel. Hinzukommen 2600 Kilometer beschilderte Wanderwege. Für die sogenannten „Genusswanderungen“ gibt es 25 Rundwege zwischen sieben und 21 Kilometer lang.

Ein grünes Band spannt sich von der Grenze südlich von Aachen bis nach Luxemburg: Die „Vennbahn“, ein Premiumradweg auf einer ehemaligen Bahntrassse, durchquert ganz Ostbelgien. Nennenswerte Steigungen müssen auf der autofreien, 125 Kilometer langen Strecke nicht bewältigt werden.
Weitere 850 Radwanderrouten, im Radknotenpunktsystem zusammengefasst, laden zur Erkundung Ostbelgiens ein. Dieses Knotenpunktsystem spannt sich wie ein Spinnennetz über die gesamte Region.

DIE WASSERBURG RAEREN STAMMT AUS DEM 14. JAHRHUNDERT.

DAS PAPIERATELIER IM MUSEUM MALMUNDARIUM IN MALMEDY.

Mit dem Online-Tourenplaner „go.ostbelgien.eu“ und der dazugehörigen App lassen sich die Radtouren am Computer, per Tablet oder Smartphone perfekt planen. Wer auf fertige Tourenvorschläge zurückgreifen möchte, dem stehen 16 O-Velo-Rundtouren zur Auswahl.

Vielfältig ist auch das Angebot für Wasserfreunde. Beachvolleyball, Wassertrampolin, Schwimmen, Segeln, Surfen, Rudern oder Tretboot lautet das Programm an den Seen von Bütgenbach und Robertville. Erfrischender kann kein Sommertag sein.

Burgen wie in Reuland, Raeren oder Reinhardstein zählen zu den Wahrzeichen der Region. Schmucke Ortskerne wie die Eupener Oberstadt laden zum Flanieren und Einkaufen ein. In Malmédy lockt neben prachtvollen Bürgerhäusern das Malmundarium, ein interaktives Kultur- und Besucherzentrum, das in der alten Abtei untergekommen ist.

Wie der Alltag früher aussah und welches traditionelle Handwerk für Ostbelgien typisch ist, erfährt man in zahlreichen Museen. Ostbelgien ist ein Reiseziel für Genießer. Im Landgasthof oder im Feinschmeckerrestaurant verfeinern talentierte Köche die traditionelle Küche auf ein hohes kulinarisches Niveau. Das Zauberwort lautet Terroir-Küche und steht für die Verbindung regionaler Spezialitäten mit typisch ostbelgischen Rezepten.

Ostbelgien ist auch ein Geheimtipp für Wanderer und Radtouristen und bietet beste Voraussetzungen für organisierte, mehrtägige Rad- und Wandertouren. Der Vorteil für den Gast liegt auf der Hand – die Unterkünfte sind gebucht, die Strecken programmiert und das Gepäck wird pünktlich von A nach B geliefert. Entspannender kann man Ostbelgien nicht entdecken.

PRÄCHTIGE BÜRGERHÄUSER ZEUGEN HEUTE NOCH VON EUPENS FRÜHEREM REICHTUM DURCH DIE TEXTILINDUSTRIE.

Sowohl der Online-Routenplaner unter http://go.ostbelgien.eu als auch die dazugehörige Anwendung für Apple- und Android-Handys sind kostenlos nutzbar. Beides ermöglicht den Zugriff auf ein virtuelles Wander- und Radwegenetz. Herzstück des Routenplaners ist eine interaktive Karte, auf der die Strecken samt Angaben zum Wegeverlauf, Höhenprofil und Länge aufgezeichnet sind. Das System ermöglicht es, eine selbst zusammengestellte Wanderroute automatisch zu berechnen. Auch Themenrouten lassen sich mit der App und über die Website problemlos einrichten.

Für Ostbelgien-Besucher gehört ein Stopp in der Hauptstadt Eupen zum Pflichtprogramm. Lebensqualität, Gastfreundschaft, Mehrsprachigkeit und die einzigartige Symbiose von Naturschönheit und Baudenkmälern kennzeichnen Eupen. Die Stadt, die ehemals durch die Textilindustrie reich wurde, verfügt über ein großes kulturelles Erbe und ist voller prächtiger Bürgerhäuser, Kirchen und Brunnen. Auch Feinschmecker kommen in der Hauptstadt auf ihre Kosten, denn Eupen ist für Gourmets längst kein Geheimtipp mehr, finden sich hier doch mehr als zehn Restaurants, die vom Gault Millau oder vom Guide Michelin ausgezeichnet wurden.

Ostbelgien ist ein angenehmer Eifel-Nachbar. Man kann sich auf beiden Seiten der Grenze wohl und zu Hause fühlen. *(hfr)* ■

Foto: Dominik Ketz

DAUNER KAFEEROSTEREI

SÜß, SCHWARZ, VERFÜHRERISCH

KAFFEEZEIT IN DER EIFEL

DIE EIFEL IST FÜR IHRE GETRÄNKE BERÜHMT: BIER UND MINERALWASSER SIND DIE FLÜSSIGE NAHRUNG, FÜR DIE DAS LAND STEHT. UND ES GIBT SOGAR WASCHECHTEN EIFELWEIN, NÄMLICH DEN VON DER AHR. VOR ALLEM IN DER SÜDEIFEL MACHEN HERVORRAGENDE OBSTBRÄNDE VON SICH REDEN. STREUOBSTWIESEN SORGEN FÜR DELIKATEN APFELSAFT. DIE MILCH VON EIFELER KÜHEN WIRD IN ALLER WELT GESCHÄTZT, DENN EINE INTERNATIONAL AUFGESTELLTE GROßMOLKEREI HAT IN PRONSFELD EINE IHRER WICHTIGSTEN PRODUKTIONSSTÄTTEN. DURST MUSS ALSO NIEMAND ERLEIDEN, DER DIE EIFEL SINNLICH SCHMECKEN WILL. ABER KAFFEE?

Natürlich wachsen die Bohnen nicht in der Region. Doch man kann hier Kaffeegenuss erleben, der es auf seine Weise getrost mit dem Niveau etwa in Wien aufnehmen kann. Die Dauner Kaffeerösterei ist da ein gelungenes Beispiel: Hier machten zwei Großstädter ihre Passion für exquisiten Kaffee, für das Leben auf dem Land und für faire Produkte zum Barista-Beruf und zur Berufung. Zu den aromatischen Spezialitäten auch aus ungewöhnlichen Anbaugebieten passt Süßes in kleiner, feiner und italienisch inspirierter Auswahl.
www.dauner-kaffeeroesterei.de

In Bad Münstereifel gehören ganzjährig von einem Konditormeister selbst kreierte Printen dazu: Erdnuss-Salz-Karamell-Printen, Pralinen-Printen mit Edelmarzipan oder Eierlikör und Orange-Bitter-Printen mit belgischer Schokolade sind die Highlights im Printenhaus Portz.
www.printenhaus-portz.de

PRINTENHAUS PORZ

Fotos: Fotostudios Nieder (Kaffeerösterei), Jochen Hahn

ULMENHOF

Aber Café-Kultur in der Eifel gibt es auch auf dem Dorf. Und da natürlich mit dem ganz besonderen und behaglichen Eifelflair. Zum Beispiel in Sarmersbach, unweit der ersten Etappen des Lieserpfads. Der Ulmenhof ist ein Bauernhof wie aus dem Bilderbuch mit Tieren, die artgerecht gehalten werden. Die Familien Frangen und Kneißl, die in drei Generationen auf dem Hof leben, legen Wert auf ihre Bioland-Zertifizierung und auf eine ökologische Kreislaufwirtschaft mit verschiedenen Sparten. Zum Hof gehören auch ein Bioladen, der vom Magazin „Schrot&Korn" als einer der besten im Land ausgezeichnet wurde, und ein Hofcafé. Im Sommer kann man selbstgebackenen Kuchen draußen auf der Terrasse genießen, mit Blick auf den Bauerngarten und einen kleinen Streichelzoo für die Kinder. Und der Kaffee? Es gibt sogar handgesiegelten, in kleinen Kooperativen fair erzeugten Kaffee.
www.ulmenhof-gbr.de

CLEMENSHOF

Traditionelle und kreative Landfrauen-Backkunst gibt es auf im Bauernhofcafé des Clemenshofs in Bongard. Wer könnte dem Geschmack widerstehen, den liebevoll gefertigte Torten und Kuchen zum Kaffee entfalten? Cornelia Leif, die Bäuerin des Clemenshofs, weiß um das Geheimnis unverwechselbarer und gern auch opulenter Kuchenleckereien, die man niemals „von der Stange" bekommt. Hier wird der Ausflug aufs Land zu einer genüsslichen, gemütlichen Schlemmerei, wie sie viele noch aus ihrer Kindheit kennen und seitdem zurückwünschen.
www.clemenshof-online.de

Omas beste Backrezepte gibt es in urigem Ambiente auch im Scheunencafé Gillenfeld: Aus einer in regionaltypischer Lavakrotzenbauweise errichteten ehemaligen Scheune machten Sigrid und Leo Lenerz eine erstklassige Adresse für Fans süßer und deftiger Leckereien. Fairer Biokaffee und erlesene Kaffeezubereitungen machen die Sache rund.
www.eifeler-scheunencafe.de

SCHEUNENCAFE

Mit einer kuchenmäßigen „Mörderischen Verführung“ überzeugt das Kleine Landcafé in Kerpen: Kirschkuchen mit Mandelstreuseln und Sahne. Und natürlich andere leckere „Sünden“ mehr. „Feldmann spezial“ ist eine der Kaffee-Kreationen, die den perfekten aromatischen Koffeinkick dazu geben. Darüber hinaus ist das Kleine Landcafé eine wunderbare Kultur-Location für coole Konzerte, Kleinkunst und Lesungen in einem Rahmen, der die Begegnung von Publikum und Künstlern ganz entspannt macht.
www.daskleinelandcafe.de

DAS KLEINE LANDCAFE

In und um die Krimihauptstadt Hillesheim ist der Kaffeegenuss nicht selten verbunden mit wohligem Grusel. Im Café Sherlock bekommt man den aromatischen „schwarzen Tod“ und andere Kaffeespezialitäten in einem Ambiente, das mit vielen Reminiszenzen an filmische und literarische Gänsehautmomente ausgestattet ist.
www.kriminalhaus.de

CAFE SHERLOCK

Fotos: Eifeler Scheunencafe, Das Kleine Landcafe, Kriminalhaus

Wanderer erleben den Wow-Effekt der Eifeler Kaffeehauskultur unter anderem in Meerfeld und in Neroth entlang des Eifelsteigs und seinen flankierenden Routen. Irina Weiler ist Konditorin mit Herzblut und internationaler Erfahrung, zugleich auch Hotelière im NaturPur-Hotel Maarblick im Maardorf Meerfeld. Zu ihren hausgemachten Pralinen und Trüffeln im NaschWerk, wie sie ihr Café nennt, lässt sie sich von der vulkanischen Natur ringsum und den ausgezeichneten Spirituosen der Region inspirieren. Frische Weizen- und Dinkel-Vollkornmehle in Bioqualität sind Zutat ihrer Kuchen und Torten, die nie mit allzu viel Süße, dafür mit umso mehr Aroma auf der Zunge zergehen.
www.naturpurhotel.de

In Neroth, unweit von Gerolstein, geht man nur zu gern in die Leckereienfalle … in die Mausefalle, genauer gesagt. Hier bei Christiane Weides und ihrem Team lockt Frisches und Hausgemachtes nach fantasievollen Back-Rezepten, die sich die passionierte und längst sehr erfahrene Autodidaktin zumeist selbst einfallen lässt. Im Winter im urgemütlichen Interieur, im Sommer auf der weitläufigen Terrasse direkt am Zusammenfluss von Rothenbach und Enzenbach: Eine Auszeit bei Kaffee und Kuchen wird zum Höhepunkt der Wanderung oder des Familienausflugs.
www.mausefalle-neroth.de

EXTRA

Es ist unmöglich, alle hervorragenden Eifeler Cafés zu nennen. Die Nähe zu Belgien und Luxemburg mit ihrer berühmten Genusskultur macht sich bemerkbar. Zum Beispiel die Dauner Morcheln des Cafés Schuler basieren auf einer luxemburgischen Grundidee mit viel erlesenem Kakao und frischer Butter. Angst vor Kalorien sollte man allerdings nicht haben. Der Vorteil der Eifel: Es gibt keine bessere Umgebung, um Hüftgold an der frischen Luft wieder loszuwerden. *(ako)* ■

EIFEL

LANDKÜCHE DAUN

KREATIV UND REGIONAL

LANDKÜCHE: DER NAME ALLEIN IST PROGRAMM. CHEF UND KOCH: ALBRECHT LAND, DER IN SEINER KÜCHE HEIMISCHE PRODUKTE ZU EHRLICHEN, REGIONALEN KÖSTLICHKEITEN VERARBEITET – DEREN ANTEIL BETRÄGT RUND 80 PROZENT. EIN WERT, DER VIEL AUSSAGT: HIER STEHT NICHT NUR LANDKÜCHE DRAN, HIER IST AUCH LAND IN DER KÜCHE DRIN.

Okay, vom strikten regionalen Ziel wird auch manchmal abgewichen. Das ist aber den Gästen geschuldet. Lands Garnelen-Abende sind legendär. Und diese leckeren Meerestiere sind bisher noch nicht in den Dauner Maaren zu finden.

In den Eifeler Wäldern rund um Daun gibt es jedoch reichlich Wild, das auch sehr häufig in Pfanne und Topf von Albrecht Land zu finden ist. Der Koch weiß um die Qualität der heimischen Hirsche, Rehe und Wildschweine aus eigener Erfahrung. Der passionierte Jäger schießt manches Wildbret selbst und kennt so Frische und Qualität der Produkte, die er seinen Gästen auf den Tisch bringt.

Da verwundert es nicht, dass Albrecht Land beim KabelEins-Format „Meine Küche, Deine Küche“ im November 2018 die Eifel-„Konkurrenz“ fest im Griff hatte und die LANDKÜCHE auch bei den Wettbewerbern überzeugte und nach einer Eifeler Woche bei KabelEins der verdiente Sieg an Albrecht Land und seine Gastronomie ging.
Lands Herkunft hat den Koch schon in frühen Jahren geprägt: Der Gasthof Reicharts-Land in Üdersdorf, den seine Eltern führten, war ein typischer Eifel-Gasthof mit Pensionsgästen. Und bei Geburtstagen und Hochzeiten wurden die Üdersdorfer dort bewirtet.

So bekam Albrecht Land schon in jungen Jahren intensiven Kontakt zu Küche, Gastronomie und Gästen. Da lag es für den Junior mehr als nahe, die Hotelfachschule in Bad Kreuznach zu absolvieren. Dabei ist er in seine große Leidenschaft, den Kochberuf, mehr und mehr hineingewachsen. Die „feine Küche“ entwickelte er parallel weiter: Nebenberuflich war er als Koch für private Gastgeber sehr gefragt. Bei seinem „Hauskochen“, wie er es nennt, verwöhnte er die Gesellschaften der Gastgeber leidenschaftlich mit exzellenter Kochkunst.

Land ist ein Koch, der sich gerne – nicht nur vom Fernsehen – in die „Töpfe schauen lässt“: Die LANDKÜCHE trennt kein Mauerwerk vom Restaurant, sondern sie ist durch Glasscheiben von außen einsehbar. So kann der hungrige Gast die kulinarische Vorfreude noch steigern, weil er zusehen kann, wie Albrecht Land und sein Team aus einer Bestellung „vollendeten Eifeler Küchengenuss“ kreieren. *(hfr)* ■
www.landkueche-daun.de

LANDKÜCHE
RESTAURANT

Fotos: Jochen Hank

Bess
nd Ha
Bitburger
Sudhaus

BITBURGER MARKEN- UND ERLEBNISWELT

BIERPRODUKTION MIT ALLEN SINNEN ERLEBEN

WENN MAN DEN EINSTÜNDIGEN RUNDGANG MIT SACHKUNDIGER FÜHRUNG DURCH DIE BITBURGER MARKEN-ERLEBNISWELT IN DER GENIEßER-LOUNGE BEI EINEM FRISCH GEZAPFTEN BIT BESCHLIEßT, DANN HAT MAN ZUVOR VIEL ÜBER DIE KUNST DES BRAUENS UND DIE TRADITION VON BITBURGER GELERNT.

An insgesamt zehn Stationen erfährt man nicht nur viel über die Geschichte der Brauerei, sondern vor allem auch, dass Bier ein Produkt ist, bei dem höchste Ansprüche an die Rohstoffe, ob Wasser, Braugerste, Hopfen oder Hefe, gestellt werden. Wenn dort die Qualität nicht stimmt, dann gelingt es auch dem besten Braumeister nicht, ein Spitzenbier herzustellen.

Jeder einzelne Rohstoff, der für die Herstellung von Bitburger notwendig ist, wird ausführlich mit Hilfe von Bildern, Texten, Filmen und Exponaten vorgestellt sowie in seiner Bedeutung für die Herstellung und die Qualität von Bitburger beleuchtet.

Foto: Guido Hoffmann

VON DEN ROHSTOFFEN ÜBER DEN BRAUPROZESS BIS HIN ZUR ABFÜLLUNG – DER BESUCHER ERFÄHRT IN DER BITBURGER MARKEN-ERLEBNISWELT ALLES ÜBER DIE HERSTELLUNG DES GERSTENSAFTES UND SEINE GESCHICHTE.

Die Bitburger Brauerei, 1817 in der Südeifel gegründet, zählt zu den bedeutendsten Premium Brauereien Deutschlands. Mit einer jährlichen Produktion von rund vier Millionen Hektolitern ist Bitburger eine der größten nationalen Pilsmarken. In der Gastronomie ist Bitburger Premium Pils seit Jahrzehnten die Nr. 1 – kein anderes Pils wird an deutschen Theken so oft gezapft. Weltweit führen rund 50.000 Gaststätten, Restaurants und Hotels in 60 Ländern der Erde auf fünf Kontinenten Bitburger Premium Pils. Und jeder kennt den berühmtesten Slogan der Braubranche „Bitte ein Bit“.
Der Erfolg des Familienunternehmens gründet sich seit jeher auf dem beständigen Anspruch an höchste Qualität. Daran hat sich in sieben Generationen nichts geändert.

Die Begeisterung und Liebe der Bitburger Brauer für ihr Produkt kann der Besucher in der Erlebniswelt nachempfinden. Ja, mit allen Sinnen erleben, was Bierbrauen so besonders macht.
Auf 1.700 Quadratmetern kann man die faszinierende Welt des Bieres hautnah und in allen Details erleben. Der Rundgang beginnt mit einer spannenden Zeitreise bei den Wurzeln des Unternehmens.
Die Besucher lernen die Marke Bitburger, ihre Erfolgsgeschichte, Innovationen und Meilensteine der fast 200-jährigen Bitburger Brautradition kennen. Danach führt der Rundgang in die Welt des Bierbrauens: von der außergewöhnlichen Rohstoffqualität, die das Bitburger Premium Pils auszeichnet, über die Sorgfalt und Leidenschaft im Brauprozess bis hin zur hochmodernen Abfüllung. Beson-

IM ALTEN KESSELHAUS BEFINDET SICH HEUTE DIE GENIEßER-LOUNGE. HIER LASSEN SICH DIE VERSCHIEDENEN PRODUKTE VERKOSTEN.

ders authentisch wird der Brauprozess nachempfunden. Im historischen Sudhaus – in dem durch die alten, kupfernen Braukessel eine ganz besondere Atmosphäre herrscht – steht die Kunst des Bierbrauens im Mittelpunkt.
Hierfür hat sich ein Bitburger Braumeister eigens vor die Kamera gestellt. Er erzählt, wie „sein Bitburger" entsteht und zu etwas Besonderem und Einzigartigem wird.

Die Tour endet mit dem Genuss der Bitburger Produkte im alten Kesselhaus, das heute die „Genießer-Lounge" beherbergt. Mit einem frisch gezapften Bitburger Premium Pils oder einem Bitburger 0,0% in der Hand erleben die Besucher hier den neuen Unternehmensfilm, in dem Mitarbeiterinnen, Mitarbeiter und Pensionäre der Brauerei auf sehr persönliche Art und Weise erzählen, was das Unternehmen und die Marke für sie bedeuten.

Das Konzept der Bitburger Marken-Erlebniswelt Seite an Seite mit der Stadthalle Bitburg ist im Rahmen eines Public Private Partnership-Modells (PPP) entstanden und umgesetzt worden. Die Bitburger Marken-Erlebniswelt ist seit dem 24. August 2009 geöffnet. Jährlich sind es seitdem rund 40.000 Besucher, die Bitburger Brautradition hautnah und persönlich erleben wollen.
Im Eintrittspreis von 8,00 Euro ist viel enthalten:

- Führung durch die Bitburger Marken-Erlebniswelt
- Zwei Getränke nach Wahl und eine Brezel pro Person in der Genießer-Lounge
- Besucher über 16 Jahre können drei weitere Getränkegutscheine nutzen, um Bitburg und die heimische Gastronomie zu erkunden

Die Besucher werden um vorherige telefonische Anmeldung gebeten: Tel. 06561/14-2497. Infos: marken-erlebniswelt@bitburger.de *(hfr)* ■

HOTEL SCHNEIDER AM MAAR

EIN ORT ZUM WOHLFÜHLEN

MARITA SCHILD-MÖLDER IST DIE CHEFIN, ABER EINE MIT GANZ VIEL HERZ UND HUMOR. IHR LACHEN UND IHR FROHSINN SIND ANSTECKEND. PERFEKTE VORAUSSETZUNGEN FÜR EINE GASTGEBERIN, DIE AUF EINE LANGE TRADITION ZURÜCKBLICKEN KANN.

Seit 1868 besteht der Familienbetrieb Hotel Schneider am Maar in Schalkenmehren, eingebettet in eine traumhaft schöne Landschaft inmitten der Vulkaneifel. Die Ur-Ur-Großeltern begannen mit ihrer Leidenschaft, gutes Essen für den Gast zuzubereiten, in einer kleinen Bauernwirtschaft, die in den Jahren nach und nach umgebaut und erweitert wurde. Mit Stolz blickt die inzwischen fünfte Generation auf diese Tradition.
Noch immer fühlt man sich dem Gast und der Region tief verbunden. Das wird in vielem deutlich. Insbesondere spiegelt die Speisekarte wieder, dass man sich im Hotel Schneider am Maar im Herzen der Vulkaneifel befindet. Auf dem alten Holz-Kohle-Herd in der Küche, gerade erst mit großem Aufwand mit neuer Herdplatte versehen, bruzzeln Gerichte, die ihren regionalen Charakter nicht verbergen.

Bei Schneider hat man sich darauf spezialisiert, traditionelle Hausmannskost und eine moderne leichte Küche mit frischen Produkten aus der heimischen Direktvermarktung zuzubereiten. Konsequent werden saisonale Produkte aus der Region und aus der eigenen Landwirtschaft genutzt, um stets einen sehr hohen Anteil an Frischprodukten ohne lange Transportwege verarbeiten zu können. Bei ihren Gästen sind die Gastronomen und Köche bekannt für leckere Gerichte von Lämmern, Puten, Gänsen und Enten aus der eigenen Aufzucht sowie Kartoffeln von eigenem Anbau im Maarkessel.
„Schmecken, wo man is(s)t", dieses Motto ist bei Schneider am Maaar viel mehr als nur ein Lippenbekenntnis. Hier kommt Eifel im wahrsten Sinne in den Topf und auf den Tisch. Und die Gäste lieben es. Nach einer Wanderung auf dem Eifelsteig, ist es wie nach Hause zu kommen, wenn man „seine" Herberge wieder erreicht hat und sich vom Schneider-Team so richtig verwöhnen lassen kann.

Das Hotel bietet 42 Betten in drei Kategorien, dic nach hcimischen Vogelarten benannt sind. Beim „Buchfink" ist man immer noch sehr großzügig mit 26 Quadratmetern bedient, aber in der „Uhu"-Kategorie sieht man förmlich die großen Schwingen dieses Vogels vor sich. Hier bezieht man auf 37 bis 50 Quadratmetern sein Ferienzuhause.

Aber es geht auch anders: Man kann – natürlich nicht so großzügig und komfortabel – auch in originalen Schäfer-Karren, die direkt am Maar postiert sind, romantische Nächte verbringen und dabei der Natur ganz nah sein. Unbeheizt und ohne Wasseranschluss können sich die Gäste so fühlen, wie die Schäfer, die in vergangenen Zeiten mit ihren Herden über die Höhen der Vulkaneifel zogen.

Das Hotel Schneider am Maar hat, trotz oder gerade wegen seiner langen Geschichte, nichts von seiner Authentizität verloren. Hier erlebt man Eifeler Gastfreundschaft und Eifeler Küche vom Feinsten. *(hfr)* ■
www.hotelschneider.de

Fotos: Hotel Schneider am Maar

ISI GLÜCK SORGT FÜR PARTYSTIMMUNG

BUNGERT OKTOBERFEST

EINE IDEE WIRD ZUM KULT

DAS BUNGERT-OKTOBERFEST, ERSTMALS 1990 AUF DEM PARKPLATZ DES EINKAUFSCENTERS IN EINEM KLEINEN ZELT VERANSTALTET, IST INZWISCHEN MEHR ALS NUR TRADITION: ES HAT IN DER REGION KULTSTATUS ERLANGT. JAHR FÜR JAHR „PILGERN" ZWISCHEN 50.000 UND 60.000 BESUCHER INS FESTZELT AN DER RÖNTGENSTRAßE. DENN NUR WENIGE JAHRE NACH DER PARKPLATZ-PREMIERE 1990 BOTEN STANDORT UND ZELT NICHT MEHR AUSREICHEND PLATZ FÜR DIE VIELEN GÄSTE.

So nahm eine Erfolgsgeschichte ihren Lauf, den in dieser Form nicht einmal die Familie Bungert erahnt hatte. Dennoch: Die Entwicklung hin zum größten Oktoberfest in Rheinland-Pfalz war kein Zufallsergebnis, sondern ist harter Arbeit, Gespür für den Publikumsgeschmack sowie langfristiger Planung und Ausführung geschuldet. Wenn am 18. September das erste Fass beim 30. Bungert-Oktoberfest angestochen wird, stehen Winfried Bungert und sein Team bereits in der Vorbereitung für das Oktoberfest 2021. Mindestens anderthalb Jahre vor der Eröffnung wird mit Künstleragenturen verhandelt, um die entsprechenden Sänger und Bands zu verpflichten. Man muss so früh sein, denn im Herbst ist Hochsaison für die Künstler.

Direkt nach Ende der Oktoberfestwochen setzt man sich zusammen und berät, was zu ändern und zu verbessern ist. Zu Beginn des Jahres stehen dann Programm und Marketing, denn bereits ab April läuft der Vorverkauf. In Gesprächen mit der Stadtverwaltung werden Fragen der Sicherheit, des Jugendschutzes und der Verkehrsregelung erörtert. Rund 50 Sicherheitskräfte sind pro Abend im und außerhalb des Zeltes im Einsatz, um allen Gästen ein friedliches und ungestörtes Feiern zu garantieren.

FOTOS: BUNGERT

DIE FESTSONNTAGE STEHEN IMMER IM ZEICHEN DER BLASMUSIK.

Zusätzlich kümmern sich 150 Servicekräfte an Theken, Tischen und in der Küche um das leibliche Wohl der Oktoberfestbesucher. Denn wer das Original Paulaner Oktoberfestbier genießt, entwickelt auch reichlich Hunger. Der kann mit typisch bayerischen Schmankerln, die frisch zubereitet aus der Festzeltküche kommen, seinen Appetit stillen.

Jahr für Jahr hat sich das BUNGERT-Oktoberfest nach vorn entwickelt. Und auch die Besucherinnen und Besucher kommen inzwischen zu fast 100 Prozent in Dirndl und Lederhose gekleidet. Wenn man Oktoberfest feiert, dann auch bitte so original und stilvoll wie möglich.

Natürlich hat in den letzten zehn Jahren auch der Musikgeschmack einen Wandel erfahren. Stars, die man zunächst nur mit der Ballermann-Szene auf Mallorca verband, sind inzwischen auch Stammgäste in Wittlich. Mia Julia und Peter Wackel sorgen immer für ein ausverkauftes Zelt, wie auch ihne Kolleginnen und Kollegen von der Insel. Hinzu kommen fetzige Partybands – meist aus dem Süden der Republik – die den bis zu 4000 Besuchern an einem Abend kräftig einheizen. Ob Aischzeit, Saxndi, Vagabunden oder Dorfrocker. Alles was Rang und Namen in der Szene hat, stand bereits mindestens einmal auf der Wittlicher Bühne und wurde von den Fans begeistert gefeiert.

Für das Jubiläumsfest zum 25. Bestehen setzten Festwirt Winfried Bungert und sein Team auf Bewährtes, aber auch sehr viel Neues und Besonderes. So konnten sich die Besucher erstmals in einem nagelneuen Zeltbau wohlfühlen. Mit einer Deckenhöhe von über zehn Metern und einer Länge von 100 Metern ganz neue Dimensionen.

Dies wurde 2019 nochmals getoppt:
Der VIP-Bereich zog erstmals auf die 1. Etage. Von der Empore gegenüber der Bühne haben nun die Gäste einen ungehinderten Blick auf die Akteure und das Festgeschehen. „Damit bieten wir ein Zelterlebnis, wie es die Besucher vom Münchener Oktoberfest kennen", verdeutlicht Winfried Bungert seinen Anspruch, mit dem Wittlicher Fest nicht hinter dem Münchener Original zurückzustehen. Knapp 600 Plätze bietet der Galeriebereich für die Gäste. Neu auch: Das BUNGERT-Oktoberfest war erstmals „rauchfrei". Den Rauchern steht ein abgeschlossener, großzügiger Teil des Zeltes zur Verfügung, sodass eine uneingeschränkte Teilnahme am Geschehen weiterhin garantiert bleibt. Die 58.000 Gäste in den Oktoberfestwochen 2019 waren vom neuen Zelt-Ambiente begeistert. Und Winfried Bungert: „Die Besucher haben eine fröhliche und friedliche Zeit im großen Festzelt verbringen können. Ein Zelt, das dazu in der Region Maßstäbe setzt. Die weitergehende Digitalisierung und noch mehr Nachhaltigkeit haben wir auch erreicht. Da kann man nur zufrieden sein." Aber nicht nur damit ist er glücklich. Auch das neue Konzept für das Oktoberfest hat viel Anerkennung gefunden. An den sieben Fest-Wochenenden standen freitags die Stars aus Mallorca auf der Bühne und am Samstagabend war Party-Time angesagt mit den bekannten Showbands.

Bei den Festsonntagen fokussierte man sich auf die Blasmusik. Statt wie bisher nur eine Musikkapelle, unterhielten in diesem Jahr jeweils zwei Musikvereine aus der Region die Gäste. Zusätzliche Highlights für alle Freunde dieser Musikrichtung: Der deutsche Vorentscheid zum „Grand Prix der Blasmusik" und der "Große Treff der Blasmusik", bei dem über 200 Musikerinnen und Musiker gemeinsam musizierten. Dieses „Plus an Blasmusik" ist bei den Gästen auf große Resonanz gestoßen und wird es daher beim 30. Oktoberfest weiterhin geben.

Nach dem Oktoberfest 2019 ist vor dem Jubiläumsfest 2020:
Bereits jetzt sind viele Publikumslieblinge erneut verpflichtet und das Team um Winfried Bungert fleißig bei der weiteren Planung. *(hfr)* ■
www.oktoberfest-wittlich.de

PETER WACKEL

O'ZAPFT IS!

AM NÜRBURGRING

VIELFÄLTIGE GASTRONOMIE

DIE HOTELGRUPPE LINDNER IST AM NÜRBURGRING ALLGEGENWÄRTIG. DA SIND ZUM EINEN DIE BEIDEN HOTELS UND DER FERIENPARK, DIE VON LINDNER GEMANAGT WERDEN. HINZUKOMMT EINE ZAHL VON GASTRONOMISCHEN BETRIEBEN, DIE VON „FINE-DINING" HIN ZU HERZHAFTEN STEAKS UND BURGERN KEINE WÜNSCHE OFFENLASSEN.

Das Andenken an den italienischen Rennfahrer Tazio Nuvolari, der 1935 den Grand Prix auf dem Nürburgring gewann, wird im Lindner Congress- und Motorsport Hotel Nürburgring auf ganz besondere Weise hochgehalten. Das Hotel-Restaurant wurde nach der Rennfahrerlegende „Nuvolari" genannt.
Das Nuvolari ist nicht nur eine gute Adresse für die Gäste des Hauses, sondern wird zunehmend auch von den Menschen in der Region angenommen, denn hier kann man sehr gut und gepflegt „speisen". Die saisonale Speisekarte ist verlockend und vielseitig. Der Genuss beginnt täglich mit einem phänomenalen Helden-Frühstück, hört zur Mittagszeit mit tollen Lunch-Angeboten noch lange nicht auf und findet seine tägliche Krönung in genialen Menüs und Buffets am Abend. Veranstaltungs-Highlights im Nuvolari sind die schon legendäre ‚Brunch Unplugged Serie', die jazzigen ‚New Orleans BBQ Termine' sowie last, but not least zweimal im Dezember der ‚Dinner & DJ – X-Mas Event'. Alle Events eignen sich auch zu Feiern mit der Familie oder Unternehmensmitarbeitern.
Für einen Absacker nach dem Essen bietet sich die Lobby-Bar an. Es ist eine sehr gemütliche Chill-Out-Zone und täglich von 10 Uhr morgens bis nachts um 2 Uhr für fast jeden Getränkewunsch und auch den kleinen Hunger offen.
Die Räumlichkeiten des Hotels sind für Familienfeiern, Events, Tagungen oder Kongresse mit bis zu 5000 Teilnehmern geeignet.

In der Saison ab März 2020 öffnet das Bitburger Gasthaus mit zünftiger Gastronomie und einer Terrasse, auf der „Sehen und gesehen werden" zum Motto gehört. Das Devil´s Diner direkt an der Nordschleifenzufahrt gehört zum Kult-Must-Have, wenn man am Nürburgring ist. Saftige Burger und knackige Pommes frites bieten neben dem Blick auf die Nordschleife und die aktuellen Ergebnisse auf dem Mega Screen, eine kräftige Unterlage für weitere Nürburgring-Abenteuer.

Wer es gesellig und gleichzeitig lecker mag, der sollte die Pizzeria im Nürburgring Ferienpark nicht verpassen. Krosse Pizzen und leckere Nudelgerichte schmecken Groß und Klein. *(hfr)* ■ *www.lindner.de*

Fotos: Lindner

RESTAURANT NUVOLARI

LOBBY-BAR

BITBURGER GASTHAUS

ADAC
ADAC - Wir sind da.
Wir sind da
kik
CARGLASS
Mobil
1
135
ROTHMANS
ROTHMANS RALLY TEAM
BMW
CARROSSERIE Govaerts
121
TEXACO
PIRELLI
76

LINKS: AM FESTIVAL-WOCHENENDE VERWANDELT SICH DIE REGION RUND UM DIE LEOPOLDSTRAẞE IN DAUN IN EIN RALLYE-MUSEUM. WIE HIER BEI DER ÖFFENTLICHEN TECHNISCHEN KONTROLLE DER FAHRZEUGE VERFOLGEN VIELE FANS DAS GESCHEHEN.

WELTWEITER ERFOLG

RALLYE FESTIVAL IN DER VULKANEIFEL

SEIT ZEHN JAHREN BILDET DAUN DEN NABEL DER HISTORISCHEN RALLYE-WELT. IN DER VULKANEIFEL WIRD AUCH IM JULI 2020 WIEDER DIE ERDE BEBEN UND DIE LUFT BRENNEN. URSACHE SIND ABER NICHT DIE LÄNGST ERLOSCHENEN VULKANE, DIE DIESER LANDSCHAFT IHREN NAMEN GABEN.

Beim ADAC Eifel Rallye Festival (23.-25. Juli 2020) versetzen 170 Fahrzeuge aus der Geschichte des Rallyesports die Region in Schwingungen. Beim größten rollenden Rallye-Museum, gerne auch als das „Elefantentreffen des historischen Rallyesports" bezeichnet, gibt es die umfassende Sammlung an originalen und originalgetreuen Fahrzeugen der Geschichte dieses wunderbaren Sports.

Der Ruf zum Eifel Rallye Festival geht inzwischen weit über Europa hinaus, die Herkunft der Fahrzeuge, Fahrer und Fans ist international, eben: Rallye around the World. Mit der Ausstellung der Fahrzeuge in der Rallye Meile mitten in Daun, den Demonstrationsfahrten ohne Zeitwertung auf den anspruchsvollen, schmalen Asphaltstraßen der Vulkaneifel und dem internationalen Familientreffen von Fahrern und Fans ist das Festival ein einzigartiges Gemisch aus Sport, Show, verklärter Rallye-Romantik und nicht zuletzt ein touristischer Run auf die Vulkaneifel.

„Uns ist es wichtig, mit dem Festival eine Grundlage für die Geschichts-Pflege des Rallyesports zu schaffen," erläutert Reinhard Klein (Köln). Der Kopf von ‚Slowly Sideways', der europaweiten Vereinigung von Besitzern historischer Rallye-Boliden, ist für die Zusammenstellung des Starterfeldes verantwortlich. „Um Geschichte zu bewahren, ist es wichtig, die Autos im Zustand von damals zu erhalten. Unsere Teilnehmer bilden mit der Qualität ihrer Fahrzeuge und der Vielzahl der Modelle ein weltweit einzigartiges Starterfeld."

Foto: KBHahn

WASSER MARSCH: EIN BELIEBTES FOTOMOTIV IST DIE WASSERDURCHFAHRT AUF DER SPECIAL-STAGE AM FREITAGNACHMITTAG.

Wenn die Teilnehmer des Eifel Rallye Festivals nicht auf den Wertungsprüfungen der Vulkaneifel unterwegs sind, können die Fans sie in der Dauner Rallye-Meile bewundern. Der Bereich um die Leopoldstraße verwandelt sich in ein regelrechtes Museum. „Wir haben zwar in den vergangenen Jahren schon Routine darin gewinnen können, wie man jeden Quadratzentimeter in der Rallye-Meile und auf den Service-Plätzen nutzen kann, trotzdem ist es jedes Jahr erneut ein riesiges Puzzle-Spiel", erklärt Otmar Anschütz (Daun), Organisationsleiter der Großveranstaltung und Vorsitzender des veranstaltenden MSC Daun. Dank seiner guten Kontakte zu den Anwohnern und Gewerbebetreibenden hat sich die Zusammenarbeit sehr gut eingespielt. „Einige Gastronomen sagen sogar, das Festival-Wochenende sei für sie der umsatzstärkste Zeitraum im ganzen Jahr."

So bunt gemixt wie die Fahrzeuge sind auch die prominenten Piloten der Rallye-Boliden. Die ehemaligen Fahrer-Weltmeister Miki Biasion, Stig Blomqvist, Nicky Grist, Hannu Mikkola, Sandro Munari, Louis Moja, Timo Salonen, Walter Röhrl und Björn Waldegård sowie Damenweltmeisterin Isolde Holderied oder Markenweltmeister Erwin Weber sind nur die Spitze der Top-Piloten, die zum großen Klassentreffen in die Eifel kommen. Viele weitere internationale Titelträger, Mechaniker, Ingenieure und zehntausende Fans komplettieren das jährliche Treffen der globalen Rallyefamilie. Stig Blomqvist bringt es auf den Punkt: „Dieses Festival ist eine echte Zeitreise." Ex-Europameister Jochi Kleint ergänzt: „Hier wird unser schöner Sport auf eine Art am Leben erhalten, die mehr als beeindruckend ist. Die familiäre Atmosphäre und der gigantische Auftritt mitten in der Stadt, das ist eine richtig tolle Hausnummer." ‚Gigantisch'

DONNERGROLLEN: DIE FANS GENIEßEN DEIN SOUND DER SO BELIEBTEN GRUPPE-B-BOLIDEN. HIER EIN LANCIA DELTA S4 AUS DER WM-SAISON 1968.

LEBENDIGE RALLYE-GESCHICHTE: IN DAUN DREHT SICH ALLES UM DIE HISTORIE DES FASZINIERENDEN SPORTS.

taucht in vielen Statements immer wieder auf. So sagte Rallye-Ikone Walter Röhrl 2016, beim weltweit größten Treffen von Gruppe-B-Fahrzeugen in Daun: „Das ist einfach nur gigantisch, ich hätte nie geglaubt, dass man die Gruppe B in diesem Ausmaß jemals wiederbeleben könnte. Solch ein tolles Gruppe-B-Feld hat es vorher nie gegeben."

Jahr für Jahr berichten über 100 Journalisten vom Eifel Rallye Festival. Zeitungen, TV-Stationen und Radiosender aus über 20 Nationen tragen die Informationen über das exklusive Rallye-Museum in der Vulkaneifel in Wort, Bild und Ton in ihre Heimat. Neben fast allen europäischen Ländern waren auch schon Journalisten aus Australien, Japan, Kenia, Neuseeland und den USA in Daun. *(han)* ■

www.eifel-rallye-festival.de

WILD- UND ERLEBNISPARK DAUN

EIFELER NATUR PUR

MIT 220 HEKTAR FLÄCHE IST DER WILDPARK IN DER VULKANEIFEL DER GRÖSSTE IN DEUTSCHLAND. ES GIBT KEINEN PARK, BEI DEM DIE BESUCHER SO VIEL UNBERÜHRTE NATUR ERLEBEN KÖNNEN WIE IN DESSEN GROSSEM WALDGEBIET. ES ERFOLGT EINE KLARE TRENNUNG ZWISCHEN WILD- UND ERLEBNISPARK.

Rund 1000 Tiere haben ihre Heimat auf den Eifeler Höhen. Ganz nah kommt man ihnen bei der Safari durch den Wald, der durch eine acht Kilometer lange Autowanderstraße erschlossen ist. An sechs Haltepunkten mit Tribünen können die Besucher die Tiere aus nächster Nähe sehen, füttern und fotografieren. Auch während der Tour mit dem eigenen PKW kann man überall Tiere aus dem Wagen beobachten. Wichtig: Diese haben hier immer und überall Vorfahrt, die man aber auch gerne gewährt. Wann kann man schon eine Wildschweinbache mit ihren Frischlingen im Meterabstand vorbeiziehen sehen.

Aber begleiten wir Parkchef Stefan Bost bei einer Rundfahrt. Dabei erfahren wir über den großen Hunger der tierischen Parkbewohner, die unzählige Ballen Heu, Rüben und Obst jeden Tag vertilgen.

An der Rotwildtribüne stoßen wir auf die „Könige der Wälder", die Hirsche und ihr großes Rudel. Der Rotwildbestand im Gehege liegt bei rund 200 Stück. Wie auch bei den Wildschweinen. Es ist unmöglich alle Tiere zu erfassen, aber wir haben noch Wisente, Damwild, Esel, Sikas, Lamas, Alpakas und Emus wahrgenommen, bevor wir den Wildpark verlassen und in den Erlebnisbereich wechseln. Auch der hat überwiegend mit Tieren zu tun: Da ist zunächst die Affenschlucht mit den 40 Berberaffen, deren Heimat in Nordafrika und auf Gibraltar ist. Von dort sind auch 1999 die ersten Exemplare in die Eifel gekommen. In

AUF DER ACHT KILOMETER LANGEN AUTOSAFARI HABEN DIE TIERE VORFAHRT; AUSSTEIGEN DARF MAN NUR AN SPEZIELL GEKENNZEICHNETEN HALTEPUNKTEN.
NACH DER SAFARI GEHT ES FÜR DIE KIDS AUF DEN GROßEN ABENTEUERSPIELPLATZ ODER IN DIE FALKNEREI.

Fotos: Jochen Hank (3), Wildpark Daun (Falkner)

ihrem sechs Hektar großen Gelände haben sie sich schnell eingelebt und sind zur Attraktion geworden. Sie leben grundsätzlich, Sommer wie Winter, draußen, das sind sie aus dem Hohen Atlas in Marokko gewöhnt. Bei Schnee und Kälte hilft zudem das Winterfell.

In der Falknerei stellt Falkner Axel Schröder das unterschiedliche Flugverhalten und die besonderen Fähigkeiten der einzelnen Greifvögel vor. Schleiereule, Uhu, Steppenadler, Adlerbussard, Kappengeier, Harris Hawk, Turmfalke, Sakerfalke, Lannerfalke, Luggerfalke, Wanderfalke und Kolkrabe sind die derzeitigen Bewohner der Greifvogelstation. Manchmal kommt auch unerwarteter Besuch, wenn verletzte Tiere zur Behandlung gebracht werden. Nach Genesung werden die „Patienten" wieder ausgewildert.

Vom Bauernhof der Minitiere sind vor allem die kleinen Parkbesucher begeistert. In dem Streichelzoo haben viele bekannte Tiere ihr zu Hause gefunden, aber alle gibt es dort in einer seltenen Miniform. Auf dem Bauernhof können sowohl Ponys, Rinder oder Microschweine gefüttert oder einfach nur gestreichelt werden.

Wenn die Kids sich an Natur und Tieren sattgesehen haben, lädt ein großer Spielplatz zu weiteren Abenteuern ein. Eine große Wellenrutsche und ein Klettervulkan sind die neuesten Attraktionen. Außerhalb des Parks liegt die Sommerrodelbahn. Dort führt die rasante Schlittenfahrt 800 Meter bergab, danach wird man ohne umzusteigen wieder zum Start heraufgezogen. Anders als der Park, der bis auf wenige wetterbedingte Ausnahmen ganzjährig geöffnet ist, kann nur in der Zeit von Mitte März bis Oktober gerodelt werden.

Die Eintrittspreise sind sehr moderat, wenn man bedenkt, dass man viele Stunden im Park verbringen kann. *www.wildpark-daun.de (hfr)* ■

DER DIENSTÄLTESTE „KAPITÄN“ AUF DEM TALSPERRENVERBUND:
HERBERT HARTH, 75, AM STEUER DER „ST. NIKOLAUS“
BEI DER MITTAGSFAHRT ÜBER DEN OBERSEE.

UNTERWEGS MIT FÜNF KNOTEN

HEIDEWITZKA AUF DEM RURSEE-BÖTCHEN

VON KURZ VOR OSTERN BIS ENDE OKTOBER IST SAISON AUF DEM RURSEE. AUF GEHT'S – VON EINRUHR NACH RURBERG UND ZURÜCK.

„Wir sind ja nicht auf großer Fahrt auf dem Meer!" Daher ist Herbert Harth, der Kapitän, gar keiner, sondern der Inhaber eines Schiffsführerpatentes. Und der Schiffsführer der von der Rursee-Schifffahrt 2017 neu gekauften „St. Nikolaus" steht auch nicht, Wetter gegerbt, am Ruder-Rad mit Seemannsbart unter freiem Himmel auf der „Brücke". Herbert Harth sitzt entspannt auf dem Ledersitz in seiner großen Kabine, eine Hand lässig am kleinen Steuergriff, den Blick auf die Bildschirmanzeigen im Cockpit. Aber mit einem Auge durch die großen Panoramascheiben voraus auf den Obersee.

9,9 Kilometer pro Stunde ist die „St. Nikolaus" gerade schnell. Und dabei völlig geräuschlos. Nur beim Ablegen zur „12-Uhr-Fahrt" in Einruhr, Harth hatte zuvor die museale kleine Schiffsglocke vor der Steuerkabine per Hand geläutet, war ein leises Surren zu hören. „Das ist der Bugstrahler. Der sitzt im Tunnel, daher der Ton", meint Harth beiläufig. Rund 100 Tonnen – bei maximaler Fahrgastzahl von 250 Personen – wollen durch die Kraft von 117 Lithium-Ionen-Akkus in neun Racks zu je 13 Einheiten im Schott unter ihm bewegt werden. Dieses Rursee-Bötchen hat einen Elektromotor.

Auf dem Oberdeck ist da schon mal Erwin Hoss aus Stolberg begeistert. Mit Ehefrau und Freunden aus Euskirchen ist er gerade zugestiegen: „Kein Qualm, kein Motorgeräusch. Herrlich!" Wie zur Bestätigung der Stille lassen sich selbst die Enten am Ufer, vergeblich auf von den Fahrgästen herabgeworfenes Futter hoffend, nicht von dem 33 Meter langen und sieben Meter breiten Schiff stören.

„Ich wünsche Ihnen eine wunderschöne Fahrt. Steuerbord, quer ab, wie es in der Seefahrtssprache heißt: Was Sie dort sehen, ist alles schon der Nationalpark Eifel", erklärt derweil der Schiffsführer durchs Mikro über die Lautsprecheranlage. Das macht Herbert Harth nun schon im 58. Dienstjahr.

Der Steuermann blickt auf gerade nur minimal gekräuseltes Seewasser. Zwei Stunden wird die Rundfahrt von Einruhr über Rurberg zur Urftsee-Staumauer und zurück dauern. Das kann er nach all den Jahren natürlich im Schlaf. Die Biegungen der Rurseen rauf und wieder runter. Immer schön in der Mitte bleiben! Seit dem Ruhestand 2008 macht der 75-Jährige das aber nur noch ab und zu.

Foto: Stefan Lieser

SCHMUCKSTÜCK DER RURSEE SCHIFFFAHRT: DIE NEUE „ST. NIKOLAUS“ AM ANLEGER IN EINRUHR.

„Ich habe die alle durch“, meint Harth, der seit 1962 die verschiedenen Schiffsgenerationen für die Rursee-Schifffahrt gesteuert hat. Als gebürtiger Rurberger sei er ohnehin „vom Wasser nicht wegzudenken. Als Kinder haben uns die Eltern vor dem See gewarnt“. Als Jugendlicher nahm er die Mahnung als Motivation fürs Gegenteil: Rein ins Boot und raus aufs Wasser.

Dieselantrieb sei auf dem als Trinkwasserspeicher angelegten Talsperren-Verbund schnell verboten worden. So hat Harth über die Jahrzehnte die verschiedensten Batterie- und Akkuantriebe kennengelernt. Und erst die Steuertechnik: „Die ersten Schiffe, ich meine, es war auch die erste ‚Nikolaus‘ dabei, hatten noch ein feststehendes Ruderblatt und eine feststehende Schraube. Da ging es nur vorwärts und rückwärts“. Mit dem „SCHOTTEL Navigator“, wie ihn auch die kleine „Eifel“ hat, die gerade in Einruhr vertäut am Ufer liegt, war die Schraube schon um 360 Grad drehbar. Und jetzt fährt Herbert Hardt eben mit aktuellem High-Tech. Dazu gehört: Die „St. Nikolaus“ ist komplett barrierefrei und hat eine Behindertentoilette. Vor ihm zeigt der Monitor die KW-Leistung an, den Ladezustand der Akkus, die Geschwindigkeit, aber auch die Temperatur im Motorraum: 22,4 Grad sind es unterwegs zur Urftsee-Staumauer, dem Wendepunkt der Rundfahrt. Der Batterieraum hat eine eigene Heizung und Klimaanlage.

„Nein, der Titanic-Effekt kann auf unserem Schiff nicht passieren“, winkt Rudolf Baum unter Deck bei einer kleinen Besichtigung der Versorgungs-Schotts im Bück-Gang ab. Er meint Panik an Bord aufgrund einer drohenden Havarie. „In 20 Sekunden sind wir spätestens wieder am Ufer“, beruhigt Baum, der wie Herbert Harth das Schiffsführerpatent besitzt. Zudem: Die Lux-Werft in Mondorf-Niederkassel, die das Schiff exakt für die Bedürfnisse der Rursee-Schifffahrt gebaut hat, ist über eine Internetverbindung immer online und könnte im Notfall in die Motorsteuerung eingreifen.

NUR EIN SCHRITT: RUDOLF BAUM VERTÄUT DIE „ST. NIKOLAUS“ AM ANLEGER VOR DER URFTSEE-STAUMAUER.

„EIN JUNGGESELLENABSCHIED BENÖTIGT SCHON MAL ZWEI KISTEN BIER!“ ELKE ZIMMERMANN HAT AUCH FÜR SOLCHE FÄLLE DAS GUT GEFÜLLTE VERSORGUNGSSCHOTT UNTER SICH.

„EIFELLAND“ SINGT DER KIRCHENCHOR CÄCILIA DROVE ZUR EINSTIMMUNG AUF DEM OBERDECK. WAS AUCH SONST? ZUM BEISPIEL „IHR KINDERLEIN KOMMET …“, EIN WEIHNACHTSLIED, BEIM ZUSTIEG NEUER PASSAGIERE.

Unterdessen steuert Harth den Anleger vor der Urftsee-Staumauer an, was in den 1960er Jahren nur am Wochenende möglich war. Das Areal gehörte zum militärischen Sperrgebiet. Unter der Woche ging es nur von Einruhr nach Rurberg und zurück. Ein knapp 45 Minuten kurzes Vergnügen. Rudolf Baum greift zur Rettungsweste, wartet, bis das Schiff in Schrittweite zum Anleger ist. Ein kleiner Hüpfer, vertäuen: „Anleger Urftsee-Staumauer. Sofort Weiterfahrt“, kommt es aus dem Lautsprecher.

Fahrgäste steigen zu, Fahrgäste steigen aus. Kaffee und Kuchen, vielleicht ein Snack? Servicekraft Elke Zimmermann bleibt entspannt. Alles im Angebot in der Bordküche. „Es hängt von der Gruppe ab. Wenn junge Leute zum Junggesellenabschied zusteigen, können schon mal zwei Kästen Bier fällig werden“. Für eine zweistündige Fahrt mit dem Bötchen auf dem Obersee.

„Über allem lacht der Sonnenschein/Herrlich ist es doch bei uns Daheim“. Cäcilia Drove, ein 22-köpfiger Kirchenchor aus dem Kreis Düren, ist auf der Rückfahrt in Rurberg zugestiegen und tut, was ein Chor tun muss: Er singt. Einige Herren wurden nach Einnahme der Plätze auf dem Oberdeck zwecks Getränkeversorgung sofort zurück ins Unterdeck abkommandiert. Der Rest stimmt ein ins idyllische „Eifelland“.

Und während knappe 25 Minuten später die „Nikolaus“ wieder in Einruhr festmacht, Schiffsführer Herbert Harth die Schiffsglocke läutet, Rudolf Baum die Schiebetür öffnet, die „St. Nikolaus“ vertäut und die am Anleger wartenden Fahrgäste zusteigen, erklingt es von oben fröhlich „Ihr Kinderlein kommet, oh kommet doch all!“ Cäcilia Drove hat, offenbar vorweihnachtlich gestimmt, die Situation erkannt.

295 „Kinderlein“ können es schon mal auf einer guten 12-Uhr-Fahrt sein. „Die 14-Uhr-Fahrt danach ist die schwierigste“, weiß Herbert Harth aus Erfahrung. Dann hätten die Fahrgäste meistens zuvor gegessen. Da komme der Durst mit an Bord. Was am Ende zu Unberechenbarem führen kann. Theoretisch. Denn in der Praxis hat der Kapitän, der keiner ist, in 58 Jahren unterwegs „noch nie jemanden verloren“. *(sli)* ■

www.rursee-schifffahrt.de

Fotos: Stefan Liesel

LINKS: FREIBAD EINRUHR

Foto: Eifeltourismus GmbH/Dominik Ketz

FREIBÄDER UND BADESEEN

EINFACH ABTAUCHEN

VOM STAUSEE BIS ZUM NATURFREIBAD, OB IM MAAR ODER IM GEFLUTETEN EHEMALIGEN TAGEBAU: IN DER EIFEL GIBT ES EINE GANZE REIHE SCHÖNER BADESEEN. MIT BESTER WASSERQUALITÄT. HIER EIN PAAR BESONDERS ÜBERZEUGENDE ADRESSEN.

FREIBÄDER AM RURSEE

Gleich zwei Naturbäder gibt es in Einruhr und in Rurberg an den Rurseen. Das „Naturerlebnisbad Einruhr" ist gleich neben dem Obersee gelegen. Den Begriff „Natur" nimmt man hier wörtlich: Auf den Einsatz von Chlor und Chemikalien wird verzichtet, die Klärung des Wassers erfolgt auf rein biologische Weise in mehreren Schilfteichen. Das „Naturfreibad Rurberg" gehört zum Rurseezentrum. Von der Seepromenade aus bietet sich ein schöner Ausblick auf den See.
Ein barrierefreier Rundweg führt zum Strandbad. Ein Beachvolleyballfeld, ein Fußballplatz, Grillhütte, Kiosk und Außengastronomie in den Sommermonaten runden das Angebot ab. Für Kinder wurde eigens ein Flachwasserbereich angelegt. Dazu kommt die attraktive Seebühne. Der Eintritt ist hier übrigens frei. Nicht zu vergessen: der Sonnenstrand Eschauel „Beachclub Eifel", der durch seine naturnahe Lage auf einer Landzunge mitten im See außergewöhnliche Badefreuden verspricht. Hier wurde ein Strand mit Palmen und Strandliegen angelegt. Umkleidekabinen und sanitäre Anlagen sind vorhanden, die DLRG wacht über den Badebetrieb. „Neue Mitte" heißt schließlich eine kleine Badestelle in Woffelsbach.

Info:
www.rursee.de/rursee/wasser-mehr, Rursee-Touristik GmbH, Tel.: 02473-93770

Foto: Seepark Zülpich

WASSERSPORTSEE ZÜLPICH

Der ehemalige Braunkohletagebau der 1950er und 60er Jahre hat Zülpich in der Voreifel zwei Seen beschert. Neben dem Naturschutzgebiet „Neffelsee" den vor allem bei Surfern bekannten „Wassersportsee". Mit der Landesgartenschau 2014 in Zülpich wurde das Areal – es war der Außenbereich der Gartenschau – deutlich aufgewertet. Etwa mit dem Gastronomieangebot „Lago-Beach" und daneben dem noch vergrößerten, schon vorher am Seeufer angebotenen, Seepark Zülpich. Badefreunde können sich an manchen Sommerwochenenden nach dem Badetag auch auf das Open-Air-Programm amWassersportsee freuen.

Info:

www.wassersportsee.de, www.lago-zuelpich.de,
Nordeifel Tourismus GmbH, Bahnhofstraße 13, 53925 Kall
Tel.: 02441-994570

FREILINGER SEE

Südöstlich von Blankenheim liegt der Freilinger See, ebenfalls ein Stausee, in einem Tal umgeben von ausgedehnten Wäldern und Wiesen. Der natürliche Charme dieses kleinen Waldsees mit großen Liegewiesen und Buschgruppen spricht die Badefreunde an, die eher Ruhe und Idylle suchen. Der Stausee existiert seit 1976 und wird mit Quellwasser gespeist. Verschiedene Wanderwege wie der AhrSteig passieren den See. Camping ist auf dem angrenzenden „Eifel-Camp" möglich. Für den Sun-Downer gibt es am See die „Strandbar".

***INFO:** www.eifel-camp.freizeit-oasen.de, Gemeinde Blankenheim, Rathausplatz 16, 53945 Blankenheim, Tel.: 02449-8333*

Foto: Archiv

Foto: Raimond Spekking

KRONENBURGER SEE

Als 2014 der „Wasserseilgarten" im Kronenburger See unterhalb des gleichnamigen Burgortes an der Landesgrenze zwischen Rheinland-Pfalz und Nordrhein-Westfalen aufgebaut wurde, war das ein Spektakel. Nahe der Liegewiese im Badebereich ist das Wasserspielgerät zu einer der Attraktionen geworden. Der Stausee ist ein Rückhaltebecken für die den See durchfließende Kyll. Taucher könnten hier zum Beispiel die „Malermuschel" finden. Im Sommer bedeckt der See eine Fläche von 27 ha, fasst 2,7 Millionen Kubikmeter Wasser und ist bis zu zehn Meter tief. Diesseits der Staumauer gibt es Tennisplätze, Minigolf, Bocciabahn, mehrere Spielplätze, und am Seeufer Beach-Volleyball-Felder. Gastronomie, Duschen und Umkleiden sind vorhanden. Der Kronenburger See verfügt auch über einen Wohnmobilstellplatz (12 Stellplätze).

***Info:** www.kronenburger-see.de, TW Gerolsteiner Land GmbH, Bahnhofstraße 4, 54568 Gerolstein, Tel.: 06591-133000*

Foto: Eifeltourismus GmbH/Dominik Ketz

DREI MAARE

GEMÜNDENER MAAR

In einem Maar zu schwimmen ist für Viele ein ganz besonderes Erlebnis. Eines der schönsten – mit einem der besten Naturfreibäder der Eifel – ist das Gemündener Maar. Es ist umgeben von steilen Hängen mit dichtem Buchenwald. Eine Idylle. Wer mutig ist, darf im Freibad des Gemündener Maars sogar von einem Sprungturm, der mehr als sieben Meter misst, hineinspringen. Auch mit dem Boot lässt sich das Maar erkunden, das von Röhrichtzonen und verwurzelten Flachufern umgeben ist.

***Info:** www.gesundland-vulkaneifel.de*

SCHALKENMEHRENER MAAR

An einem Badetag in zwei Maaren schwimmen? Kein Problem: Über den Eifelsteig sind Gemündener Maar und Schalkenmehrener Maar in knapp 45 Minuten, vorbei am Weinfelder Maar, auch zu Fuß gut erreichbar. Größer könnte dann der Gegensatz zum Waldsee oberhalb von Gemünden kaum sein: Das Schalkenmehrener Maar am gleichnamigen Ort öffnet sich vom Maarsattel mit einer großartigen Kulisse. Das kleine Freibad liegt am Ostufer und bis zum Abend in der Sonne. Weiden, Pfeifengraswiesen und Seggenriede bieten Lebensraum für seltene Tierarten an den Ufern, auf den Hangwiesen weiden Ziegen und Schafe. Der westliche von einst zwei Vulkantrichtern hat sich im Laufe der Jahre mit Wasser gefüllt. Heute liegt das Maar 422 Meter über Null, hat eine Tiefe von 21 Metern und ist bis 554 Meter breit. Nach dem Besuch im Naturfreibad bietet sich direkt am Maarufer in Schalkenmehren ein vielfältiges Gastronomieangebot sowie Hotels und Ferienwohnungen.

***Info:** www.gesundland-vulkaneifel.de / www.schalkenmehren-eifel.de*

PULVERMAAR *(Foto)*

Das Pulvermaar ist ein vergleichsweise junges Maar. Es entstand vor circa 20.000 bis 25.000 Jahren. Für Geologen ist es ein Hotspot: Es ist von einem nahezu lückenlosen bis zu 20 Meter hohen Tuffwall umgeben, eine morphologische Einzigartigkeit in der Eifel.
Die Wasserfläche ist rund 377.000 Quadratmeter groß. Das Maar liegt auf einer Höhe von 418 Metern über Null südöstlich von Daun in der Nähe von Gillenfeld. Aus Naturschutzgründen ist das Baden lediglich im Naturbad am Ostufer erlaubt. Aber das Pulvermaar ist wegen seiner Größe auch eine gute Wahl zur ausgiebigen Ruderbootfahrt. Oder man genießt den Ausblick von der schönen Terrasse des Freibadrestaurants.

Info: *www.gesundland-vulkaneifel.de / www.gillenfeld.de*

IDYLLE AM STAUSEE

Es gibt natürlich noch mehr Badeseen in der Eifel. Zum Beispiel die kleinen idyllischen Stauseen wie bei Wascheid, Jünkerath oder oberhalb von Gerolstein. Sie sind kaum bekannt – und vielleicht deshalb für ihre Fans die schönsten. *(sli)* ■

DAS BAD MIT RUND 600 QUADRATMETERN WASSERFLÄCHE IM INNEN- UND AUSSENBEREICH WIRD KOMPLETT VON DEUTSCHLANDS EINZIGER GLAUBERSALZTHERME GESPEIST.

VULKANEIFELTHERME

EIN GESUNDES VERGNÜGEN

„DAS GUTE LIEGT SO NAH", MIT DIESEM SLOGAN WIRBT EINE AUßERGEWÖHNLICHE BADE- UND SAUNALANDSCHAFT, DIE VULKANEIFELTHERME IM IDYLLISCHEN BAD BERTRICH, UM KUNDEN. UND DIE KOMMEN SEIT DER ERÖFFNUNG 2010 IN SCHAREN.

Die Vulkaneifeltherme hat mit dem alten Thermalbad, das hauptsächlich als klassisches Kurbad genutzt wurde, nur noch eines gemeinsam: Das Bad mit rund 600 Quadratmeter Wasserfläche im Innen- und Außenbereich wird nach wie vor zu 100 Prozent von der einzigen Glaubersalztherme Deutschlands gespeist.

Das Thermalwasser mit einer Temperatur von 32° Celsius tritt aus über 2000 Metern Tiefe an das Tageslicht, vollgesogen mit Wärme und Mineralstoffen, die es zur einzigen Glaubersalztherme Deutschlands machen. Dieses Geschenk des Vulkanismus gehört durch seine 32° C Naturwärme zu den besten Behandlungsmitteln der passiven

OB SAUNA ODER WELLNESSBEHANDLUNG: HIER IST ERHOLUNG GARANTIERT.

Fotos: Vulkaneifel Therme/Christopher Arnoldi

wie aktiven Bewegungstherapie überhaupt. Eine Heilwirkung, die bereits die Römer zu schätzen wussten.

Die großzügige Saunalandschaft mit Außenbereich führt auf die Spur des Vulkanismus. Ob Vulkansauna, Lavalichtsauna, Vulcanusschmiede, Schiefersauna, Eifel-Hütte oder im Dampfbad, jeder Saunagang verspricht ein ganz besonderes Erlebnis. Zur Entspannung laden Ruheräume im Lounge-Charakter und ein Kaminzimmer ein. Seit Dezember 2018 stehen 50 weitere Liegeplätze im Ruheraum „Galerie“ zur Verfügung.

Das moderne Gesundheitszentrum besticht mit einer Vitalwelt, deren Wellness-Behandlungen keine Wünsche offen lassen. Ob klassische Anwendungen oder fernöstliche Heiltechniken, ob Massagen oder Körperpackungen, ob allein oder zu zweit – man kann sich und seinem Körper viel Gutes tun. Wo kann man sich besser erholen als in einem schönen Ambiente, das Wärme und Ruhe ausstrahlt?

Der Vulkanismus, der der Therme nicht nur zum Namen verhalf, spiegelt sich überall wider. So ist das Bad kreisrund und so einem Maar nachempfunden. Und die verschiedenen Saunen sind auch entsprechend gestaltet. In der „Eifel-Hütte“ werden im Wechsel mit der „Schiefer-Sauna“ stündlich die verschiedensten Aufgüsse verabreicht.
Auch im Aufguss-Programm sind der Vulkan-Feuer-Aufguss mit Eismaske oder der Gesundland-Aufguss.

In der Bad Bertricher Vulkaneifel Therme macht Thermalbaden und Saunen nicht nur gesund, sondern auch Spaß. *(hfr)* ■

ÖFFNUNGSZEITEN

Therme

täglich	9 - 22 Uhr

Sauna

Mo. - Do.	11 - 22 Uhr
Fr. - So., Feiertag	9 - 22 Uhr

Therapie- und Wellnessbereich

Mo. - fr.	9 - 20 Uhr
Sa.	9 - 18 Uhr
So.	10 - 18 Uhr

Kassenschluss und letzter Einlass eine Stunde vor Betriebsende. Badeende ist 20 Minuten vor Betriebsschluss.
Geänderte Öffnungszeiten über Weihnachten und Neujahr.

PREISE:

Therme

2 Stunden	9,50 EUR
3 Stunden	11,00 EUR
4 Stunden	12,50 EUR
Tageskarte	14,00 EUR

(ununterbrochener Aufenthalt)

Therme und Sauna

2 Stunden	16,00 EUR
Tageskarte	20,00 EUR

(ununterbrochener Aufenthalt)

Vulkaneifel Therme
Clara-Viebig-Straße 3 –7
56864 Bad Bertrich
Tel. 02674-913070
www.vulkaneifel-therme.de

DER EIFEL-SHOP

VERBUNDEN MIT DER REGION

EIN STÜCKCHEN EIFEL MIT NACH HAUSE NEHMEN, MORGENS SEINEN KAFFEE AUS DER EIFEL-TASSE TRINKEN, SICH IN EINEN PULLOVER KUSCHELN – IM EIFEL-SHOP WIRD JEDER FÜNDIG. GERNE ZEIGEN DIE EIFELER IHRE VERBUNDENHEIT MIT IHRER REGION UND TRAGEN DIE MARKE EIFEL AUF IHREM RUCKSACK ODER DEM T-SHIRT DURCH DIE WELT. ES IST EIN KLARES BEKENNTNIS ZU DIESER LIEBENSWERTEN REGION.

Sie nehmen ihren Rucksack nicht nur auf Wander- und Radtouren mit, sondern ganz selbstverständlich auch zum nächsten Einkauf in den Supermarkt. Oder er kommt mit in den nächsten Urlaub und die Eifeler haben immer ein Stück Heimat dabei.

Für die Urlauber ist ein Rucksack, eine Tasse oder ein T-Shirt eine dauerhafte Erinnerung, die sie immer wieder an eine schöne Ferienzeit denken lässt. Erinnerungen werden wach an den letzten Urlaub in der Eifel, wenn sie ihren Kaffee aus einer Eifel-Tasse trinken. An die Wanderungen durch die abwechslungsreiche Landschaft oder an die Radtouren auf den alten Bahntrassen. Wenn dann morgens der Duft frisch aufgebrühten Kaffees in die Nase weht, kann der Tag nur gut werden.

Fotos: Eifel-Shop

DA SCHMECKT ES GLEICH NOCHMAL SO GUT: DAS PORZELLAN MIT EIFEL-DESIGN GIBT ES IN EINER MODERNEN UND EINER KLASSISCHEN LINIE.

Das Design des Porzellans wurde in diesem Jahr überarbeitet – seit dem Frühjahr gibt es eine moderne Linie und eine eher klassische im Landhausstil. Die Farben Grün und Rot stehen im Mittelpunkt des frischen jungen Designs und spiegeln die Natur und die Entstehung der Eifel wider. Erinnerungen an Wälder und sanfte Flusslandschaften werden wach oder an die längst vergangenen wilden Zeiten, als die Eifel entstand und es vielfach krachte und brodelte. Der klassische Stil kommt sehr stilvoll und eher elegant daher – in die Landhausküche fügen sich Tasse und Schalen gut ein.

Die Produkte im Eifel-Shop sind langlebig und zeitlos, elegant bis peppig. Die Kaffee-Tassen und Schalen sind nicht nur ein schönes Andenken, sondern eignen sich auch gut als Geschenk, wie im Übrigen alle Produkte aus dem Shop. Umgestaltet wurde auch der T-Shirt-Shop. Verschiedene Motive stehen zur Wahl, sodass sich jedes Familienmitglied sein Lieblingsdesign auf das T-Shirt oder den Hoodie drucken lassen kann. Soll es eher dezent gehalten werden oder darf das Motiv etwas plakativer sein? Die Entscheidung fällt schwer.

Die Naturverbundenheit der Eifeler mit ihrer Region wird bei jedem Aufdruck deutlich und die Urlauber können ruhigen Gewissen mit ihren Shirts von einer gelungenen Zeit erzählen und Freunde, Bekannte, Verwandte und Kollegen einladen, selbst einmal in die Eifel zu fahren. Die passenden Accessoires für einen Ausflug gibt es im Eifel-Shop: Rucksäcke zum Wandern oder Fahrrad fahren, Sitzkissen für das Picknick am Wegesrand oder elegante Filztaschen mit dem edlen Eifel-Logo. Dazu noch eine Thermoskanne für einen wärmenden Tee bei einer Winterwanderung, einen Schirm falls es

DIE EIFEL IM HERZEN. IN DER NEUEN T-SHIRT UND HOODIE KOLLEKTION IST FÜR JEDEN EIFEL-FAN ETWAS DABEI.

Fotos: Eifel-Shop

doch einmal regnen sollte oder die passende Basecap als Schutz gegen die Sommersonne. Das Logo mit dem eleganten E für die Marke Eifel ist dezent aber präsent. Es ist ein klares Bekenntnis für eine liebenswerte und lebenswerte Region, für Bewohner wie Gäste: Wir lieben die Eifel und zeigen dies in der ganzen Welt.

Es gibt verschiedene Verkaufsstellen für die Eifel-Produkte, doch sie sind auch ganz bequem im Internet zu bestellen – für die Eifeler ebenso wie für die Urlauber, die – wieder zu Hause angelangt – nicht genug von der Eifel bekommen können und für die nächste Reise gut gerüstet sein wollen. *(red)* ■

www.eifel-shop.com

NICHT NUR GEOLOGISCH: EINZIGARTIGE VULKANEIFEL

KOPFSPRUNG IN DIE ERDGESCHICHTE

ALS HIGHLIGHT IN DER GESCHICHTE DER VULKANEIFEL IST DAS JAHR 2015 ZU NENNEN. AM 17. NOVEMBER 2015 ERHIELT DIE VULKANEIFEL VON DER UNESCO DIE AUSZEICHNUNG ALS UNESCO GLOBAL GEOPARK. DAMIT SPIELT DIE VULKANEIFEL IN DER WELTWEITEN LIGA DER VON DER UNESCO ANERKANNTEN REGIONEN.

Als in den 1990er Jahren die Geoparkidee entwickelt wurde und Zug um Zug Gestalt annahm, hat die UNESCO dies von Beginn an mit Interesse verfolgt. Insbesondere, weil Geoparks die Erdgeschichte unseres Planeten in den Fokus nehmen und als gesellschaftlicher bottom-up-Prozess neue Akzente für die nachhaltige Entwicklung in ländlichen Räumen setzen wollen, ganz ohne das Erfordernis neuer Rechtsnormen.

Bevor es jedoch zu der Anerkennung durch die internationale Weltgemeinschaft kam, etablierte sich zunächst auf europäischer Ebene das European Geopark Network (EGN). Im Jahre 2000 unterzeichneten hierzu die vier Regionen Lesvos Petrified Forest (Griechenland), Réserve Géologique de Haute Provence (Frankreich), Maestrazgo Cultural Park (Spanien) und die Vulkaneifel (Deutschland) den Gründungsvertrag. In den folgenden Jahren traten immer mehr Regionen hinzu und die Geoparkidee wurde weiterentwickelt. Die UNESCO hat dann in einem ersten Schritt das europäische Modell als Blaupause übernommen und die Geoparks zunächst in 2004 mit dem Global Geopark Network (GGN) auf die weltweite Bühne gehoben. Nach einem langwierigen Meinungsbildungs- und Abstimmungsprozess hat schließlich die Vollversammlung der UNESCO am 17. November 2015 das International Geoscience and Geoparks Program (IGGP) verabschiedet und somit die UNESCO Global Geoparks als dritte internationale Gebietskategorie neben den bereits seit Jahrzehnten bestehenden Welterbestätten und Biosphärenreservaten eingeführt. 147 Regionen aus 41 Ländern dürfen seitdem den Titel UNESCO Global Geopark führen, so auch die Vulkaneifel. Weitere Regionen haben bereits das Aufnahmeverfahren eingeleitet.
Zeitgleich mit der Entwicklung auf europäischer und internationaler Ebene befasste man sich in Deutschland vor allem im Umfeld geologischer Interessensvertretungen und einer Bund-Länder-Arbeitsgemeinschaft mit der Auslobung von nationalen Geoparks in Deutschland. Derzeit gibt es in Deutschland 16 nationale Geoparks, von denen 6 den neuen UNESCO-Titel tragen dürfen.

Organisation der Vereinten Nationen für Bildung, Wissenschaft und Kultur

Vulkaneifel UNESCO Global Geopark

Vulkaneifel NATUR- UND GEOPARK

Foto: Klaus-Peter Kappest/Natur- und Geopark Vulkaneifel

DIE BURGRUINE FREUDENKOPPE BEI NEROTH

BILDUNG FÜR NACHHALTIGE ENTWICKLUNG (BNE)

Die Förderung von Bildung für nachhaltige Entwicklung ist ein besonderes Anliegen der Geoparks. Bildung für nachhaltige Entwicklung befähigt Menschen zu einem zukunftsfähigen Denken und Handeln. Entwicklung ist dann nachhaltig, wenn Menschen weltweit gegenwärtig und in Zukunft würdig leben und ihre Bedürfnisse und Talente entfalten können.

Um dies zu erreichen, bedarf es eines Verständnisses für die Vorgänge in Natur und Landschaft, insbesondere im eigenen Lebensumfeld. Dies erhöht die Wertschätzung für die eigene Region, was Grundlage für eine ganzheitliche und nachhaltige Regionalentwicklung ist. Bereits in unserem 2013 beschlossenen und mit der Region erarbeiteten Masterplan für den Natur- und Geopark Vulkaneifel ist eine ganzheitliche und nachhaltige Regionalentwicklung als Oberziel formuliert worden. Im selben Jahr wurde das Konzept „Umweltbildung von Anfang an" verabschiedet, durch das die Geo- und Naturkompetenz in der Bevölkerung gestärkt werden sollen.

Dabei setzen wir in der Vulkaneifel insbesondere auf die Zusammenarbeit mit Kitas und Schulen, um bereits die Kleinsten zu erreichen und für ihre Heimat zu begeistern:
Die Kita Arche Noah aus Strohn und die Kita Spatzennest aus Großlittgen sind offiziell als

Natur- und Geopark-Kita ausgezeichnet; die Schule am Pulvermaar in Gillenfeld und die Grundschule Gerolstein als Natur- und Geopark-Schule. Weitere Kooperationsvereinbarungen gibt es mit den Grundschulen Üdersdorf und Üxheim, die perspektivisch auch den Weg hin zur Natur- und Geopark-Schule beschreiten wollen.

Diese Kooperationen haben das Ziel, den Kindergarten-Kindern sowie den Schülerinnen und Schülern nach den Kriterien einer BNE originale Natur-, Kultur- und Heimaterfahrungen in ihrem direkten Umfeld zu ermöglichen und Kenntnisse über den Natur- und Geopark zu vermitteln. Jede Gruppe der Vorschulkinder und der Jahrgang davor in den Kitas sowie jede Klasse jeder Jahrgangsstufe soll mindestens einmal im Jahr das Thema „Natur- und Geopark" und darüber hinaus, z. B. in Projekttagen oder Exkursionen, behandeln. Dabei werden an geeigneten Stellen Sequenzen über die Arbeit und die Bedeutung des Natur- und Geoparks, Erdgeschichte, regionaltypische Lebensräume und die dort vorkommenden Pflanzen- und Tierarten sowie heimatkulturelle Aspekte der Natur- und Geopark-Region integriert.

Konkret bedeutet dies, dass die Kinder Natur erleben sollen. Wir wollen den Kindern den Kontakt mit der heimischen Landschaft ermöglichen. Sie können dabei auf ganz vielfältige Art und Weise die Region entdecken: sie lernen verschiedene Tier- und Pflanzenarten unterscheiden, lernen Vulkane und Maare kennen und schärfen dadurch ihre Wahrnehmung für die Vielfalt in der Natur. Das Beobachten von Vögeln beim Nestbau oder Eichhörnchen beim Spielen fördert die emotionale Bindung mit ihrer heimischen Umgebung. Wie entstehen Vulkane? Wie sieht ein Vulkan von innen aus? Wo finde ich vulkanische Steine in meinem Alltag? Warum sieht die Vulkaneifel heute so aus? Ökonomische Aspekte des Vulkanismus, der Zusammenhang von Vulkanen, nutzbaren Gesteinen, deren Abbau sowie die Änderung der Landschaft und deren Unumkehrbarkeit wollen wir den Kindern zugänglich machen. Traditionelles Handwerk und Landnutzung bilden die Basis für ein nachhaltiges Wirtschaften. Das aufmerksame Erkunden der Umgebung schult die Achtsamkeit für die Vielfalt, Eigenart und Schönheit der Landschaft.
Denn nur was wir kennen und wertschätzen, können wir schützen. Kinder sind die Erwachsenen und Entscheidungsträger von morgen.

Fotos: Klaus Peter Kappest/Natur- und Geopark Vulkaneifel

UNESCO GLOBAL GEOPARKS

UNESCO Geoparks sind zusammenhängende, klar abgrenzbare Gebiete, in denen die Erdgeschichte Aufschlüsse und Landschaften mit internationaler geologischer Bedeutung hinterlassen hat.
Es wird ein ganzheitliches Konzept mit Schutz, Bildung und nachhaltiger regionaler Entwicklung verfolgt. Ein UNESCO Global Geopark zeigt das erdgeschichtliche Erbe einer Region auf und stellt Verknüpfungen mit anderen naturbezogenen und kulturellen Aspekten der Region her. Nicht zuletzt soll mit Hilfe einer touristischen Inwertsetzung des erdgeschichtlichen Erbes der „Geotourismus" gefördert werden. Als Partner der UNESCO unterstützen Geoparks die von der UNESCO ausgewiesenen Fokusthemen wie beispielsweise Bildung für nachhaltige Entwicklung, Naturgefahren, Naturressourcen, Klimawandel, Nachhaltige Entwicklung oder auch regionale Traditionen.

Geoparks sind keine auf Rechtsnormen beruhende neue Schutzkategorie wie es beispielsweise Nationalparke oder Naturschutzgebiete seit langem sind. Es gelten vor Ort die bereits vorhandenen nationalen Gesetzgebungen, die von der UNESCO anerkannt und nicht in Frage gestellt werden. Die UNESCO vertritt hierzu die Position, dass der Status als UNESCO Global Geopark keine Einschränkungen ökonomischer Aktivitäten jedweder Art zur Folge haben soll. Auf Landwirtschaft, Infrastrukturausbau, Rohstoffabbau oder auch den Bau von Windkraftanlagen hat der UNESCO-Titel keine direkte Auswirkung. Hierbei sind nach wie vor die nationalen Regelungen zu beachten sowie die kommunale und gesellschaftliche Meinungsbildung.

LINKS: IN DER AUSBILDUNG ZUM JUNIOR RANGER ERWEITERN DIE JUGENDLICHEN IHR EIGENES WISSEN IN NATURKUNDLICHEN UND NATURSCHUTZFACHLICHEN BEREICHEN.

RECHTS: ABENTEURER UND HÖHLENFORSCHER WILLKOMMEN: DIE SCHWEDENFESTE IST EINE DER GANZJÄHRIG BEGEHBAREN MÜHLSTEINHÖHLEN BEI HOHENFELS-ESSINGEN.

JUNIOR-RANGER VULKANEIFEL

Ein weiterer Schwerpunkt unserer Bildungsarbeit sind die Junior-Ranger Vulkaneifel: in mittlerweile zwei Durchgängen wurden insgesamt 50 Jugendliche im Alter von 9-15 Jahren als Junior-Ranger ausgebildet. Die Jugendlichen bekommen nicht nur die Möglichkeit, ihr eigenes Wissen in naturkundlichen und naturschutzfachlichen Bereichen zu erweitern, sondern sie sollen auch befähigt werden, dieses Wissen auf adäquate Weise weitergeben zu können, um in ihrem Lebensumfeld als Multiplikatoren für ihre und andere Generationen zu fungieren. Die Ausbildung beinhaltet neben dem fachlichen Wissen zu Flora und Fauna, Geologie und anderen naturkundlichen Inhalten auch Grundkenntnisse im Naturschutzrecht sowie eine gezielte Schulung in der nonverbalen Kommunikation, der Sprache und in der Konfliktbewältigung. Dadurch erlernen die Jugendlichen, selbst Gruppen zu führen und zu betreuen. Ein weiteres Modul ist der Umgang mit Menschen mit besonderen Bedürfnissen im integrativen Sinne. So werden die Junior-Ranger mit den erwachsenen Natur- und Geoparkführern verknüpft und können von deren Erfahrungen profitieren.

UMWELTBILDUNGSPARCOURS

Alle zwei Jahre findet zudem in Zusammenarbeit mit anderen regionalen Akteuren der BNE der Umweltbildungsparcours statt. An verschiedenen Stationen gibt es Spiele, Informationen und Mitmachaktionen rund um die Themen Erdgeschichte, Flora, Fauna, Nachhaltigkeit und regionale Mythen. Der Parcours richtet sich an Kitas und Grundschulen der Vulkaneifel.

VULKANEIFEL-AKADEMIE UND SUSTAINABLE DEVELOPMENT GOALS

Aber auch für Erwachsene bietet der Natur- und UNESCO Global Geopark Vulkaneifel ein abwechslungsreiches und umfangreiches Bildungsangebot: die Vulkaneifel-Akademie.
Die UNESCO hat im September 2015 die „Sustainable Development Goals (SDG´s)" ratifiziert, welche mit einer Zielsetzung bis 2030 die Handlungsleitlinien der Weltgemeinschaft für eine globale nachhaltige Entwicklung darstellen. Die Bundesrepublik Deutschland hat diese Handlungsleitlinien auf nationaler Ebene angenommen und wird im Rahmen der „Deutschen Nachhaltigkeitsstrategie" (Agenda 2030) an dem Erreichen der SDG´s mitarbeiten. Die Verantwortung hierfür hat das Bundesministerium für wirtschaftliche Zusammenarbeit und Entwicklung übernommen.

Geoparks sind als Modellregionen für eine nachhaltige Regionalentwicklung besonders dazu geeignet, die verabschiedete „Agenda 2030 für nachhaltige Entwicklung" umzusetzen und weiter in der Gesellschaft zu verankern. Dieses beispiellose Programm der Vereinten

Fotos: Klaus Peter Kappest/Natur- und Geopark Vulkaneifel

Nationen soll Menschen auf der ganzen Welt ein Leben in Würde ermöglichen, Frieden und eine intakte Umwelt schaffen. Industrie- und Entwicklungsländer gleichermaßen sollen künftig ihr Handeln an den verabschiedeten 17 Zielen für nachhaltige Entwicklung ausrichten. Nicht alle der 17 SDG´s sind eins zu eins auf UNESCO Geoparks übertragbar. Hier gilt es zu unterscheiden zwischen urbanen und ländlichen Räumen, Inland- oder Küstengebieten, Entwicklungs- oder Industrieländern. Eine Relevanz für unsere Vulkaneifel entfalten aber vor allem folgende SDG´s:

- 3 Gesundheit und Wohlergehen
- 4 hochwertige Bildung
- 8 Arbeit und Wirtschaft
- 11 nachhaltige Städte und Gemeinden
- 13 Klimaschutz
- 15 Leben an Land
- 17 Partnerschaften zur Erreichung der Ziele

Regionale und lokale Maßnahmen sind notwendig für die Erreichung der Ziele bis zum Jahr 2030. Der Natur- und Geopark Vulkaneifel hat hierzu eine Vulkaneifel Akademie als Instrument zur Förderung des Bewusstseins für das besondere Geo- und Naturerbe der Vulkaneifel etabliert und will damit das Wissen über Erdgeschichte, Landschaft und biologische Vielfalt und das Bewusstsein für eine gesundheitsfördernde Landschaft fördern. Gleichzeitig wollen wir aber auch das Wissen über unsere Kultur im Bewusstsein der Menschen verankern, die Identitätsbildung weiterentwickeln und die Wertschätzung für die Vulkaneifel stärken. Die Vulkaneifel leistet auf regionaler Ebene dadurch ihren Beitrag zu den globalen Nachhaltigkeitszielen der Weltgemeinschaft, aber auch für die kommenden Generationen in unserer Region. *(red)* ■

www.geopark-vulkaneifel.de

Fotos: Jochen Hank

DER ARENSBERG BEI ZILSDORF

MITTEN IM VULKAN

ES GIBT EINEN ORT IN DER VULKANEIFEL, BEI DEM MAN SICH GEBORGEN FÜHLT WIE IN ABRAHAMS SCHOß. ODER BESSER GESAGT: WIE UMARMT VON MUTTER ERDE.

Nur ein einziges Schild an der Bundesstraße von Hillesheim nach Daun macht auf den Arensberg aufmerksam, und so kommt es, dass man an diesem Vulkan zumeist mutterseelenallein ist. Und erst recht in diesem Vulkan, denn man kann ihn begehen. Von einem kleinen Wanderparkplatz aus geht es ein Stück durch den Wald, vorbei an einer kleinen Kapelle. Irgendwer sorgt dafür, dass das dem Heiligen Arnulphus geweihte Häuschen liebevoll mit Blumen bestückt ist, oft genug brennt hier auch eine Kerze. Es gibt also jemanden, dem dieser Ort sehr viel bedeutet.

AN DEN WÄNDEN DES ARENSBERGS KANN MAN DIE CHARAKTERISTISCHEN SECHSECKIGEN BASALTSÄULEN ERKENNEN.

Vielleicht geht dieser Jemand auch weiter, bis sie oder er an einen geheimnisvollen Tunnel im senkrecht vor dem Weg aufragenden Vulkangestein gelangt. Der Tunneleingang ist abgestützt von Holzbalken, weiter geht es über Holzplanken und unter einem hölzernen Dach hindurch. Es ist noch nicht lange her, dass die Konstruktion am Eingang von einem wuchtigen Steinschlag zertrümmert wurde, doch die handfeste Fürsorge der Einheimischen für diesen Ort hat auch hier gewirkt.

Früher wurde hier hart gearbeitet, Basalt wurde im 19. Jahrhundert herausgebrochen. Der einst kegelförmige Vulkan ist seitdem seines Gipfels beraubt und ausgehöhlt. Am anderen Ende des Tunnels erwartet den Besucher ein steil terrassierter Steinbruch, den sich die Natur Stück für Stück zurückerobert und überwuchert. Auf dem Kraterrand hat der Wald die Regie übernommen. Doch es fällt den Bäumen schwer, sich im vertikalen Terrain des Kraterinneren festzuklammern. Und so ist bis heute Erdgeschichte sichtbar in den teils nackten Felswänden. Entstanden ist ein Kaleidoskop aus ganz dunklen, auffällig hellen und rötlichen oder gelblichen Schichten, aus körniger Lava und säulenartigem Basalt. Ein optisches Fest für Menschen, die wie Bildhauer oder Maler sehen können.

Das erste Mal explodierte der Arensberg vor 32 Millionen Jahren, das Magma traf auf Schiefer, Kalk und Sandstein. Eine weitere, weniger zerstörerische Eruption gab es vor 24 Millionen Jahren, das Magma schob sich unter die Ablagerungen des ersten Vulkanausbruchs. Dieser alte, von der Gewalt der Erde erzählende Lavabruch ist zu einem Ort der Stille geworden. Umgeben von Steinmassen und nur mit Wolken oder Sommerblau über sich fühlt man sich hier wie aus der Zeit gefallen. Ab und an erscheint ein Rotmilan über dem Ausschnitt Eifelhimmel, den man von hier unten sieht, ein Bussard oder ein Schwarm Stare. Manchmal auch ein Segelflieger oder Ultralight, dessen Passagiere die Eifel aus der Vogelperspektive erleben wollen. Vulkanische Gesteine speichern nicht nur Grundwasser besonders effektiv, sie reinigen darüber hinaus das Oberflächenwasser. So wird innerhalb von Jahrzehnten aus Regen wertvolles, mit Mineralien angereichertes Trinkwasser, wie es zum Beispiel in Gerolstein, Daun oder Dreis-Brück zu Tage gefördert wird. Und das Wasserland – nichts anderes bedeutet der ursprünglich keltische Name der Eifel – mit seinen vielen Mühlen für Mehl oder Ölsaaten brauchte Mühlsteine. Sie wurden schon in der Antike in mühevoller Handarbeit aus den Felsen geschlagen. Und so gibt es überall in der Region kleine, oft uralte Lava- oder Basaltbrüche und Höhlen. Bei Hohenfels-Essingen wurde nahe den Mühlsteinhöhlen eine Mariengrotte im Wald erbaut: ein romantisches Fleckchen Erde, das bis heute liebevoll gepflegt wird und zu Andachten unter freiem Himmel einlädt. Bei Birresborn dienten die stets gleichmäßig kalten Höhlen als natürlicher Kühlschrank für die Lagerung von Lebensmitteln. Heute dienen sie den Fledermäusen als streng geschütztes Refugium.

Aber auch in den alten Tagebauen wie im Arensberg konnten sich selten gewordene Tiere und Pflanzen wieder ansiedeln. Hier sind sie ungestört. Viele der mittelalterlichen oder gar antiken Brüche liegen versteckt, abseits der Verkehrswege. Doch kaum einer bietet einen so abgeschiedenen kleinen Lebensraum wie der Arensberg. So wird Arnulphus als Schutzherr für alle, die Wichtiges verloren haben und es wiederfinden wollen, auch heute noch seiner Bedeutung gerecht.

Der Arensberg ist Teil des UNESCO-zertifizierten Natur- und Geoparks Vulkaneifel, er liegt an der 280 Kilometer langen „Deutschen Vulkanstraße“. Als ausgeschilderte Ferienerlebnisstraße führt sie zu insgesamt 39 Stationen, an denen geologische und kulturgeschichtliche Sehenswürdigkeiten erschlossen sind. *(ako)* ■

Fotos: Jochen Hank

MAARMUSEUM

DAS MAARMUSEUM MANDERSCHEID BIETET NEBEN VIELEN MODELLEN, SIMULATIONEN, WIE MIT DEM TERRANAUTEN, AUCH FOSSILIEN WIE DAS ECKFELDER URPFERD.

Original & Foto: Landessammlung für Naturkunde Rheinland-Pfalz

VULKANISMUS HAUTNAH

MAARE, SCHLACKENKEGEL UND DAS URPFERD

DAS VULKANHAUS STROHN UND DAS MAARMUSEUM MANDERSCHEID SIND ZWEI DER WICHTIGSTEN NATURWISSENSCHAFTLICHEN MUSEEN IN DER WESTEIFEL, DIE DEN BESUCHERN DEN FACETTENREICHEN EIFEL-VULKANISMUS UNSERER REGION ANSCHAULICH UND SPEKTAKULÄR PRÄSENTIEREN.

Fotos: Maarmuseum/Vulkanhaus

MAARMUSEUM MANDERSCHEID

Das Maarmuseum erklärt Jung und Alt anschaulich die Entstehung der trichterförmigen Maare. Außerdem kann man eine subtropische Eifel-Landschaft bestaunen. In dieser Zeit vor 45 Mio. Jahren lebte am Eckfeld-Maar das weltberühmte „Eckfelder Urpferd“ und eine „der ältesten Honigbienen der Welt“. Im Maarmuseum Manderscheid bestaunen Sie die Originale dieser Fossilien. Mit dem computergesteuerten Terranauten fahren Sie in die Tiefen der Erde hinab und sind dabei, wenn ein Maar entsteht.

IM VULKANERLEBNISPARK MOSENBERG ZEIGEN SICH VULKANISCHE FORMEN UND STRUKTUREN IM INNEREN EINES VULKANS.

KONTAKT

Maarmuseum Manderscheid
Wittlicher Straße 11
54531 Manderscheid
Tel.: +49 (0) 6572 920310

Vulkanhaus Strohn
Hauptstraße 38
54558 Strohn
Tel.: +49 (0) 6573 953721

Gemeinsame Auskunft und Buchung:
MuseenStrohnManderscheid@t-online.de oder 06572-920310

Ab 2020 gibt es eine Kombi-Card, mit der Sie dann das Naturkundemuseum Gerolstein, das Vulkanhaus Strohn, das Maarmuseum Manderscheid und die Niederburg Manderscheid preisgünstiger besuchen und erleben können.

VULKANERLEBNISPARK MOSENBERG

Der Vulkanerlebnispark bei Bettenfeld ist ein einzigartiges Fenster in die Erdgeschichte der Eifel. Dort werden dem Besucher vulkanische Formen und Strukturen eines Schlackenkegels barrierefrei, nachhaltig und erlebbar mittels eines Outdoor-Klassenzimmers und Gesteinslehrpfads erläutert. Man schaut direkt auf das Innere eines Vulkans: Erstarrte Förderkanäle, rote Schweißschlacken, schwarze Lapilli-Bomben-Tuffe etc. Der Park ist kostenlos ganzjährig zugänglich.
www.vulkanerlebnis-mosenberg.de

VULKANHAUS STROHN

Um das Vulkanhaus herum war vor 33.000 Jahren die Hölle los. Aktive Vulkankegel warfen glühende Lavaschlacken hoch in den Himmel. Zudem floss ein neun Kilometer langer Lavastrom in das Tal der Alf. Danach mussten sich zwei kleinere Lavaströme talaufwärts ihren Weg suchen, was eine Besonderheit darstellt. Relikte aus dieser Zeit sind die berühmte Strohner Lavabombe, die einen Durchmesser von fünf Metern und ein Gewicht von 120 Tonnen hat. Im Museum selbst zeugt eine elf Tonnen schwere Spaltenwand voller einzigartiger Lavatropfen von der Urgewalt der Eifel-Vulkane.

IM VULKANHAUS STROHN WERDEN VULKANISCHE PHÄNOMENE ANHAND VON SCHAUTAFELN UND EXPONATEN VERDEUTLICHT. BEEINDRUCKEND IST DIE SECHS METER BREITE UND VIER METER HOHE LAVASPALTENWAND.

STROHNER SCHWEIZ

Direkt vor der Haustür befindet sich die Strohner Schweiz, ein waldreiches Wandergebiet voller Überraschungen! Man sieht dort eine spektakuläre Lavawand, die erhaltene Rückseite des heute abgebauten Wartgesberg-Vulkans. Etwas weiter steht der mit neun Kilometern längste Lavastrom der Eifel an. Der Alfbach hat sich dort tief hineingesägt. Wenn man wieder aus dem Wald herauskommt, steht man unmittelbar am Sprinker Trockenmaar. Auch hier hat der Alfbach seine Spuren hinterlassen, denn er hat die Hälfte des Maarwalls mit sich fortgerissen.

Beide Museen arbeiten eng zusammen und koordinieren ihre Aktivitäten: Museumsführungen in Strohn und Manderscheid, geführte GEO-BIO-Wanderungen zu vulkanischen Highlights in der „Vulkaneifel um Manderscheid" oder der „Strohner Schweiz" können direkt per Mail gebucht werden. Die Mitarbeiter beider Häuser stimmen die Exkursionen gerne auf die Wünsche ihrer Besucher ab. *(red)* ■

Fotos: Maarmuseum/Vulkanhaus

LAVA

MINERALISCHE ROHSTOFFE AUS DER EIFEL FÜR DIE EIFEL

WAS AUS BASALT UND LAVA ENTSTEHEN KANN

DIE GEWINNUNG VON BASALT UND LAVA GEHÖRT SCHON SEIT DEM 18. JAHRHUNDERT ZUR KULTURLANDSCHAFT DER EIFEL, BIETET DIE REGION DOCH STEINSCHÄTZE WIE KAUM EIN ANDERER LANDSTRICH IN DEUTSCHLAND.

Im Jahr 2020 hat die Bedeutung der Natursteine kein bisschen nachgelassen. Im Gegenteil. Die Tragweite von Basalt und Lava ist für jeden Menschen enorm. Auch wenn nicht immer direkt bewusst ist, worin mineralische Rohstoffe überall Verwendung finden.
Nach wie vor sind Steine als Massenbaustoff natürlich aus dem Straßen-, Haus- und Brückenbau nicht wegzudenken. Alleine für einen Kilometer Autobahn werden 216.000 Tonnen mineralische Rohstoffe benötigt. Auch wer mit dem Zug reist, fährt auf Steinen. Genauer gesagt auf 35.000 Tonnen Schotter pro einem Kilometer Schienenweg.

Zusätzlich zu diesem Kernbereich beschäftigen sich einige der Eifeler Gewinnungsbetriebe mit Spezial-Gebieten, in denen der Einsatz von Basalt und Lava den ein oder anderen vielleicht zunächst verwundert. Überraschend ist bei genauerer Betrachtung erst recht die Wirkungskraft der Naturmaterialien. Zu den Entwicklern einer Vielzahl solcher Sonderprodukte gehören auch die Rheinische Provinzial-Basalt- und Lavawerke (RPBL) mit Gewinnungsstätten in der Vulkan- und der Osteifel sowie am Mittelrhein.

BASALT

Fotos: RPBL

OFT SIND AUS PLATZGRÜNDEN DACHBEGRÜNUNGEN EINE ALTERNATIVE. DIE „LEICHTE" LAVA DIENT DABEI ALS PFLANZSUBSTRAT.

SPEZIALITÄTEN AUS BASALT UND LAVA

„Leichte“ Lava lässt Bäume in Städten und Pflanzen auf Dächern wachsen. Dass Bäume in dicht bebauten Städten überleben, ist nicht selbstverständlich. Sie können sich gesund entwickeln, wenn sie fachgerecht gepflanzt wurden und die Pflanzgruben entsprechende Baumsubstrate auf Lava-Basis enthalten. Nur wo genügend gesunde Bäume stehen, können diese als lokale Klimaschützer fungieren. Wo aus Platzgründen keine großen Grünflächen realisierbar sind, bilden alternativ Dachbegrünungen Biotope und sorgen für eine Reinigung der Luft. Auch hier hilft leichte Lava, die entsprechende Vegetationsschicht zu bilden und den Wasserkreislauf zu begünstigen. „Leicht“ bedeutet bei der Lava, dass sie eine poröse Struktur und ein sehr hohes Porenvolumen hat, wodurch sie hervorragend Wasser speichern kann. Sie ist salzarm und hat einen günstigen pH-Wert, weshalb Pflanzen sich in ihr so wohlfühlen.
Auch Gesteinsmehle sind clevere Helfer im Garten und in der Landwirtschaft. Das ökologische Urgesteinsmehl Eifelgold beispielsweise führt den Böden wichtige Mineralstoffe und Spurenelemente zu, die für ein ertragreiches Wachstum nötig sind. Äcker und Wiesen können mit diesem Düngerersatz ihr ökologisches Gleichgewicht zurückerlangen. Dank seiner Natürlichkeit kann das Lava-Urgesteinsmehl auch als Pflanzenschutzmittel und zur Schädlingsbekämpfung eingesetzt werden.

Klimafreundlich wirkt auch ein neues alternatives, ökologisch wertvolles Wegebaumaterial auf Basalt-Wasser-Basis (Balastan), mit dem sich Radwege, Parkplätze, Veranstaltungsflächen etc. auf völlig ökologische Weise standfest bauen lassen. Wurzeln der am Wegesrand stehenden Bäume können unter dieser Substanz atmen und haben keine Not, ein sie einschränkendes Material zu durchbrechen. Der 2-Komponenten-Baustoff besteht ausschließlich aus Basaltgestein und speziellen Vulkansanden und fügt sich aufgrund seiner Natürlichkeit in die Umgebung ein, hält aber gleichzeitig großen Belastungen stand. Durch die Zugabe von Wasser wird das Material dauerhaft fest, weshalb es gerade bei vielen Gemeinden großes Interesse hervorruft. Denn Balastan bleibt wasser- und luftdurchlässig und kann so den ökologischen Austausch gewährleisten.

RADWEG AUF BASALT-WASSER-BASIS

WASSERBAUSTEINE SPIELEN IM HOCHWASSERSCHUTZ EINE WICHTIGE ROLLE.

Nutzer der Wasserwege wie dem Rhein – der wichtigsten Wasserstraße Deutschlands – begegnen ebenfalls den vielseitigen Steinen aus der Eifel, werden diese doch für Uferbefestigungen und den Hafenbau genutzt und spielen auch im Kanalsystem eine wichtige Rolle. Wasserbausteine aus Basalt dienen als effektiver Hochwasserschutz. Sie sorgen dafür, dass Flüsse und Kanäle die Ufer nicht übertreten.

Dass dieser vielschichtige Bedarf der Menschen aus der Eifel und den angrenzenden Gebieten lokal bedient werden kann, ist ein kostbares Geschenk, das der Vulkanismus hinterlassen hat. Die Gewinnung der mineralischen Rohstoffe vor Ort ermöglicht kurz gehaltene, CO_2-arme Transportwege und somit klimafreundliche Belieferungen. Denn die Herstellung einer Tonne Basaltmaterials verursacht weniger CO_2 als deren Transport über eine Entfernung von zehn Kilometern.

Rund um die Produkte, die aus Basalt und Lava entstehen, zeigt sich die Eifel als innovativer und fortschrittlicher Wirtschaftsstandort mit ausbaufähigem Entwicklungspotenzial, wo Jahrtausende alte Ressourcen und moderne Technik zusammenspielen. Die Eifel – eine Region, die schon vor mehr als hundert Jahren vom Potenzial ihrer Steine gelebt hat und damit auch die Zukunft gestalten kann. *(as)* ■

MONDSAND

Ja, genau, Mondsand! Im Jahr 2020 beliefert die RPBL sogar den Mond – genauer gesagt die Europäische Weltraumorganisation ESA in Köln, die am Rhein eine Nachbildung der Mondoberfläche als Trainingsgelände für ihre Astronauten errichtet. Europaweit haben die Wissenschaftler nach mondähnlichem Sand für das weltweit erste Mond-Trainingszentrum Luna gesucht. Gefunden haben sie es schließlich in einem Steinbruch der RPBL. Das circa 30 Millionen Jahre alte vulkanische Gestein entspricht zu 98 Prozent der chemischen und mineralischen Zusammensetzung des originalen Mondgesteins.

Foto: RPBL, pexels/pixabay (Mond)

TEUFEL UND HEXEN GEHEN VOR DEN GEISTERN DURCH DIE NÄCHTLICHE ALTSTADT VON BLANKENHEIM.

WENN ES NACHT WIRD IN BLANKENHEIM

DER TANZ DER GEISTER

LICHT AUS, FACKELN AN! HUNDERTE „GEISTER" SPRINGEN AM KARNEVALSSAMSTAG DURCH DIE ALTEN GASSEN DES NÄCHTLICHEN BLANKENHEIM. BEIM „GEISTERZUG", DER TRADITIONELLEN AUSTREIBUNG DER WINTERDÄMONEN IM AHRQUELLENORT, MUSS MAN EINFACH DABEI SEIN.

Nein, kein Wetter für die Nacht der Untoten. Statt sternenklarer Vollmondnacht ist beim Blick aus dem kleinen Fensterchen des Karnevalsmuseums im Georgstor in der Blankenheimer Altstadt der Himmel bewölkt, es nieselt. Die Ahrstraße ist jetzt, kurz vor 18 Uhr, noch weitgehend leer. Es sind nur ein paar Fußgänger zwischen den alten Hausfassaden unterwegs. Auch an der Abbiegung zur Gasse „Am Hirtenturm" deutet auf den ersten Blick nichts darauf hin, dass es hier eineinhalb Stunden später zum von Bengalos beleuchteten „Inferno" kommen soll.

Nur „An der Pump", wie das kleine Plätzchen an der Abbiegung heißt, tut sich Ungewöhnliches. Sacha Frings rührt, rührt und rührt. Beidhändig mit dem riesigen Holzlöffel. 150 Liter Erbsensuppe köcheln in der großen Gulaschkanone. Fünf Helfer stehen bereit, die wärmende „Äazezupp" mit Würstchen zu bestücken und später zu verkaufen.

„Das wird wohl reichen", vermutet der Koch zu Recht, wie sich zeigen wird. Bei dem üsselijen Wetter bleiben manche Geister lieber zuhause, statt im traditionellen „Geisterzug" den Winter auszutreiben.

Im Karnevalsmuseum sind derweil andere helfende Geister im Einsatz. Sie bewirten die Gäste, die sich hier zum kleinen Empfang versammelt haben: Honoratioren wie Simone Böhm als stellvertretende Bürgermeisterin, eine Abordnung des KV Gemötliche Dörfer, und auch Friedhelm Elsen, einer der stillen Unterstützer des Blankenheimer Karnevals. „Ohne Menschen wie ihn kann kein Karnevalsverein bestehen", flüstert Herbert Meyer zur Erklärung. Meyer hat Interessenten am Nacht-Umzug wenige Minuten zuvor jeweils in einen „Geist" verwandelt: Unter dem weißen Bettlaken wurde das Gesicht weiß geschminkt. Nun aber schnell die Ahrstraße hinab gegeistert, zum Aufstellplatz am Rathaus.

VORNE WEG REITET DER „OBERGEIST". ER WIRD TRADITIONELL MIT DEM PRINZEN KARNEVAL DER AKTUELLEN KARNEVALSSESSION BESETZT. DER KARNEVALSVEREIN BLANKENHEIM, DER DEN GEISTERZUG AUSRICHTET, IST NACH EIGENEN ANGABEN DER ÄLTESTE ORGANISIERTE JECKE ZUSAMMENSCHLUSS DER WELT. ER WURDE 1613 GEGRÜNDET.

Foto: Uwe Reuter

Mit einem dumpfen „Flapp" wird es schlagartig dunkel. Alle Straßenlampen sind auf die Sekunde genau um 19 Uhr erloschen. Die „Geisterstunden" haben begonnen und der Rest des Weges über die Ahrstraße gerät zum vorsichtigen Vorantappen. Doch am unteren Straßenende leuchtet es schon aus vielen Fackeln. „Uuh-Huuh" proben schon mal schätzungsweise 300 Geister. Neben dem Rathaus wirkt es noch etwas unorganisiert. Die Geister warten auf die Ankunft des „Obergeistes" samt der Gruppe um das Schelleböumche und die Herz- und Finanzpagen der närrischen Tollität, die jetzt den „Obergeist" auf dem Pferd geben wird.

Mit im kleinen Hofstaat am Zuganfang ist Tanja Engelmann. Sie setzt die handgeschnitzte historische rot-schwarze Teufelsmaske auf, der einzige erlaubte Farbtupfer im Heer der weißen Geister. Hexen werden hinter den beiden die Straßen und Gassen vor dem Obergeist mit Reisigbesen säubern. Die Feinarbeit der Winteraustreibung übernehmen zwischen drei Musikkapellen die an diesem Abend rund 300 Springer, Sänger und stimmgewaltigen Frühlingsbeschwörer in Weiß.

Es wird gerade 19.11 Uhr und mit den ersten musikalischen Tönen der Kaisergarde geht es unvermittelt los, kaum dass sich die Geister zur Dreier-Geister-Reihe eingehakt haben. Wer in den nächsten 60 Minuten nicht im Reihenwechsel abwechselnd und im Rhythmus des „Juh-Jah-Liedes" zur Seite springt, sondern eher „schiebt", der demaskiert sich für sachkundige Blankenheimer unweigerlich als nicht ortsansässig, heißt es. Welches Debakel. Aber Geister sind bekanntlich anpassungsfähig.

Der geschriene Juchzer zu Beginn, dann das Vereinslied des den Zug veranstaltenden Karnevalsvereins Blankenheim: „Juh-Jah, Kribbel in der Botz/ wer dat net hätt, dä es nix notz!". Das bekommen selbst die meisten der Premieren-Geister unter den weiß Vermummten locker hin. Dann aber, weil sie zu schnell sind, krachen einige untergehakte Novizen fast in die Zuschauerreihen am Straßenrand. Abgebremst, zurück das Ganze und mehr „geschoben" als „gesprungen".

Ein paar Meter geht das gut, dann stockt der „Geisterzug" das erste Mal. Immer wieder neue Anläufe, die Reihen der Jecken unter den weißen Laken schwingen mal nach links, mal nach rechts, es gibt Gruppen aus mehr als einem halben Dutzend, das kann eng werden. Nach einigen Metern steht fest: Alles eine Frage der Atemtechnik! Singen, Schreien, Springen gleichzeitig – das will schnell gelernt sein.

Und dann kommen viele der „Geister" in eine Art Geisterzug-Rausch. Es macht Spaß, die Zuschauer am Straßenrand werden vor lauter „Kribbel in de Botz" nicht mehr wahrgenommen. Vorbei an der Gulaschkanone mit Sacha Frings, durch das Georgstor, hoch zum Kreisverkehr. Halbzeit, bis alle Geister angekommen sind.

Das „Hirtentor“ strahlt schon geheimnisvoll im roten Bengalo-Licht, als es hoch zum „Zuckerberg“ geht, darüber leuchtet die angestrahlte Burg. Das wirkt mit den wilden Lichtreflexen der vielen Fackeln in den Fensterscheiben und auf dem Kopfsteinpflaster tatsächlich geisterhaft, wie aus einer anderen Welt.
Martin Baumann hat unterdessen gelernt, wie er springen muss und den Text des „Juh-jah-Liedes“ kann er wenigstens zur Hälfte. Er ist mit Freunden und sechs Kindern zu seinem ersten Blankenheimer Geisterzug sogar aus Dortmund angereist. Eine Tante aus Schleiden hat ihm den Tipp für den besonderen Karnevalssamstagabend gegeben. Der „Geist“ aus dem Ruhrpott meint nur: „Toll!“
Seine Relativierung, auch im Alemannischen gebe es Ähnliches wollen die aus der Eifel stammenden „Geister“ im Zoch vor und hinter ihm natürlich nicht hören. Der Geisterzug ist einmalig – ein Brauchtum, das es eigentlich auf die Liste der immateriellen Kulturgüter der UNESCO schaffen müsste. Wie die Echternacher Springprozession, deren Schrittfolge beim „Springen“ am Pfingstdienstag allerdings komplizierter ist als die der „Geister“.

Gegen 20.30 Uhr hat der Zug sein Ziel erreicht: „Geisterparty“ in der Weiherhalle. Die alten Gassen von Blankenheim wirken wieder so ausgestorben wie zwei Stunden zuvor. Da erschüttern Kanonenschläge die nächtliche Stille.
Die Kaisergarde signalisiert so: Der „Geisterzug“ ist vorbei.
Da hat der Winter in und um Blankenheim keine Chance mehr. *(sli)* ■

JEDER UND JEDE KANN FÜR EINEN ABEND ZUM „GEIST“ WERDEN. DAFÜR BRAUCHT ES NUR WEIßE SCHMINKE, EIN BETTLAKEN, DREI VERSCHIEDEN STARKE SCHNÜRE UND EINE PECHFACKEL.

EXTRA

Herbert Meyer greift zur Crème und dann zur weißen Schminke. Der altgediente Karnevalist beim KV Blankenheim hat so schon „mehr als 20“ Gesichter zu Geistern geschminkt. Im Karnevalsmuseum ist der Service für Interessenten kostenlos. „Früher hat man die Crème aufgetragen, und dann einfach in einen Teller mit Mehl gepustet“, lacht Meyer. Fertig war die Totenbleiche des Untoten. Jetzt braucht es nur noch ein weißes Bettlaken und drei verschieden starke Schnüre oder Kordeln: Die dickste für die Hüfte, die mittlere für das Zusammenbinden des Geisterumhangs am Hals und die zwei dünnsten Schnüre für – die „Ohren“? Nein, meint Meyer entschieden, „das sind die Geisterhörner!“ Das habe er vor Jahren sozusagen amtlich von einem alteingesessenen Blankenheimer schriftlich mitgeteilt bekommen. Zuvor war er da in der Zeitung mit den „Geisterohren“ zitiert worden. Nach wenigen Minuten ist der „Geist“ fertig geschminkt und „eingekleidet“ und man erkennt sich nicht wieder.
Eine Fackel gibt es für einen kleinen Obolus am Rathaus.
Also auf zu „Juh-Jah, Kribbel in de Botz!“ *(sli)* ■

mach dir ein paar schöne Stunden
geh ins KINO

LINKS: DAS KLEINE WERBEPLAKAT HÄNGT IM FOYER DES KINOS VON GÜNTHER UND CHRISTINE RUNGE. ES STAMMT NOCH AUS DEN 1950ER JAHREN, DAS MOTTO GILT BIS HEUTE.

EIFEL-FILM-BÜHNE

DAS KULT-KINO IN DER EIFEL

FILM AB FÜR EINEN BESONDEREN ORT: „75 PLUS 1" JAHRE BESTEHT DIE EIFEL-FILM-BÜHNE IN HILLESHEIM. WAS IN EINER GASTSTÄTTE BEGANN, IST HEUTE EIN NOSTALGISCH ANMUTENDES PROGRAMMKINO, DAS REGELMÄßIG MIT KULTUR- UND MEDIENPREISEN AUSGEZEICHNET WIRD.

„Bald auch wieder mit Kinovorhang!“ Christine Runge freut sich auf ein Stück besonderen Stoff. Wenn auch etwas verspätet. Nicht zum großen Jubiläum, das 2018 und damit „75 Jahre plus 1“ seit der Eröffnung der Eifel-Film-Bühne mit einem Festprogramm gefeiert wurde. Früher gehörten schließlich auch im Hillesheimer Kino der mehrfache Gong vor Beginn des „Hauptfilms“, dann, nach der Verdunkelung des Raums, der sich majestätisch öffnende Vorhang zur Initialisierung des Kino-Erlebnisses dazu. Das baute beim Publikum im „Lichtspieltheater“ eine Spannung auf, wie man sie eigentlich nur vom Besuch im Schauspielertheater kannte.

So wird es bald wieder sein. Nostalgiker kommen im Hillesheimer Kino aber schon jetzt auf ihre Kosten: Die 220 Sitzplätze aus Holz im Parkett und in der abgetrennten kleinen Loge sind gepolstert, die Wände mit Stoff bespannt. Schon im Eingangsbereich strahlen Original 50er-Jahre Tulpenlampen von der Decke. Das kleine gelb gestrichene Kassenhäuschen steht ebenfalls schon seit Jahrzehnten am gleichen Platz im Foyer des Anbaus aus dem Jahr 1948. Dessen Zugang erfolgte früher durch das leider seit Kurzem geschlossene Radio- und Fernsehgeschäft im Vorderhaus.

Und auch die Eintrittspreise erinnern an früher: Sieben Euro für den Hauptfilm ohne Überlänge, sechs für das „Kino am Nachmittag“ und fünf für „KiK“ – das Kinderkino. Für großstädtische Kinogänger ist das unvorstellbar günstig.

Christine Runge weiß, welchen „Kinoschatz“ sie und ihr Ehemann Günter da in zweiter Familiengeneration hegen und pflegen. Über alle Entwicklungen der Unterhaltungstechnik hinweg. Das war schon in den Anfangsjahren so, als sich das Kino erst gegen das Aufkommen des Fernsehens 1952, gegen das Privatfernsehen ab 1984, dann das Video, schließlich die Streamingdienste behaupten musste und muss. Immer schlossen Kinos auch in der Eifel, weil sie diese Kämpfe nicht gewinnen konnten. Aber Christine und Günter Runge behaupteten den Kinostandort Hillesheim. Selbst 2018, „für alle Kinos, auch für uns, ein schlechtes Jahr. Bei dem Rekordsommer waren die Leute draußen, statt im Kino“, so die Cineastin.

Christine Runge führt hinauf zum Projektionsraum. Heute sind Filmrollen im Vorführraum nur noch romantische Requisiten. Zum Glück sind auch die Probleme von vor 28 Jahren Vergangenheit.

HANS UND MARIA RUNGE

UNTEN: IM VORDERHAUS WAR SCHON IMMER DAS RADIOGESCHÄFT, AUF DER RECHTEN SEITE FRÜHER NOCH EIN KLEINES HUTLÄDCHEN.

STAN UND LAUREL BEGRÜSSEN DIE GÄSTE DES HILLESHEIMER KINOS.

1991 waren die Zuschauerzahlen auf 6000 im Jahr gesunken. Was tun? Runges investierten in neue Technik, Bestuhlung, eine neue Leinwand – und das Konzept eines „Programmkinos in der Provinz – kein Provinzkino". Da ist Christine Runge energisch.

2011 dann der nächste Schritt: Die Umstellung auf Digitaltechnik. Hätte die Eifel-Film-Bühne dafür nicht Mittel aus der Filmförderung erhalten, das „75 Jahre plus 1"-Bestehen wäre vermutlich nicht erreicht worden. Und auch nicht ohne die vielen Preise, die das Hillesheimer Kino für ein ausgezeichnetes Programm seit vielen Jahren vom Land Rheinland-Pfalz und vom Staatsministerium für Kultur und Medien erhält. Heute programmiert Christine Runge über die Software das Tagesprogramm, wo früher Filmrollen eingelegt werden mussten. Sie disponiert 13 Vorstellungen pro Woche. Ein ambitioniertes Kurzfilmprogramm, das Nachmittags- und Kinderprogramm, auch Dokumentarfilme gehören dazu. Oft sind in Hillesheim Filme zu sehen, die erst wieder in Programmkinos in Köln, Aachen oder Trier auf der Playlist stehen. Und Mainstream-Action-Streifen überlässt Christine Runge gerne Anderen.

„Gehen Sie einmal mit einem Kind ins Kino!" empfiehlt die Cineastin. „Kinder haben diese unverstellte Neugier. Sie lachen einfach, wenn sie etwas lustig finden. Manchmal der ganze Kinosaal zugleich. Das ist für mich immer eines der schönsten Erlebnisse in unserem Kino." Und sie rät ihrem „Lieben Publikum" im monatlichen Programm-Leporello seit Jahrzenten zum Schluss ihres kleinen Film-Vorstelltextes: „Bleiben Sie neugierig!"

IM FUNDUS FAND CHRISTINE RUNGE DIESE OFFENBAR SELBST GEBASTELTE PROGRAMM-PAPPE FÜR DEN SCHAUKASTEN DER „EIFEL-FILM-BÜHNE“. GEZEIGT WURDE „ILLUSION“, EIN FILMMELODRAM AUS DEM JAHR 1941 MIT DEN DAMALIGEN FILMSTARS BRIGITTE HORNEY UND JOHANNES HEESTERS. OFFENBAR WAR DAS PUBLIKUMSINTERESSE AN DER ESKAPISTISCHEN ROMANZE IN KRIEGSZEITEN GROß: FÜNF VORFÜHRUNGEN SIND ANNONCIERT, ALLEINE DREI AM SONNTAG. UND DER STREIFEN IST OFFIZIELL „JUGENDFREI“.

Das, was sie auf dem Faltzettel anbietet, hat sie oft zuvor auf der Leipziger Filmkunstmesse oder der Berlinale gesichtet und dann meist nach ihrem Bauchgefühl ausgewählt. Was ist ein guter Film für ihre vielen treuen Fans aus einem Umkreis von über 50 Kilometern, in etwa je zur Hälfte aus der rheinland-pfälzischen und der nordrhein-westfälischen Eifel? Nach mehr als 4000 gezeigten Filmen seit 1991 muss Runge nicht lange überlegen: „Zum Beispiel gut gemachte Komödien wie ‚Toni Erdmann‘, oder Dokumentarfilme zur Landwirtschaft. Filme, die nahe an der Lebenswirklichkeit unserer Zuschauer sind, laufen oft gut.“

Und wie geht es weiter? „Meine Schwiegermutter Maria hat noch mit Mitte 80 im Kassenhäuschen gestanden“, schmunzelt die 65-jährige Schwiegertochter, „da müssen wir uns also noch nicht allzu große Gedanken machen.“ Vielleicht wird eines Tages ja eines der Kinder das Familienunternehmen weiterführen. Bis dahin gilt: „Wir zeigen den Film auch für Einen! Das ist so und das bleibt auch so!“ *(sli)* ■

www.eifelfilmbuehne.de

STECKBRIEF

Die ursprünglich „Eifel Lichtspieltheater“ genannte Eifel-Film-Bühne in Hillesheim wurde 1943 mit der ersten Vorstellung im Saal der ehemaligen Gaststätte Michels eröffnet. Hans Runge hatte 1942 die Zulassung als Vorführer vom Regierungspräsidenten in Köln erhalten. Die Kinoleidenschaft teilte er mit Ehefrau Maria. Ein schon 1928 eröffnetes Radiofachgeschäft sicherte die Finanzierung des Kinobetriebs. „Radio Runge“ hat zwar im September 2019 für immer geschlossen, die Eifel-Film-Bühne führt ihren Kinobetrieb weiter. Hinter dem Wohn- und Geschäftshaus an der Aachener Straße wurde 1948 das bis heute im Wesentlichen unverändert erhaltene Kino gebaut. Modernisierungen erfolgten 1991, als Christine und Günter Runge das Kino als Programmkino neu gründeten. Das Filmangebot wurde verändert, Kinder-, Senioren- und Schulkinoangebote kamen dazu. Sonderveranstaltungen wie zum Weltfrauentag, „Kino Vino“, Lesungen wie „Happy Kadaver“ an Fronleichnam, Diskussionsabende und anderes mehr ergänzen seitdem das Programm mit 13 Hauptfilmen pro Woche. Der alte Kinosaal in Hillesheim hat 220 Plätze.

Fotos: Familie Runge, Stefan Lieser

Fotos: Stefa Lieser

VOR DEM START: BRUDERKUSS ZWISCHEN „RAFFER" JULIUS THIEL (RECHTS) UND „LÄUFER" CHRISTIAN GITZEN.

EIERLAGE IN SCHÖNECKEN

RAFFER ODER LÄUFER?

AM ENDE WAR EINER VÖLLIG AUSGEPUMPT UND DER ANDERE GLÜCKLICH: JULIUS THIEL GEWINNT DIE 255. SCHÖNECKER EIERLAGE AM OSTERMONTAG 2019. DAMIT LAG DER „RAFFER" VOR DEM „LÄUFER". RUND 600 ZUSCHAUER WOLLTEN SICH DAS TRADITIONSREICHE SPEKTAKEL IM BURGFLECKEN BEI PRÜM NICHT ENTGEHEN LASSEN.

„RAFFER“ JULIUS THIEL (LINKS) UND „LÄUFER“ CHRISTIAN GITZEN WENIGE TAGE VOR DER EIERLAGE BEIM „TRAININGSGESPRÄCH“.

Klaus Kruft sollte sich irren: „Bei dem Wetter wird es der Raffer schwer haben. Das Pflaster heizt sich auf. Der Läufer hat einen Vorteil, ihn kühlt der Wind.“ Kruft, 75, aus Schönecken-Wetteldorf bei Prüm in der Westeifel, hatte als „Läufer“ der traditionsreichen Eierlage am Ostermontag gegen seinen Konkurrenten Horst Irsfeld, der der „Raffer“ war, verloren. 50 Jahre ist das her und Kruft, der Jubilar, trägt stolz ein stilisiertes Blumensträußchen am Revers, den Wimpel der Junggesellensodalität Schönecken und hat ein silbernes Feuerzeug dabei: Darin eingraviert sein Name und die Jahreszahl: 1969. Er war der „zweite Sieger“.

50 Jahre später am Ostermontag 2019, ist es gegen 13.30 Uhr, als auch bei Kruft in der engen Von-Hersel-Straße vor dem ehrwürdigen Burgmannenhaus mitten in Schönecken die Spannung steigt. 104 rohe Eier sind wenige Minuten zuvor im Sägemehlbett exakt im Abstand einer preußischen Elle von den Honoratioren der Schönecker Junggesellensodalität, wie hier der Junggesellenverein heißt, ausgelegt und mehrfach nachgezählt worden. Julius Thiel muss sie einzeln aufheben und in einen Korb ablegen. Er wird so insgesamt 6,8 Kilometer unterwegs sein: Immer hin zum Ei, es zurück tragen und weiter. Geht ein Ei kaputt, wird es an der Aufnahmestelle durch ein neues ersetzt und Thiel hat einen Weg mehr zu „raffen“.

„ZWEITER SIEGER“ DER SCHÖNECKER EIERLAGE IM JAHR 1969: KLAUS KRUFT

Er habe dafür nicht besonders trainiert, meint der 19-jährige Schönecker wenige Tage zuvor in der Schönecker Kneipe Gitzen, wo er mit Christian Gitzen gerade ein alkoholfreies Bier trinkt. Beide verzichten in dieser Zeit lieber auf Alkohol. Christian Gitzen, 36, wird Thiels Gegner sein. Er ist der „Läufer“ und muss, während Thiel „rafft“, bis ins nahe Seiwerath laufen, dort vom Ortsbürgermeister einen Zettel, der seine Ankunft bestätigt, abholen und zurück an den Startpunkt in Schöneckens alter Gasse laufen. 7,28 Kilometer ist die Strecke lang über 155 Höhenmeter.

Fotos: Stefan Lieser

VERTRETER DER JUNGGESELLENSODALITÄT ÜBERWACHEN DAS AUSLEGEN VON 104 ROHEN EIERN IM SÄGEMEHLBETT IM ABSTAND EINER PREUßISCHEN ELLE FÜR DEN RAFFER.

Thiel und Gitzen kennen sich schon lange. Sie sind Sodale bei der Juggesellensodalität von Schönecken. Und die beiden haben am Palmsonntag die 255. Eierlage – so lange ist sie dokumentiert – bei einer Versteigerung gegen zwei Konkurrenten-Paare für symbolische 25 Euro ersteigert. Wie sieht nun ihr „Trainigslager“ aus? Er plane, die Strecke „zweimal zu laufen“, meint der „Läufer“. Christian Gitzen ist erfahrener Jogger und schon bei mehreren Volksläufen gestartet. Er wirkt fit. „Wir haben Hühner …“ grinst dagegen nur der „Raffer“.
Thiel und Gitzen haben zwischen Palmsonntag und Ostersonntag ja nicht nur die 104 Eier für die Eierlage bei den Schöneckern erbettelt. Den beiden Volkshelden für eine Woche, diesen Stellenwert haben „Raffer“ und „Läufer“ im Burgflecken seit alters her, wurden am Ende mehrere hundert rohe Eier geschenkt. Die Grundlage auch für ein festliches „Eierbacken“ am Tag nach dem Wettstreit für derzeit 44 zwischen 18 und 57 Jahre alten Sodalen. Rund die Hälfte von ihnen war schon einmal „Raffer“ oder Läufer“. Wer bei den Duos siegte, verteilt sich ebenfalls 50:50 in den letzten Jahrzehnten, so steht es in den Annalen.

Zurück zur Wettkampfstrecke: Um kurz vor 14 Uhr ist die mit bunten Wimpeln und Fahnen geschmückte Von-Hersel-Straße entlang der 104 ausgelegten Eier mit rund 600 Zuschauern dicht gefüllt. Nur eine schmale Gasse für den „Raffer“ bleibt frei. Dann erschallt ein Böllerschuss. Julius Thiel und Christian Gitzen, beide, wie es die Tradition will, weiß gekleidet, geben sich den Bruderkuss an einer auf den Asphalt aufgesprühte weißen Startlinie. Von hier aus geht es wenige Meter hinunter zur Teichstraße, die durch Schönecken führt. Die ersten Meter für den „Läufer“. „Jetzt wird die Tagesform entscheiden“, glaubt Klaus Kruft, der Eierlage-Jubilar.

Christian Gitzen läuft los Richtung Seiwerath, Julius Thiel eilt zum am weitesten entfernten Ei. Er rafft es auf, spurtet, begleitet von zwei Kumpels, die ihm den Weg durch die anfeuernden Zuschauer frei halten, zurück zum Ablagekorb.

Um Christian Gitzen wird es schnell still. Nur wenige Zuschauer am Straßenrand sehen den „Läufer“. Christians Freunde fahren in Autos im Sicherheitsabstand vor und hinter ihm, und halten die Kreisstraße für den „Läufer“ frei. Ein Sanitäter-Rettungswagen ist ebenfalls in der kleinen Eskorte. Ein Läufer begleitet Gitzen und kontrolliert sein Tempo. Wenn Gitzen auf dem Rückweg von der Gemarkung „Kemel“ unterhalb von Seiwerath zum ersten Mal wieder seinen Heimatort Schönecken sehen kann, werden unten im Dorf „Raffer“ Julius Thiel und den Zuschauern zwei Böllerschüsse signalisieren: Der Läufer kommt zurück!

OBEN: „LÄUFER" CHRISTIAN GITZEN UNTERWEGS – SCHON AUF DEM RÜCKWEG VON SEIWERATH NACH SCHÖNECKEN.

JEDES DER 104 EIER MUSS DER „RAFFER" EINZELN IN EINEN KORB ABLEGEN, ÜBERWACHT UND PROTOKOLLIERT VON DEN WERTUNGSRICHTERN DER JUNGGESELLENSODALITÄT.

Thiels Taktik ist unterdessen bisher aufgegangen: „Ich werde erst das am weitesten entfernte Ei raffen, dann mir auf den ersten Metern direkt am Korb mit einigen gerafften Eiern Platz verschaffen, denn meine Konzentration wird im Laufe der Zeit nachlassen. Dann wieder ganz nach hinten und nach vorne die Eier wegraffen!" 104 Eier – die Ablage wird streng kontrolliert und in einem kleinen Notizbuch von den Offiziellen verzeichnet. Wie alle aktiven Schönecker Sodalen tragen sie zum Festtag „feinen dunklen Zwirn", so die Vorgabe in der Brauchtumsordnung und Hut; schwarzen Gehrock und Zylinder sogar Hauptmann Marco Schaal und Brudermeister Thomas Ullrich. Die Farbe ihrer Schärpen macht sie für den Kenner unterscheidbar.

34 Minuten und 26 Sekunden nach dem Bruderkuss an der Startlinie, ist Julius Thiel erschöpft, aber glücklich. Dass er rund fünf Minuten langsamer als der bisherige Rekordhalter war – geschenkt. Julius Thiel hat die 255. Schönecker Eierlage gewonnen. Und keines der 104 Eier ging dabei kaputt. Bis auf das letzte. Das darf der „Raffer" einfach in die Luft werfen, erlaubt die Wettkampfordnung.

Erst rund zwei Minuten später erreicht „Läufer" Christian Gitzen das Ziel. Die Honoratiorenrunde am ehrwürdigen Burgmannenhaus mitten in der kleinen Altstadt von Schönecken um Hauptman Marco Schaal nimmt seinen Ankunftsvermerk aus Seiwerath entgegen. Die Zuschauer jubeln, Beifall brandet immer wieder auf. Gitzen wankt vor Erschöpfung, er wird aufgefangen, stützt sich auf seine Kollegen. Der „Läufer" ist völlig ausgepowert. Doch unterwegs aufgeben mussten „Raffer" und „Läufer" nicht. Das passierte dem Duo des vergangenen Jahres.

Die 24 Aktiven des Junggesellenvereins Niederbreitbach bei Koblenz, mit den Sodalen aus Schönecken befreundet, lassen das Bierglas kurz außer Acht. „Wir sind positiv schockiert", heißt es in der Runde, und dann: Es sei wichtig, die Tradition weiterzuführen, hier in Schönecken mit der Eierlage, bei ihnen eben durch das Ausrichten der Dorfkirmes.

Fotos: Stefan Lieser

ZWEI, DIE EINE MINDESTENS 255 JAHRE ALTE TRADITION WEITERGEFÜHRT HABEN: „RAFFER“ JULIUS THIEL (LINKS) UND „LÄUFER“ CHRISTIAN GITZEN KURZ NACH ENDE DER DIESJÄHRIGEN SCHÖNECKER EIERLAGE.

Kurz nach 15 Uhr werden Julius Thiel und Christian Gitzen nach drei Böllerschüssen auf der Treppe vor dem Burgmannenhaus, wie es seit Jahrhunderten üblich ist, geehrt: Thiel erhält eine goldene Uhr. Sein Name und das Jahr seines Sieges sind eingraviert. Christian Gitzen, dem unterlegenen „Läufer“ ergeht es wie Klaus Kruft vor 50 Jahren: Ein silbernes Feuerzeug ist sein Lohn. Dazu aber gibt es je ein Spanferkel für beide – und Anna-Lena, die Freundin von „Raffer“ Julius Thiel, gratuliert mit Blumenstrauß und Küsschen.

Da kehrt kurz eine gewisse Ernüchterung ein in einer siebenköpfigen Clique junger Schöneckerinnen im jubelnden Publikum. „Jetzt hat der ja wie Christian, der Läufer, auch eine Freundin!“, sind die Schwestern Helena und Sarah Arenth etwas überrascht. Ihre Clique aus Junggesellinnen würde sich das „Raffen“ und „Laufen“ aber ansonsten auch jederzeit zutrauen – wenn sie es denn als Frauen jemals dürften. In den letzten 255 Jahren durften sie dies jedenfalls nicht. *(sli)* ■

TRADITION BIS INS DETAIL

Mindestens seit 1764 wird die Schönecker Eierlage laut den erhaltenen Urkunden von der Junggesellensodalität Schönecken ausgerichtet. Die Aktiven der Junggesellen – der Begriff „Sodalität“ leitet sich aus römischer Zeit ab und bezeichnet eine Tisch- oder Zechgemeinschaft – nennen sich „Sodalen“. Mitglied werden kann nur, wer gebürtig aus Schönecken und seinen Ortsteilen ist, unverheiratet und keine Kinder hat – auch keine unehelichen. Jeder Sodale kann in seinem Leben einmal „Läufer“ und „Raffer“ werden. Das Starterduo wird traditionell am Palmsonntag bei einer Versteigerung aus mindestens drei antretenden Paaren ermittelt.

Eierlagen oder Eierlegetraditionen gibt es in ganz Europa seit vielen Jahrhunderten, heute in der Eifel auch in Neroth, Neuerburg und Bollendorf – dort finden die Bräuche am Ostersonntag statt, sind deutlich jünger und nicht so traditionell in allen Details vorgeschrieben.

Die Schönecker Variante soll in der frühen Neuzeit aus einem Wettstreit zweier Burgmannen im Burgflecken entstanden sein: Die Adeligen wollten wissen, welcher ihrer Helfer der Fleißigste und der Schnellste sei. Für den „Raffer“ werden 104 Eier im Abstand einer preußischen Elle – 62,5 Zentimeter – ausgelegt. Die Gesamtstrecke, die sich durch das „Raffen“ ergibt, wird nach einer Summenformel errechnet: es sind 6,82 Kilometer.

Das und die vermutete Anstrengung fürs „Raffen“ soll dem Aufwand für den „Läufer“ über 7,28 Kilometer nach Seiwerath – seit gut 100 Jahren der Wendepunkt statt des ursprünglichen Hersdorf – entsprechen. *(sli)* ■

UNTER SCHAFEN

KEINE FALSCHE ROMANTIK

EDGAR MARQUARDT IST WANDERSCHÄFER. EINER VON NOCH WENIGEN. IMMER AN DER FRISCHEN LUFT, 750 VIERBEINERN BEI DER WEIDEARBEIT ZUSEHEN – EIN TRAUMBERUF? WENN ES SO EINFACH WÄRE.

AUCH DIE BEWEIDUNG VON NICHT BEFAHRBAREN NATURSCHUTZFLÄCHEN SIND DIE AUFGABE VON MARQUARDTS SCHAFHERDE.

Foto: Jochen Hank

Benny, Altdeutscher Hütehund, langweilt sich entschieden und umkreist seinen Chef, bis der ihn mit scharfem Kommando zu sich ruft. Von seinem Standort aus hat Edgar Marquardt aus Hinterhausen mal wieder einen traumhaften Blick. Er geht über die Wildwiese hinüber hoch zur Kasselburg. Wenn er will. Ruhe herrscht an diesem strahlenden Sommertag um ihn herum, fast Stille. Nur ein leises Schmatzen und Zupfen ist zu hören: 750 Lämmer und Schafe, vorwiegend Merinos, sind bei der Arbeit. Ein Hektar an einem Tag. „Kann auch mehr sein", meint Edgar Marquardt, der Wanderschäfer.

Was er gerade sieht, gefällt ihm jedenfalls. Nicht wegen des Fernblicks. Sein Kapital, die 750, auch die drei schwarzen Schafe irgendwo mittendrin, und vier seiner zehn Böcke, sind bei der Arbeit. Immer wieder lösen sich langsam kleine Herden aus dem Verbund, ziehen gemütlich zu noch höher stehendem Grün weiter. „Wenn es so ist, ist alles gut", urteilt der 56-Jährige und lehnt entspannt auf seinem Schäferstab. Seit dem frühen Morgen ist er unterwegs, mit seiner Frau hatte er zuvor das Benötigte an Netzen aus dem kleinen Kombi geholt und den neuen Standort eingezäunt. Und dann war er wie immer mit seinen 750 Schafen losgezogen. Benny, von Marquardt ausgebildet, auf der einen, er selbst auf der anderen Seite der Herde; oder mal er davor und Benny dahinter. Je nachdem.

Das macht der gelernte Schlosser seit 21 Jahren so. Nach der Lamm-Zeit der Muttertiere und der Schafschur im Winter ist er ab April bis Ende Januar unterwegs. Je nach Witterung. Ein ungewohnter Anblick für Autofahrer und Wanderer. Theoretisch sieben Tage die Woche möglich, bei fast jedem Wind und Wetter. „Wenn wir durch Birgel müssen, geht es sogar über die Hauptstraße", so Marquardt, dem in der Regel Wald- und Feldwege entschieden lieber sind.

IMMER MIT VON DER PARTIE: HÜTEHUND BENNY.

Ziel sind eigene Flächen, die von Anderen, die ihn für die Beweidung gebucht haben, oder die Pflege von nicht befahrbaren Naturschutzflächen im Auftrag der Landesregierung von Rheinland-Pfalz. Pflegeverträge mit dem Land Rheinland-Pfalz garantieren ihm für seine Arbeit einen Kostenzuschuss. In Extremsommern wie 2018 hat Marquardts Herde den Zusatzauftrag, durch Beweidung die Brandgefahr auf den Wiesen und Weiden zu verringern. Und immer sind 750 Merinos das beste Mittel, die Verbuschung der Kulturlandschaft zu verhindern.

Den Blick hat der Wanderschäfer unterdessen ununterbrochen auf seine Herde gerichtet. Natürlich habe er den lieben langen Tag so auch Zeit nachzudenken, doch er muss gleichzeitig aufmerksam bleiben. Steht ein Schaf nur still, den Kopf gesenkt, hinkt es vielleicht? Alles kann Symptom für eine Erkrankung oder Verletzung sein.

Während seiner Lehrzeit zum Schäfer hat Marquardt gelernt, genau hinzusehen: Klauenerkrankungen, Entzündungen der Euter, Eiterfüße – das alles ist auch schon seiner Herde passiert.

Zwei- bis dreimal jährlich müssen seine Schafe entwurmt werden, Lämmer alle sechs bis acht Wochen. Und ständig muss kontrolliert werden, ob jedes Schaf auch noch seine vorgeschriebenen beiden Ohrmarken hat. Auch darauf haben die Kontrolleure des Veterinäramtes im Zweifelsfall ein Auge.

Lohnt sich der ganze Aufwand? Nun ja, meint der Schäfer, besonders viel verdienen könne man in seinem Beruf nicht. Man müsse es einfach gerne tun. Er habe ein Jugend-Hobby vor 21 Jahren zum Beruf gemacht. Das „Schäfer-Gen" habe ihm wohl der Großvater, der ebenfalls Schäfer war, vererbt. Edgar Marquardt befürchtet aber, dass er und seine Kollegen in der Region zwischen Oos, Berlingen, Waldkönigen, Neroth oder Alendorf doch zu einer aussterbenden Spezies gehören. Erlöse aus dem Lammverkauf an die Schlachthöfe, der Landeszuschuss, das alleine reiche kaum. Aber die wertvolle Merinowolle? „Ach hören Sie auf! 60 bis 80 Cent für das Kilo!"

Um Wacholderhecken auf einer Weide machen die vierbeinigen Grünpfleger einen Bogen. Schmerzhafte Erfahrungen mit spitzen Dornen machen auch Schafe klug. Dass sie auch als „Samen-Taxi" unterwegs sein können, weiß nur ihr Wanderschäfer: „Wenn wir nach der Blüte auf Wiesen mit Wildorchideen oder anderen seltenen Wildpflanzen sind, dann bleiben Samen im Fell hängen, und wir bringen sie weiter."

Das ist wirklich Schäfer-Romantik. Und Edgar Marquardt, der gar nicht genau weiß, wie viele Kilometer er pro Jahr zu Fuß mit seiner Herde unterwegs ist, wehrt sich auch nicht gegen die, die das genau so sehen. Kommen Touristen des Weges und bitten ihn begeistert um ein Selfie mit etwas so Unverhofftem wie einem Wanderschäfer, dann macht Edgar Marquardt eben gute Miene zum Spiel. Er selbst nutzt sein Smartphone vor allem für den Blick auf die Wetter-App. *(sli)* ■

KINDER IN DER KÜCHE

FRÜH ÜBT SICH, WER GUT ESSEN WILL

KINDER SIND LECKERMÄULER VON NATUR AUS. DOCH ANGESICHTS DES TRENDS ZU IMMER MEHR FAST FOOD VERZWEIFELN ELTERN UND GASTRONOMEN NICHT SELTEN AN DEN VORLIEBEN IHRER KIDS. WIE SCHAFFT MAN ES, ZEHN- BIS ZWÖLFJÄHRIGE DAVON ZU ÜBERZEUGEN, DASS SELBST GEKOCHTES VIEL MEHR SPAẞ MACHT ALS VORGEFERTIGTES AUS TÜTE ODER TIEFKÜHLTRUHE? UND WIE MACHT MAN LUST AUF REGIONALES UND SAISONALES?

EINE ANGELEGENHEIT MIT SPASSFAKTOR:
WASCHECHTE KOCHPROFIS ZEIGEN DEN ANGEHENDEN MINIKÖCHEN, WAS IN DER KÜCHE MÖGLICH IST UND WIE GUT GESUNDE SELBSTGEKOCHTE MAHLZEITEN SCHMECKEN KÖNNEN.

Die Antwort lautet: Miniköche! Aus dem Ferienprogramm eines engagierten Kochs entstand 1989 die mittlerweile in Deutschland, Frankreich, Österreich, Finnland und der Schweiz verbreitete Initiative mit ihrem Leitspruch „Gesundheit. Durch richtige Ernährung in einer intakten Umwelt“. Waschechte Kochprofis zeigen dem Nachwuchs in Seminaren über einen Zeitraum von zwei Jahren, wie viel Kreativität in der Küche möglich ist. Für viele der Schülerinnen und Schüler stellt das die Weichen für einen gastronomischen Beruf, in dem sie ihre Erfüllung finden.

Jetzt ist der sechste Jahrgang der Europa-Miniköche EIFEL an den Start gegangen. Seit 2009 ist die Eifel mit von der Partie, in fünf Projektgruppen wurden bislang 163 Kinder betreut. Ihr Ziel: Das Zertifikat der IHK Trier als Beweis, dass ihr neues Know-how viel mehr ist als „nur“ eine Spielerei. Dabei ist das theoretische und praktische Lernen, wie sie gesunde Menüs vor allem mit regionalen und saisonalen Zutaten zubereiten können, durchaus eine Angelegenheit mit Fun-Faktor. Aber Auftritte bei Events wie etwa der Internationalen Grünen Woche in Berlin spornen zugleich an, echte Leistung zu zeigen.

MANCH EINE WEICHE FÜR DEN SPÄTEREN BERUFLICHEN WERDEGANG STELLT SICH BEI DEN EIFELER MINIKÖCHEN.

In der Eifel kümmern sich versierte Profis um die Ausbildung der Miniköche. In diesem Jahr nehmen 27 Kinder aus der Region teil und bekommen von Tobias Stadtfeld (Hotel-Café-Restaurant Heidsmühle in Manderscheid, Kreis Bernkastel-Wittlich) und Thomas Herrig (Gasthaus Herrig, Eifelkreis Bitburg-Prüm) Einblicke in die Geheimnisse guter Küche. Begleitet werden sie auch von Pia Lehnen, einer ausgewiesenen Ernährungsfachkraft. Die Koordination des Projektes übernimmt die Eifel Tourismus GmbH in Prüm. Für Stadtfeld gibt es beste Gründe, als Ausbilder der Miniköche mitzumachen: „Weil man eine solche Aktion in einer Zeit, in der Kinder glauben, dass es lila Kühe gibt, nur unterstützen kann." Auch Ernährungsexpertin Lehnen ist stolz, sich im Projekt engagieren zu können: „Hier wird Kindern gesunde und nachhaltige Ernährung nicht nur theoretisch, sondern auch praktisch nahegebracht."

So entsteht das, was in moderner Ausdrucksweise „win-win" genannt wird – eine Situation, von der alle Seiten profitieren. Die Schülerinnen und Schüler legen den Grundstein für ihre eigene gesunde Zukunft und vielleicht auch für eine berufliche Laufbahn, die sie begeistert. Die Ausbilder binden frühzeitig potenzielle Fachkräfte an sich oder zumindest an den Beruf und zeigen, dass eine Karriere in der Küche sehr viel Kreativität freisetzt. Und die Eifel? Durch die Tatsache, dass es eine eigene Eifelgruppe innerhalb des Europa-Miniköche-Projektes gibt, beweist einmal mehr, dass sie mit regionalen Zutaten und persönlichem Engagement die Power für einen anpackenden, zukunftsorientierten Lebensstil hat. *(ako)* ■

INFO

Die Koordination der Eifelgruppe erfolgt bei der Eifel Tourismus GmbH in Prüm. Ansprechpartner ist Stephan Kohler unter 06551/9656-0, eifel@minikoeche.eu, www.minikoeche.eu

KÜCHENZUTATEN VOR DER HAUSTÜR

WILDE EIFELKRÄUTER

„DAS IST IMMER WIEDER EIN ERLEBNIS: WENN UNS DAS TOLLE GELB SEINER BLÜTENBLÄTTER IM FRÜHJAHR DIE HERZEN ÖFFNET!" ANNETTE HARTMANN KANN SICH NICHT NUR FÜR DEN LÖWENZAHN BEGEISTERN. WAS ANDERE MIT DEM RASENMÄHER BESEITIGEN – FÜR DIE 57-JÄHRIGE AUS EUSKIRCHEN-KIRCHHEIM IST ES DAFÜR EIGENTLICH VIEL ZU SCHADE.

Und da ist der Löwenzahn ein gutes Beispiel. „Die Blüten, die Blätter, die Wurzeln, die Knospen kann man für die Wildkräuterküche verwenden", das weiß sie aus Erfahrung. Etwa für „Löwenzahnhonig", „Löwenzahnkapern", für Salate, im „Kartoffeltopf", und aus den Wurzeln „können wir Kaffee machen!" Die gelben Blätter dienen zur Dekoration. Hartmann hat ihre Vorliebe für weltweite Küche, speziell die regionale und auch die Eifeler Küche, zur Geschäftsidee gemacht. „Esskultur" heißt das Projekt, mit dem die Genussexpertin auch für das, was in der Eifelnatur oft übersehen wird, werben will. „Ich habe schon immer gerne regional gekocht und bin eine begeisterte Sammlerin", lacht Hartmann. Für die gelernte Diplom-Betriebswirtin, sie baute als Geschäftsführerin die Eifel Tourismus GmbH in Bad Münstereifel auf, aus der die Tourismusagenturen Eifel Tourismus in Prüm und die Nordeifel Tourismus in Kall hervorgingen, war das vor fast 20 Jahren nur konsequent.

Sie bietet „Eifeler Wildkräuterküche-Führungen" an, etwa beim alljährlichen „Eifeler Kräutertag" in Bad Münstereifel, bei denen sie den Teilnehmern erklärt, was auf Wiesen oder am Waldrand zu sammeln ist und dann zu schmackhaften Gerichten verarbeitet werden kann. Genauer „zu Geschmackserlebnissen, die viele heute gar nicht mehr kennen!", davon ist Hartmann überzeugt.

ANNETTE HARTMANN IST DAVON ÜBERZEUGT, DASS ES SICH LOHNT, DIE VIELFALT UND BESONDEREN GESCHMACKSERLEBNISSE DER EIFELER WIDLKRÄUTERKÜCHE ZU ENTDECKEN.

Foto: congerdesign/pixabay (Blumenkorb), Stefan Lieser

HOLUNDERBLÜTENTORTE

Rezept von Annette Hartmann

Holunder stand früher an jeder Scheune und jedem Haus in der Eifel, denn man glaubte, er vertreibe die bösen Geister. Er blüht im Frühsommer und verströmt einen intensiven Duft. Neben Holunderblütensirup für einen Hugo-Drink backe ich gern einen Holunderblütenkuchen, denn Blüten verbacken geben ein herrliches Aroma.

Für den Teig:
250 g Mehl
120 g Butter
4 EL Zucker
1 EL Zimt
1 Prise Salz

Diese Zutaten zu einem Teig verkneten und 30 Minuten kaltstellen.

Für den Guss:
100 g geriebene Mandeln
3 EL Quark, 20 % Fett
250 ml Sahne
4 EL Zucker
100 g Holunderblüten gezupft
3 geriebene Äpfel

Die ersten vier Zutaten zu einem Guss verquirlen. Eine Tarteform gut fetten, den Teig dünn ausrollen und die Tarteform damit auslegen. Die geriebenen Äpfel und Blüten darauf verteilen. Den Guss drüber geben und im vorgeheizten Ofen bei 180 Grad 50-60 Minuten backen.

TAPENADE AUS GRÜNEN WALNÜSSEN

Grüne Walnüsse können wir um Johanni von den Bäumen pflücken. Sie sind dann genauso frischgrün wie die Blätter des Baumes. Aufgeschnitten sehen wir den Ansatz der Nuss, die allerdings noch mit der Schale verwoben ist. In diesem Zustand können wir die ganze Nuss verarbeiten. Aber Achtung: Sie enthalten unwahrscheinlich viel Gerbsäure und färben ungemein schnell tief dunkelbraun. Deshalb hat man früher nicht nur in der Eifel Holzbeize daraus hergestellt.

1 kg grüne Walnüsse
200 ml Olivenöl
100 ml Rotweinessig
150 g Tomatenmark
350 g Tomaten, gehäutet, entkernt und klein gewürfelt
1 Zwiebel, fein gewürfelt
1 TL Pfefferkörner, grob im Mörser zerkleinert
1 TL Piment, grob im Mörser zerkleinert

Grüne Nüsse auf einem Tablett auslegen und einen Tag lang trocknen lassen. Gummihandschuhe anziehen und Walnüsse sehr fein hacken, im Olivenöl zusammen mit den Tomaten und der Zwiebel andünsten. Dann Rotweinessig, Tomatenmark, Pfeffer und Piment hinzufügen. Und bei kleiner Hitze musartig einkochen. Die Tapenade in Gläser füllen und fest verschließen. Vor dem Öffnen drei Monate lang ziehen lassen.

Sie können dann kleine Tomaten damit füllen oder frisches Brot in mundgerechte Stücke teilen, mit etwas Ziegenkäse belegen und einen Klecks Tapenade drauf.

Bitte nicht als Pesto für Nudeln verwenden, angewärmt schmeckt die Tapenade nicht.

Zusammen mit einer Diplom-Biologin ist die Genussexpertin in der Eifel unterwegs. Die Kollegin gibt Tipps zu geeigneten Standorten, etwa am Feldrain die Kräuter eher stehen zu lassen, weil die Bodenbelastung mit Schadstoffen auf Feldern mit intensiver landwirtschaftlicher Nutzung nicht vor dem Randgrün Halt macht. Und natürlich: „Naturschutzgebiete sind für uns tabu!“ „Die Wildkräuter sind ja schon da. Wir müssen lernen, sie wieder wertzuschätzen!“, appelliert die Kräuterfachfrau, „denn sie bieten so viele gesunde Inhaltsstoffe wie Mineralien und Spurenelemente, die man in gezüchteten Kräutern so nicht findet.“ Vor allen Dingen aber heißt „wild“ auch „wunderbare Geschmacksnuancen“. Man muss eben nur wissen, wann welche Wildkräuter wachsen – und wie man sie erkennt.

Dass es da Defizite in der modernen Eifeler Küche wie in vielen anderen regionalen Küchen gibt, ist für Annette Hartmann unstrittig. War denn früher auch in der Eifeler Küche alles besser? Die Expertin denkt so nicht. „Die alte Eifeler Küche war eine relativ arme Küche. Das Besondere war aus meiner Sicht der Umgang mit Buchweizen und Kartoffeln. Und es gab natürlich die tollen Streuobstwiesen mit den alten Sorten.“

Was damals gut war, ist es aber natürlich oft auch heute noch, man muss es nur wiederentdecken. Zum Beispiel Giersch, Gundermann oder Bärlauch, mit den Samenknoten der Knoblauchsrauke als Chili-Ersatz, mit jungen Blättern des Baldrian, oder Spitzwegerich, Fichtenspitzen oder dem Kleinen Wiesenknopf. „Weißdornblüten dienen uns etwa als Bittermandel-Aroma für unsere Löwenzahn-Crème“, empfiehlt die Fachfrau. Annette Hartmann bietet Wildkräuter-Führungen und Genussseminare an. *(sli)* ■ www.esskultur.koeln

Darstellungen: Köhlers Medizinalpflanzen, Otto-Wilhelm Thomé, Archiv

TAGLIATELLE MIT EIFEL-BROKKOLI

Rezept von Annette Hartmann

Den Wiesenbärenklau finden wir sehr häufig an den Rändern unserer Eifel-Wiesen. Seine Blütenstände, die jung aussehen wie kleine Broccoli-Röschen, lassen sich zu diesem herrlichen Nudelgericht verarbeiten. Als Würze verwenden wir junge Samenstände der Knoblauchrauke, Blütenständer des Spitzwegerichs und Löwenzahnkapern.

Zutaten

500 g frische Tagliatelle
60 g Pinienkerne
3 Knoblauchzehen, gehackt
4 Handvoll Blätter und Blüten vom Wiesenbärenklau, geputzt und in mundgerechte Stücke geteilt
3 Prisen Salz
12 EL Olivenöl
75 g Rosinen
3 TL Bio-Zitronenschale
Zitronensaft
Knospen vom Spitzwegerich
Löwenzahn-Kapern
Junge Blütenstände der Knoblauchsrauke
200 g Parmesan (frisch gerieben)

Zubereitung

Die Pinienkerne in einer Pfanne ohne Fett anrösten, bis sie goldbraun sind. Die Nudeln in reichlich kochendes Salzwasser geben. Drei Esslöffel Olivenöl in einer großen Pfanne erhitzen und darin den Knoblauch und die Sultaninen bei mittlerer Hitze andünsten. Den Wiesenbärenklau und 100 ml Nudelwasser in die Pfanne geben und alles kurz aufkochen. Die Nudeln abgießen und in die Pfanne geben, mit dem restlichen Olivenöl, dem Zitronenabrieb, Spitzwegerich-Knospen, Knoblauchsrauke und Löwenzahn-Kapern würzen. Die Hälfte des Parmesans unterziehen und servieren. Den restlichen Käse zum Drüberstreuen auf den Tisch stellen.

HILFE FÜR ALTE NUTZTIERRASSEN

EINE ARCHE FÜR BEDROHTE NUTZTIERE

WER BISHER NOCH NICHT DEM WESTFÄLISCHEN TOTLEGER BEGEGNET IST, WAR NOCH NICHT AUF DEM ARCHEHOF VON HARALD UND ERIKA STRÜNING ZU BESUCH. DIE BEIDEN HABEN SICH DER ERHALTUNG SELTENER NUTZTIERRASSEN VERSCHRIEBEN. BEI DEM TOTLEGER HANDELT ES SICH NÄMLICH UM EINE ALTE, SEHR WIDERSTANDSFÄHIGE HÜHNERRASSE.

Ein moderner Bauernhof – zum Beispiel einer mit Milchviehhaltung – hat hochgezüchtete Spezialisten im Stall. Die Tiere geben nach dem Kalben durchschnittlich fünfzig Liter Milch täglich, ihre Euter sind so groß, dass sie nicht selten die Fortbewegung behindern. Und ähnlich ergeht es vielen Lebewesen, die als „Nutztiere" bezeichnet werden. Immer steht die maximale Rendite im Vordergrund, und Rassen oder Arten, die da nicht hineinpassen, sterben aus. Dass die verbleibenden Tiere dabei nur ein kurzes leidvolles Leben haben, scheint in der industriellen Landwirtschaft eine Tatsache zu sein, die man vernachlässigen kann angesichts des geldlichen Mehrwertes.

Doch es ist eine Welt, die Risse bekommt. Verbrauchern sind diese Zusammenhänge zunehmend bewusst, auch Landwirten macht diese Umgangsweise nicht selten seelisch zu schaffen. Viele erinnern sich: Es geht auch ganz anders. Und es geht mit ganz anderen Tieren anders … mit Tieren, die robust sind, die mehr Klasse als Masse liefern, die an besondere Landschaften und Klima-Eigenschaften angepasst sind. „Wir sind kein Streichelzoo", sagen Harald und Erika Strüning über ihren Archehof Am Kisselsbach in Horperath, auf dem sie seit 2014 solche selten gewordenen Tiere halten und züchten, „es geht nicht um Romantik, sondern um die Erhaltung seltener Nutztierrassen." Ein anderes Verhältnis zu ihren Schützlingen als konventionelle Schweine-, Hühner- oder Rinderhalter haben sie trotzdem.

Fotos: Archehof

HARALD STRÜNING GEHT ES AUF SEINEM ARCHEHOF NICHT UM ROMANTIK SONDERN UM DIE ERHALTUNG SELTEN GEWORDENER NUTZTIERRASSEN.

NÄHER GEHT ES NICHT: DIE BRUTMASCHINE FÜR GEFLÜGELEIER BEFINDET SICH DIREKT IM HAUS.

Die beiden Rentner sind überzeugte Veganer und leben eng mit ihren Tieren: Die Brutmaschine steht im Haus, die frisch geschlüpften Küken erblicken als erste Lebewesen zwei Menschen. Umgekehrt sehen die Strünings sofort, ob es den Kleinen wirklich gut geht oder ob es Probleme beim Start ins Leben gibt. Aufwachsende Tiere, bei denen nicht von Anfang an klar ist, ob sie die erforderlichen Rassemerkmale für die Zucht mitbringen, kommen in eine sogenannte bunte Herde. Auch tierische Senioren, die nicht mehr für die Zucht taugen, fristen hier ihren Lebensabend. Insgesamt leben so rund hundert gefiederte oder Fell tragende Wesen am Kisselsbach.

Waliser Schwarzhals-Ziegen, die Hühner der Rasse Westfälische Totleger oder Puten tummeln sich auf dem Archehof 237 unweit des Nürburgrings. Ihr Problem im Vergleich zu dem Vieh, welches üblicherweise in den landwirtschaftlichen Betrieben der Gegenwart gehalten wird: „Das Grundproblem ist, dass die moderne Züchtung und industrielle Massentierhaltung nur noch auf bestimmte Produkte aus ist“, erläutert Harald Strüning, „bei Hühnern zum Beispiel entweder auf die Eier oder die fleischigen Hähnchenbrüste. Alles andere bleibt auf der Strecke.“ Die alten Rassen sind nicht solche hochgezüchteten Spezialisten, sondern können – wie zum Beispiel die verschiedenen Zwiehuhnrassen – sowohl Fleisch wie auch Eier geben. Einige galten wegen ihrer enormen Legeleistung und Robustheit sogar als eine Art Lebensversicherung für arme Leute.

DIE WALISER SCHWARZHALSZIEGE GILT ALS EINE DER ÄLTESTEN HAUSZIEGENRASSEN DER WELT. SIE WIRD VOR ALLEM IM KANTON WALLIS IN DER SCHWEIZ GEHALTEN UND GILT ALS HOCHGEBIRGSRASSE.

Für die Industrie jedoch sind sie unbrauchbar, denn auf sie gibt es keine Firmenpatente. Darüber hinaus dauert es länger, bis sie schlachtreif sind, und sie brauchen eine artgerechtere Haltung. „Sie sind viel bewegungshungriger“, erzählt Erika Strüning.

Geschlachtet wird auf dem Hof „Am Kisselsbach“ nicht, doch es geht bei aller Tierliebe auch nicht um Sentimentalitäten. „Wir leisten eine Verbreitungs- und Erhaltungszucht“, erläutert Harald Strüning. „Das heißt, wir züchten auf beste Rassemerkmale, so dass die Population der Tiere stabil bleibt und mit möglichst vielen Blutlinien ohne Inzucht wieder vergrößert werden kann.“ Abnehmer der geschlechtsreifen Tiere sind Zoos, Freizeitparks oder auch Privatleute, die vom Aussterben bedrohte Nutztierrassen erhalten wollen. Sogar in den Erlebnisgarten eines Altenheims kamen schon bei Strünings geschlüpfte Enten.

Quasi nebenbei lernen zumeist junge, ökologisch motivierte Menschen in Horperath etwas über den Wert und die Besonderheit uralter Haustier-Arten. Denn die Strünings bieten WWOOFing an: Es ist eine weltweit verbreitete Form des Kennenlernens biodynamischer Landwirtschaft vor Ort auf dem Hof, indem man mithilft und auch anderen Kulturen begegnet. Auch andere Gäste sind nach Anmeldung willkommen. „Ich mache mit ihnen auch Hofführungen“, sagt Harald Strüning. Als Verköstigung bei diesen Führungen allerdings gibt es Veganes, teils aus dem eigenen Bauerngarten, der teilweise Selbstversorgung ermöglicht.

Unter www.vieh-ev.de gibt es weitere Infos zu den Kriterien einer Nutztier-Arche. Demnach gibt es in der Vulkaneifel weitere Archehöfe: in Fleringen, Lissendorf und Dreis-Brück. Auch der Hasenberghof der Dr.-Axe-Stiftung in Kronenburg engagiert sich für die Rettung vom Aussterben bedrohter Nutztierrrassen. *(ako)* ■

SEPTEMBER 1944

HEMINGWAY IN DER EIFEL

WENIGE WOCHEN IM SEPTEMBER 1944 LEBTE DER AMERIKANISCHE SCHRIFTSTELLER UND LITERATURNOBELPREISTRÄGER ERNEST HEMINGWAY IN BUCHET IN DER SCHNEIFEL. HEUTE ERINNERT AN DEN AUFENTHALT DES DAMALIGEN KRIEGSBERICHTERSTATTERS IM ZWEITEN WELTKRIEG NUR EINE GEDENKTAFEL UND EIN RUNDWANDERWEG.

Ernest Hemingway (1899-1961) war am 6. Juni 1944, dem „D-Day", mit den US-amerikanischen Truppen an der Küste der Normandie angelandet. Sein Auftrag: Kriegsberichterstattung unter anderem für die Magazine „Collier's", „Life" oder auch den „Toronto Star".

Hemingway – später weltberühmt durch seine Romane und Erzählungen wie „Fiesta" oder „Der alte Mann und das Meer" - war bekennender Kriegsbegeisterter. Er begleitete den Vormarsch der 4. US-Armee Richtung deutsch-belgischer Grenze, und bezog vermutlich Anfang September in Buchet die Räume der zuvor beschlagnahmten damaligen Dorfwirtschaft. In die Schneifel, danach in die luxemburgische Schweiz und nach Luxemburg sollte er – mit Zwischenaufenthalten in Paris – bis Ende 1944 immer wieder zurückkehren.

In der Jennebach 5 heißt Hemingways Adresse in Buchet, das Anwesen trägt den Hausnamen „Frammes". Ein heruntergekommen wirkendes kleines Gebäude, an dem vermutlich neben dem Mauerwerk nur der Sandsteintürsturz noch Original so sind, wie es Hemingway vorfand. Im rechten Flügel des Erdgeschosses war 1944 die Dorfkneipe, gegenüber die Küche, im ersten Obergeschoss die privaten Räumen der Wirtsfamilie. Direkt angeschlossen, später erweitert, Stall und Scheune eines kleinen landwirtschaftlichen Betriebes.

DAS GRUNDSTÜCK MIT DEM EINSTIGEN HAUS FRAMMES IN BUCHET. HIER WOHNTE HEMINGWAY. ER NANNTE DIE BESCHEIDENE UNTERKUNFT IRONISCH „SCHLOSS HEMINGSTEIN".

ALTBÜRGERMEISTER MANFRED KLEIS MIT EINEM DER LETZTEN EXEMPLARE DES FLYERS ZUM „HEMINGWAY WANDERWEG“ IN BUCHET.

Am Ortsrand von Buchet, „ungeschützt zwischen den beiden Flanken der 4. Division“, so Hemingway, residierte der Schriftsteller in Gefechtspausen. „Schloss Hemingstein“ nannte er ironisch die bescheidene Unterkunft, in der er immer wieder Gäste empfing – etwa den berühmten Kriegsfotografen Robert Capa. Wo er sich aber auch mit einer Truppe von ihm geführter illegaler Freischärler versteckte. Seine Wochen in Buchet verbrachte er bis auf einen einmaligen Granatenbeschuss des Gebäudes vergleichsweise ruhig. Er habe in der Regel schlicht „gesoffen“ heißt es in den wenigen Quellen, die die Buchet-Wochen des Schriftstellers beschreiben.

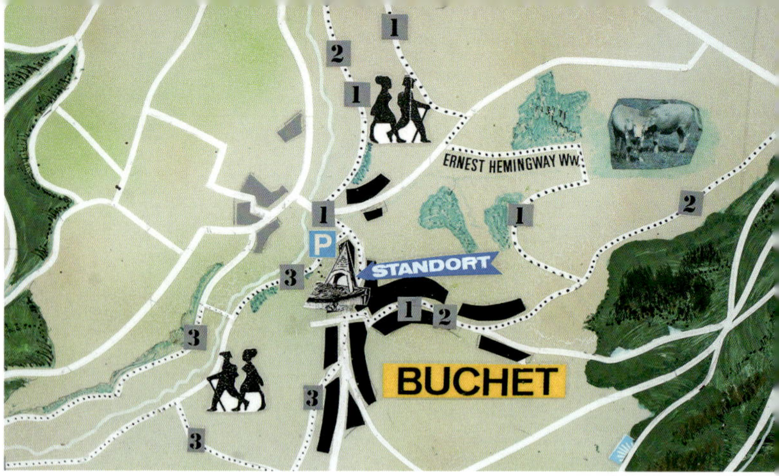

BESCHEIDENE VERSUCHE, AN HEMINGWAYS KURZAUFENTHALT IN BUCHET ZU ERINNERN: EIN WANDERWEG DURCHS DORF UND DIE NAHE UMGEBUNG WURDE EINGERICHTET.

Immer zwei Feldflaschen mit Alkohol, eine gefüllt mit Cognac, die andere mit Schnaps, habe er bei sich getragen, so Charles Whiting in seinem Buch „Ernest Hemingway und der Krieg im Westen 1944/45“ (Helios Verlag, Aachen). Wie er sich gegenüber der Bucheter Dorfbevölkerung verhielt? „Zeitzeugen gibt es nicht mehr“, so Manfred Kleis, von 1979 bis 2004 Bürgermeister des Ortes. Der Schriftsteller habe sich aber als der Macho aufgeführt, als der er bekannt war, erinnert sich Kleis an Aussagen verstorbener Bucheter Zeitzeugen.
Dass es zu Übergriffen auf Frauen in Buchet oder Bleialf kam, wo Hemingway regelmäßig im zur Feldküche des US-Militärs umfunktionierten „Hotel Zwicker“ das Mittagessen einnahm, ist allerdings nie nachgewiesen worden. Buchet selbst taucht bei Hemingway nur am Rande auf. Etwa in einer seiner „49 Depeschen“, deren deutsche Übersetzung im Rowohlt Verlag erschienen ist.

Die Ortsgemeinde Buchet ließ 1994 – dem 50. Gedenkjahr des „D-Days“ - eine Gedenkplatte am Anwesen In der Jennebach anbringen und finanzierte mit öffentlichen Zuschüssen die Markierung eines „Ernest Hemingway Wanderwegs“ auf vorhandenen Strecken des Eifelvereins. Wacken wurden aufgestellt, markiert mit stilisierten „E H“, den Initialen des Schriftstellers. Begeisterungsstürme habe das alles im Dorf nicht gerade ausgelöst, so Kleis. Die 1000 Exemplare des begleitenden Flyers zum Rundkurs sind längst vergriffen.

IM HAUS FRAMMES WOHNTE ERNEST HEMINGWAY EINIGE WOCHEN IM SEPTEMBER 1944. EINE GEDENKTAFEL AM GRUNDSTÜCK IN BUCHET ERINNERT AN DEN AUFENTHALT DES LITERATURNOBELPREISTRÄGERS.

Danach und seitdem habe es noch einmal seinerseits eine Nachfrage im Gemeinderat gegeben, so Kleis: „Wollen wir nicht mehr aus dem Aufenthalt Hemingways in Buchet machen?", habe er gefragt. „Doch es kam keine Resonanz". Allenfalls unerwünschte. Nach der Berichterstattung zur Einweihung von Gedenktafel und Wanderweg erhielt Kleis „eine ganze Reihe anonymer Leserbriefe", in denen sogar behauptet wurde, Hemingway habe gegen die Wehrmacht gekämpft und einen Soldaten erschossen. Beides wurde nie nachgewiesen.

Heute ist „Ernest Hemingway in Buchet" vor Ort eine längst vergessene Episode. „Schloss Hemingstein" wurde nach Ende des Zweiten Weltkriegs wieder als Gaststätte bis Mitte der 1970er Jahre weitergeführt. Danach baute das Ehepaar, das bis dahin immer noch über der Kneipe gewohnt hatte, nebenan neu, die Gaststätte wurde geschlossen. Das Gebäude ist seitdem als Dauerferienwohnung vermietet.

In bestem Zustand ist „Schloss Hemingstein" heute nicht. Das Dach zum Beispiel – über Jahrzehnte nur geflickt – ist dringend erneuerungsbedürftig. Es sei aber dicht, heißt es. Im Inneren ist die alte Raumaufteilung geblieben.

Da wäre genug zu tun für einen Investor, der das „Hemingway Haus" etwa als Kultur- und Literaturhaus erst noch gründlich sanieren und vermutlich umbauen müsste. Ein denkbares Nutzungskonzept bietet das „Heinrich-Böll-Haus" in Langerwehe bei Düren. Die gemeinnützige „Heinrich Böll-Stiftung" ist Träger des ehemaligen Eifel-Wohnhauses des Kölner Schriftstellers. Doch solche Interessenten an der Immobilie in der Schneifel gibt es keine.

Selbst eine kleine Dauerausstellung „Hemingway und Buchet" wäre schwierig zusammenzustellen, ist Altbürgermeister Manfred Kleis überzeugt: „Es wurde nichts an Exponaten gesammelt oder aufgehoben". Lediglich ein altes Foto existiert: Es zeigt Hemingway auf einem Stuhl vor seinem „Schloss" sitzend, wie ihm gerade der berühmte „Hemingway-Bart" gestutzt wird. *(sli)* ■

LINKS: DIE WILDENBURG

ALTE GEMÄUER ENTDECKEN

AUF BURGEN-TOUR

HUNDERTE BURGEN GIBT ES IN DER EIFEL. MEIST SIND ES MEHR ODER WENIGER ERHALTENE RUINEN, WIE DIE BEKANNTEN MANDERSCHEIDER DOPPEL-BURGEN ODER DIE NÜRBURG. ABER ES GIBT AUCH BURGEN UND SCHLÖSSER, DIE NOCH VERGLEICHSWEISE VOLLSTÄNDIG ERHALTEN SIND.

MACHTZENTRUM AUF DER HÖHE: DIE WILDENBURG

Romantisch liegt die Wildenburg (Gemeinde Hellenthal) auf einem steilen, schmalen Bergrücken. Das unter Benutzung mittelalterlicher Reste von den Äbten aus Steinfeld im 18. Jahrhundert umgebaute Schloss wurde schon 1190 erwähnt. Ein Teil dieses Gebäudes dient als Kirche; Bergfried und Burgverlies sind noch vorhanden. Am Eingang zur Vorburg steht sogar ein Pförtnerhäuschen aus dem 16. Jahrhundert. Die Wildenburg ist die einzige nicht zerstörte Höhenburg im Kreis Euskirchen und liegt auf dem Wanderweg „Burgen-Route“. Die „Burgschänke“ gehört zur Burganlage und bietet dank ihrer schönen Lage einen tollen Eifel-Blick ins einstige Herrschaftsgebiet, das noch heute seinen Namen trägt: „Wildenburger Ländchen“.

Wildenburg: Nordeifel Tourismus GmbH, Bahnhofstraße 13, 53925 Kall
Tel.: 02441. 99457-0, info@nordeifel-tourismus.de

Foto: Gemeinde Hellenthal/Nordeifel Tourismus

DIE KLEINE IM DORF: BURG DREIS

Klein, aber trotzdem sehenswert: An diesem ehemaligen Herrensitz fährt man schnell vorbei. Hans-Günter Hoffmann von Guretzky-Cornitz hat sich mitten im kleinen Dreis in der Vulkaneifel eine Burg gekauft. Die Dreiser Burg wird erstmals im Jahr 1579 erwähnt, ein dreigeschossiges Giebelhaus mit einem runden Treppenhausturm. Erbaut wurde sie durch Dietrich VI. Graf zu Manderscheid-Blankenheim, Virneburg und Wertheim. Der heutige Besitzer gewährt Zutritt zum Burgpark, dem unteren Gewölbe und dem historischen Burgsaal, der für Veranstaltungen oder standesamtliche Trauungen angemietet werden kann. Nebenan wurde das „Hänneschen Café" im alten Wirtschaftsgebäude eröffnet.

Burg Dreis: www.burg-dreis.jimdo.com, www.burg-dreis.com
Tel.: 06595-9004646, info@burg-dreis.com
GesundLand Vulkaneifel GmbH, Leopoldstraße 9a, 54550 Daun/Vulkaneifel
Tel.: 06592 951370, info@gesundland-vulkaneifel.de

DAS „SOMMERHAUS" DER ÄBTE: SCHLOSS WEILERBACH

Diese Burg ist ein Rokoko-Schloss. Das ist in der Eifel selten. Schloss Weilerbach liegt in der Ferienregion Südeifel, am Grenzfluss Sauer, gegenüber der luxemburgischen Schweiz und nahe dem schmucken Echternach. 1762 erwarb die dortige Benediktinerabtei eine kleine Eisenhütte oberhalb von Bollendorf, 1780 wurde hier vom letzten Echternacher Abt Emmanuel Limpach das Schloss Weilerbach als Sommerhaus des Abtes errichtet. Die sehenswerte Gartenanlage kann ganzjährig besucht werden. In der früheren Remise wurde ein Museumscafé eingerichtet. Im Rokoko-Festsaal finden regelmäßig kulturelle Veranstaltungen, insbesondere Konzerte, statt.

Schloss Weilerbach auf der Homepage des Kreises Bitburg-Prüm
www.bitburg-pruem.de

Schloss-Weilerbach-Gesellschaft e.V., Trierer Straße 1, 54634 Bitburg
Telefon 06561/ 154270, olinger.martin@bitburg-pruem.de

Foto: Eifelkreis Bitburg-Prüm

WAHRZEICHEN DER STADT: DIE GENOVEVABURG

Erbaut um 1280 durch den Trierer Erzbischof Heinrich von Finstingen ist die Genovevaburg eines der Wahrzeichen der Stadt Mayen und steht weithin sichtbar auf einer Felskuppe oberhalb des Marktplatzes. Die jetzige Anlage besteht aus der Oberburg mit dem 34 m hohen Goloturm und der Vorburg. Zur Stadt hin ist die Burg durch ein großes Burgtor, zur anderen Seite durch den Bergfried und eine Zwingeranlage geschützt. Bei den Mayener „Burgfestspielen“ finden Theater- und Konzertaufführungen im Burghof statt. Ganzjährig ist im stadtbildprägenden Gemäuer das „Eifelmuseum“ und das „Deutsche Schieferbergwerk““ zu besichtigen. Mit Fahrt unter Tage.

Eifelmuseum und Deutsches Schieferbergwerk in der Genovevaburg, 56727 Mayen,
Tel.: 02651 – 498508, museumskasse@mayenzeit.de
Tourist Information Mayen, Altes Rathaus am Markt, 56727 Mayen,
Tel.: 02651 – 903004, bis – 07, touristinfo@mayenzeit.de

Foto: Stefan Lieser

BELIEBT NICHT NUR AN HALLOWEEN: BURG SATZVEY

Am Fuße des „Eifelanstiegs“ oberhalb von Euskirchen liegt versteckt die Burg Satzvey. Unstrittig eine der schönsten Wasserburgen des Rheinlands. Die ersten urkundlichen Erwähnungen stammen von 1396. Über 300 Jahre im Familienbesitz, ist Burg Satzvey auch heute noch Wohn- und Stammsitz der Familie der Grafen Beissel von Gymnich. Von Ostern bis Weihnachten wird eine Vielfalt von historischen und Themenfesten, Ritterspielen, Konzerten, auch Hochzeiten, privaten Festen, Konferenzen, Tagungen und vieles mehr realisiert. Das Burggelände ist gerade an den Wochenenden eine bekannte Ausflugsadresse.

Burg Satzvey: www.burgsatzvey.de, An der Burg 3, 53894 Mechernich-Satzvey
Tel.: 02256- 95830, info@burgsatzvey.de

Foto: D. Ritzenhofen. Mit freundlicher Genehmigur g von Burg Eltz.

WIE IM MÄRCHEN: BURG ELTZ

Dieser Traum einer mittelalterlichen Ritterburg, aufgestellt auf einem steilen Felsen im Eltztal in der Osteifel, gehört zu den bekanntesten und schönsten Burgen Deutschlands, in einer Reihe etwa mit dem – nicht originalen – Schloss Neuschwanstein, den schönsten Burgen im Mittelrheintal oder der Wartburg bei Eisenach. Burg Eltz, bis heute unzerstört, zierte den alten 500-DM-Schein, natürlich auch eine Briefmarke. Die wohl einzige Burg in der Eifel, in der man das Leben im Mittelalter auf engstem Raum nacherleben kann. Eine Besucherführung ist unbedingt zu empfehlen. Das Geschlecht der Grafen von Eltz ist hier seit 850 Jahren zuhause, einst lebten weitere Familien in „Wohntürmen", die auch heute noch zu besichtigen sind, etwa die Familien zu Rübenach und Rodendorf. Bei der Gelegenheit bieten sich Abstecher zur Burg Pyrmont, ebenfalls an der Eltz, oder zum Schloss Bürresheim bei Mayen an. *(sli)* ■

Burg Eltz: www.burg-eltz.de,
Gräflich Eltz'sche Kastellanei Burg Eltz,
Burg Eltz 1, 56294 Wierschem
Tel.: 02672- 950500, burg@eltz.de

INFO:

Burgen in der Eifel im Überblick: Unter anderem auf der Internetseite www.burgen-der-eifel.de, oder zum Stichwort auf Wikipedia. In der Edition Eyfalia des KBV-Verlags in Hillesheim ist eine große Darstellung von Alois Mayer zum Thema erschienen: Ritter, Burgen, gold'ne Schätze – Die Burgen der Eifel und ihre Sagen, 371 Seiten, ISBN 978-3-942446-32-7.

Grafik: Roland Grundhaber

SCHMUGGEL IM GRENZGEBIET

ST. MOKKA UND DIE KAFFEEFRONT

RUND 10,5 KILOMETER LANG IST DER „SCHMUGGLERPFAD" RUND UM SCHMIDT IM HÜRTGENWALD OBERHALB DER RUREIFEL. DIE ROUTE ERINNERT AN MEHR ALS 30 TOTE ZWISCHEN 1945 UND 1953 WÄHREND DER „AACHENER KAFFEEFRONT".

Die Silvesternacht 1952 hatten die Vier besonders gut vorbereitet. Der aus einer belgischen Kaserne gestohlene Straßenpanzerwagen Typ „Scout-Car" (hergestellt von der britischen Daimler Motor Company) war bestückt mit „Krähenfüßen", einzeln und als Kette zusammengelötet. Scharfe Eisenspitzen hatten die Vier in der Sommerwohnung von Kumpel Elsen im belgischen Lichtenbusch für den Fall der Fälle vorbereitet. Eine Blendlampe für Verfolger war ebenfalls an Bord. Lorenz Kreutz und Hans Breuer sollten fahren, Josef Oebel die Verfolger mit seinem Opel Kapitän auf Distanz halten.
Der erste Unfall ereignete sich um 2.40 Uhr kurz hinter Walheim. Die beiden Zöllner von Borg und Bohnen hatten auf ihrem Dienstkrad den mit aus Belgien geschmuggelten Kaffee voll beladenen Panzerwagen entdeckt und die Verfolgung aufgenommen. Das Krad mit Beiwagen war um die 100 Stundenkilometer schnell, als Lorenz Kreutz aus der Dachluke des „Scout Car" die gefährlichen Reifenschlitzer schleuderte. Der Vorderreifen des Krads platzte. Mit Kniescheibenbrüchen, Prellungen und Gehirnerschütterungen mussten die beiden Zollbeamten ins Krankenhaus gebracht werden.

Es war nicht das Ende einer der spektakulärsten Verfolgungsjagden, die sich Zollbeamte und Kaffeeschmuggler zwischen 1945 und 1953 an der „Aachener Kaffeefront" im deutsch-belgischen Grenzgebiet der Schneifel und des Hohen Venns lieferten. Die Jagd in der Silvesternacht dauerte von 2.35 bis 3.30 Uhr. Zwischen der belgischen Grenze bei Münsterbildchen, über die „Himmelsleiter", durch Walheim, Kornelimünster, Dorff, Büsbach, Kalkwerke, Binsfeldhammer, Vicht, Schevenhütte bis Alt-Hubertushöhe (Gey) kam es zu weiteren Unfällen. Der „Scout" überfuhr dank besonders gesicherter Reifen Straßensperren, selbst Warnschüsse der Beamten konnten Kreutz und Breuer nicht stoppen.
In Kornelimünster hatte sich Josef Oebel mit seinem Opel Kapitän endgültig zwischen den Kaffeetransporter und das erste verfolgende Zollfahrzeug gequetscht. Mit Zick-Zack-Linien verhinderte er ein Überholen. In Dorff (heute Stadtteil von Stolberg) stellte er schließlich den „Kapitän" quer zur Straße. Dass er schon länger seinen Führerschein verloren hatte – am Rande sei's vermerkt.

MIT EINER SOLCHEN „IGELKETTE", DIE ÜBER DIE STRAßE GESPANNT WURDE, VERSUCHTEN DIE ZÖLLNER DIE SCHMUGGLER AUFZUHALTEN.

Foto: Stefan Lieser

DIESE HOLZSKULPTUR EINES SCHMUGGLERS MIT „KAFFEESCHAL" SOLL AN DIE JAHRE ZWISCHEN 1945 UND 1953 ERINNERN, ALS IN DEN DEUTSCH-BELGISCHEN GRENZGEBIETEN VON AACHEN BIS IN DIE VERBANDSGEMEINDE PRÜM DER SCHMUGGEL BLÜHTE.

ZOLLOBERAMTSRAT I. R. KURT CREMER MIT EINEM KINDERWAGEN MIT DOPPELTEM BODEN.

Allein die Oebel-Bande hatte zwischen August 1952 und Januar 1953 in mindestens sieben Schmuggelfahrten „18.492,5 Kg Roh- und 1.331 kg Röstkaffee" über die „Grüne Grenze" geschmuggelt. So steht es in der Anklageschrift des Aachener Gerichtes. Oebel wurde des versuchten Mordes überführt. Lange hatte er seine Taten geleugnet, am Ende aber doch gestanden.

Die „Aachener Kaffeefront", wie das Schmuggeln in großem Stil zwischen 1945 und 1953 genannt wurde, ist heute Historie, von der nur noch wenige Zeitzeugen erzählen können. Ausgestellt sind Dokumente, Gerichtsakten und auch „technische Hilfsmittel" zum Kaffeeschmuggel heute im „Zollmuseum Friedrichs" im unter Denkmalschutz stehenden ehemaligen Zollamt von Aachen-Horbach. Dort kümmert sich vor allem Zolloberamtsrat i. R. Kurt Cremer um die Archivalien, leitet Führungen und versucht mit dem Trägerverein „Heimatfreunde des Heydener Ländchens 1989" die Sammlung zu erhalten.

Je nach Zählung an die 50 oder mehr als 30 Tote forderte die „Kaffeefront", die zum Teil aus der Not geboren war und nicht immer den Tod der Zöllner in Kauf nahm wie bei der Oebel-Bande. Auch in Nideggen-Schmidt, bei der „Schlacht im Hürtgenwald" zwischen Oktober 1944 und Februar 1945 zu 90 Prozent zerstört, hatte die Bevölkerung mit Kriegsende unter harten Entbehrungen zu leiden: „Als wir nach dem Krieg zurückkamen, war doch alles zerschossen", erinnert sich Leni Jung. Sie suchte als 18-Jährige nachts durch den Wald von Belgien ihren Heimweg, natürlich ohne Taschenlampe. Die Taschen und den Rucksack voller Kaffee – der „braunen Währung".

„ST. MOKKA“ WIRD DIE ST. HUBERTUS-PFARRKIRCHE VON NIDEGGEN-SCHMIDT GENANNT. SIE WURDE IM WESENTLICHEN MIT GELD AUS DEM KAFFEESCHMUGGEL DER BEVÖLKERUNG GEBAUT.

Die in der britischen Besatzungszone verhängte drastische Kaffeesteuer von zehn DM für das Kilo hatte eine Eigendynamik ausgelöst: In Belgien und den Niederlanden war der Satz deutlich niedriger. Bei einem Wiederverkauf für etwa 18 DM das Kilo war die Gewinnmarge deutlich. Tonnenweise wurde so von Kind und Kegel Kaffee zwischen 1945 und 1953 über die deutsch-belgische Grenze geschmuggelt. Im „Zollmuseum Friedrichs“ ist ausgestellt, wie die Not erfinderisch machte: Präparierte Milchkannen, Nylonstrümpfe, selbst ein Kinderwagen mit doppeltem Boden findet sich.

Ende 1952 saßen mehr als 100 Mützenicher in einem spektakulären Prozess vor Gericht. Auf 3.000 Blatt Gerichtsakten waren die Straftaten beschrieben. 52 Dorfbewohner wurden verurteilt. Wegen des Verfahrens stieg sogar der Mützenicher Fußballverein ab, weil es nicht mehr genügend Spieler gab.

Auch in Schmidt sorgte der Schmuggel schnell für sichtbaren Wohlstand bei vielen Dorfbewohnern. Pfarrer Josef Beyer blieb das nicht verborgen. Er nahm die Schmidter, die „im Abendgeschäft“ tätig waren, sogar in seinen Segen auf. In Predigten aber wurde er deutlich: „Ich weiß, dass ihr Kopfschmerzen vom vielen Geld bekommt. Bei mir ist es umgekehrt, weil ich nicht weiß, woher ich das Geld für den Wiederaufbau der Kirche nehmen soll“. 250.000 Mark fanden sich daraufhin im Opferstock. St. Hubertus wurde neu gebaut und heißt seitdem im Volksmund „St. Mokka“. Das Gotteshaus ist zu einer Touristenattraktion geworden.

1953 endete die Zeit, in der Viele aus der Not und dem Profit heraus Grenzen überschritten. Selbst zwei Dienst-Porsche des Zolls, mit einem herunterklappbaren Stahlbesen an der Fronthaube für die Beseitigung der „Krähenfüße“ präpariert, oder über die Straße gespannte „Igelketten“ hatten den Kaffeeschmuggel über die grüne Grenze nicht gestoppt.

IN IHRER NOT MONTIERTEN DIE ZÖLLNER AN DIESEN DIENSTPORSCHE EINEN BESEN, ER SOLLTE BEI DER VERFOLGUNG DER SCHMUGGLER DIE AUF DIE STRAßE GEWORFENEN „KRÄHENFÜßE“ BESEITIGEN.

Der Zoll sah wenig Möglichkeiten, dem Treiben ein Ende zu bereiten. „Insgesamt gesehen waren uns die Schmuggler bei diesem Katz- und Maus-Spiel immer eine Nase voraus“, so Zolloberamtsrat Kurt Cremer.

Dann änderte die Finanzverwaltung am 24. August 1953 den Kaffeesteuersatz. Er sank von zehn DM auf nur noch vier für das Kilo. Und der Kaffeeschmuggel in der Eifel wurde zur Geschichte. *(sli)* ■

ZOLLMUSEUM FRIEDRICHS

Horbacher Straße 497, 52072 Aachen, www.zollmuseum-friedrichs.de
Führungen für Einzelgäste und Familien
jeden 1. und 3. Sonntag im Monat um 11 und 14.30 Uhr.
Anmeldungen, auch für Gruppenführungen: Tel.: 0241-9970615.

Fotos: Stefan Liesel, Zollmuseum Friedrichs

LINKS: MUSEUMSFÜHRERIN HELGA WALLENBORN MIT EINER KORBFALLE

NOT MACHT ERFINDERISCH

DAS MAUSEFALLENDORF

IN DEN NOTZEITEN DES 19. JAHRHUNDERTS ERLERNTEN VIELE FAMILIEN IN NEROTH DAS DRAHTBINDERHANDWERK. EIN PRODUKT IN VERSCHIEDENEN VARIANTEN WURDE ZUM VERKAUFSSCHLAGER: NEROTH WURDE DAS „MAUSEFALLENDORF".

MÄTTHI LEIFGEN, DER NOCH DIE GEHEIMSPRACHE DER HÄNDLER SPRACH, WAR IN JUNGEN JAHREN MIT DEN NEROTHER MAUSEFALLEN IM RUCKSACK VIELE MONATE LANG ZU FUß UNTERWEGS. LEIFGEN KAM INNERHALB EINES JAHRES BIS NACH KÖNIGSBERG AN DER OSTSEEKÜSTE.

„De Scheenz bekäppt nobes!" Mätthi Leifgen, 2017 mit 91 Jahren verstorbener Nerother, konnte sich in solchen Momenten ein Grinsen nicht verkneifen. Sein Gegenüber verstand in der Regel nichts, so die Übersetzung. Weil er kein „Jenisch" sprach: Die alte Geheimsprache der Händler war in Mitteleuropa weit verbreitet. Und auch Mätthi Leifgen beherrschte den Spezialdialekt.

Die Geheimsprache führt zurück in die Geschichte der Bauernfamilien Anfang des 19. Jahrhunderts entlang der Nerother Hauptstraße. Und zur Entstehung einer Besonderheit – aus der Not: „Der erste Nerother, der mit der Herstellung von Mausefallen in Neroth begann, war zweifellos der 1802 geborene Theodor Kläs", heißt es in der kleinen informativen Broschüre zum Thema. Demnach hatte Kläs das Handwerk auf seinen Wanderschaften als fliegender Händler wohl von slowakischen Kesselflickern gelernt.

IM MUSEUM WURDE JOSEF PFEILS WERKSTATT MIT ARBEITSTISCH UND ZANGEN WIEDERAUFGEBAUT. SEINE WERKZEUGE ERFAND DER MAUSEFALLENBAUER TEILWEISE SELBST.

Aus der Armut heraus begannen die Nerother das Metallflechtwerk. In fast Dreiviertel der Familien war das vor allem über die Wintermonate üblich. Und auch Mätthi Leifgen, der noch die Geheimsprache der Händler sprach, war später dabei. Mit den Nerother Mausefallen im Rucksack war er viele Monate lang zu Fuß unterwegs. Leifgen kam innerhalb eines Jahres sogar bis nach Königsberg an der Ostseeküste.

Bis in die 1950er Jahre war das Herstellen von Mausefallen im 1000-Einwohner Dorf noch üblich. Abnehmer etwa für die bekannten kunstvoll geflochtenen korbartigen Lebendfallen – sie waren das Hauptprodukt der in den Nerother Familien hergestellten Fallen - fanden Händler wie Mätthi nicht nur in ganz Deutschland. Beliebt waren die tödlich-tückischen „Lochfallen", auch etwa in Irland und in England. Lieferscheine belegen Chargen von bis zu 4500 Stück, die dorthin exportiert wurden. Die noch heute handelsüblichen Schlagfallen sind allerdings keine Nerother Erfindung.

Helga Wallenborn, die Vorsitzende des 1983 gegründeten Nerother Heimatvereins, kennt die Geschichten rund um die Nerother Mausefallen gut. Sie sind zum „Wahrzeichen" ihres Heimatdorfes geworden. Ein Hingucker ist eine riesige Schlagfalle an der Fassade vor dem „Café Mausefalle" von Dietmar und Christiane Weides an der Hauptstraße.

Am Dorfplatz mit der 1782 erbauten St. Wendelinus-Pfarrkirche, hat die Dorfgemeinschaft 1995 die ehemalige Schule aus dem Jahr 1844 zum „Mausefallenmuseum" umgebaut. Helga Wallenborn schließt die Eingangstür auf.

Pro Jahr an die 2500 Besucher wollen dieses in der Eifel einzigartige Museum sehen. Zum Beispiel die 1979 an der Hauptstraße ab- und im Museum originalgetreu wiederaufgebaute Drahtwerkstatt von Josef Pfeil. 1885 hatten vier Hersteller die „Nerother Drahtware-Hausindustrie Joh. Jak. Pfeil & Co." gegründet. Pfeil entwickelte etwa eine „Schwipp-Galgenfalle", Rundloch- oder Würgefallen. Doch er war nicht der Einzige, der kreativ Lebend- und Schlagfallen für die unerwünschten Nager als Manufakturbetrieb produzieren ließ.

EINE ÜBERDIMENSIONIERTE KORBFALLE STEHT VOR DEM MUSEUM.

Eine kleine Nischenbranche war in der Vulkaneifel entstanden mit bis zu 150 Arbeitern Ende des 19. und Anfang des 20. Jahrhunderts an verschiedenen Standorten. Unter anderem der Erste Weltkrieg, der eine Umstrukturierung der Eisen verarbeitenden Industrie verlangte, die wachsende Konkurrenz durch industriell gefertigte Drahtwaren und der Wegfall staatlicher Förderung führten zum Niedergang des ursprünglich von Nerother fahrenden Händlern begründeten Handwerks.

Die Fabrik von Christian Oos in Gerolstein produzierte zuletzt 1993 noch drei Mausefallen-Typen, 1997 wurde sie nach 116 Jahren geschlossen. Josef Pfeil, Sohn des Firmengründers, hatte 1979, nach dem Tod seines letzten Angestellten, seine Werkstatt geschlossen. Sie ist heute im Mausfallenmuseum wieder zu sehen.

Die Mausefalle schlechthin, wie man sie mit Neroth in der Vulkaneifel verbindet, ist übrigens die runde Korbfalle, eine Lebendfalle. Volker Duttlinger baut sie noch heute. Im „Mausefallenmuseum" kann man sie kaufen. *(sli)* ■

SO ODER ÄHNLICH GEKLEIDET WAREN DIE MAUSEFALLENHÄNDLER IN GANZ EUROPA UNTERWEGS.

INFO

Mausefallenmuseum
Mühlenweg, 54570 Neroth
Öffnungszeiten:
1.4. bis 31.10.: mittwochs 14 bis 16 Uhr, freitags 15 bis 17 Uhr
Gruppenführungen ganzjährig nach telefonischer Anmeldung:
Tel. 06591-8112, mausefallenmuseum@neroth.de

Literatur: *David Drummond/Joachim Dagg: Mausfallen aus Neroth und ihre Hersteller – Die Geschichte einer Hausindustrie in der Eifel; Heimatverein Neroth, 2012, ISBN 978-3-00-037766-2. Im Mausefallenmuseum zum Preis von 4 Euro erhältlich.*

UERDINGEN

LINKS: UNTERWEGS ZWISCHEN KALL UND HELLENTHAL: DIE „FLITSCH“ IM OLEFTAL, HIER DER KOMPLETT ROT LACKIERTE SCHIENENWAGEN DER UERDINGER WAGGONFABRIK.

ZEITMASCHINE AUF SCHIENEN

HIER KOMMT DIE FLITSCH

RUCKEL, WACKEL – DANN ENTSPANNTES GLEITEN: DAS IST EINE FAHRT AUF DER 17,569 KILOMETER LANGEN EISENBAHNSTRECKE ZWISCHEN KALL UND HELLENTHAL. DENN HIER KOMMT DIE FLITSCH! AB PFINGSTEN UND DANN BIS ENDE OKTOBER. DANN FÄHRT DER ROTE SCHIENENBUS MIT DEM WEIßEN DACH JEDEN SONNTAG AUF DER REAKTIVIERTEN ALTEN REGIONALSTRECKE DURCHS OLEFTAL.

„Irgendwie etwas Schnelles!“ Marita Rauchberger weiß, dass der Begriff „Flitsch“ für das, was ihr Herzensanliegen ist, Ironie ist. Dennoch: Bis zu 50 Kilometer schnell auf freier Strecke darf der historische MAN-Schienenbus VT 9 der Maschinenfabrik Augsburg-Nürnberg immerhin werden. Zwischen Kall und Hellenthal vor allem durch das idyllische Oleftal.

Es geht über eine ganze Reihe von Schienenübergängen, nächster Halt ist dann etwa Gemünd, Olef, Schleiden, Oberhausen, Blumenthal und Hellenthal. 17,569 Kilometer ist die eingleisige Strecke der „Oleftalbahn“ lang. Einen 130 Meter langen Tunnel durchfährt der gemütliche Schienenbus bei Gemünd – und mitten über den Dorfplatz von Olef. Die Strecke hat im Örtchen das Schienen-Normalmaß: Da ist die Schleichfahrt auf Straßenniveau durchs Dorf sogar deutschlandweit einzigartig.

Die „Oleftalbahn“, seit 2012 unter Denkmalschutz gestellt, verdankt ihren Taktverkehr an den Sonntagen zwischen Pfingsten und Ende Oktober der 1995 von 50 Gründungsmitgliedern ins Leben gerufenen „BuBI“, der Bahn- und Businitiative Schleidener Tal e. V. 1. Vorsitzender ist Wolfgang Heller aus Schleiden.

MARITA RAUCHBERGER

Foto: Bahn- und Businitiative Schleidener Tal e.V. (links), Stefan Lieser

DER FLITSCH-WAGGON WAR WOHL DAS ERSTE GROßRAUMABTEIL AUF DER SCHIENE IN DEUTSCHLAND. KLEINE ABTEILE MIT MAXIMAL SECHS SITZEN WAREN DAMALS NOCH STANDARD. ALLES GRÖßERE GALT ALS UNKOMFORTABEL UND STÖRTE DAS BEDÜRFNIS NACH PRIVATSPHÄRE.

Regionalbahnen gab es in der Eifel seit dem 19. Jahrhundert einige, die meisten waren aus strategischen Gründen angelegt worden. Die Vorläufer der heutigen „Flitsch" allerdings dienten fast ausschließlich zivilen Gütertransportzwecken. Schon vor der Inbetriebnahme der legendären ersten Eisenbahnstrecke Nürnberg-Führth 1835 hatten Unternehmer aus der Eisenverhüttungs- und Bergbauindustrie im Schleidener Tal die Idee: Ein Zug durchs Oleftal zum Bahnhof in Kall, wo der Anschluss ans deutsche Gesamtnetz ist!

Das würde der Eisenerzhütte „Grube Wohlfahrt" oberhalb in Rescheid ebenso nützen, wie den Rohstoffbedarf der Industrie im Tal decken. In Gemünd-Mauel etwa führen die Gleise direkt an der ehemaligen Eisenhütte von Albert Poensgen vorbei, der hier einst 500 Arbeitern Lohn und Brot bot. Schließlich waren die Wälder drum herum schon weitgehend für die Befeuerung der Öfen abgeholzt. Wie sollten anders benötigte Rohstoffe schnell und wirtschaftlich ins schmale Eifeltal kommen?

Am 8. März 1884 wurde die einspurige „Secundärbahn Call=Hellenthal" eingeweiht. Fast durchweg parallel und ebenerdig zur Straße zwischen Kall und Hellenthal gebaut, waren keine nennenswerten Höhenunterschiede zu überwinden. Als neues technisches Bauwerk wurde nur der kurze Tunnel bei Gemünd in den Berg gesprengt. Er verbindet das Urfttal mit dem Oleftal.

IM ÖRTCHEN OLEF FÄHRT DIE OLEFTALBAHN AUF STRAßENNIVEAU. SCHRITTGESCHWINDIGKEIT IST DANN DAS ÄUßERSTE. BUBI-VORSITZENDER WOLFGANG HELLER HÄLT DIE SCHIENEN FREI.

Foto: Bahn- und Businitiative Schleidener Tal e.V.

Zum Güterverkehr kam schnell der Personenverkehr. Die „Oleftalbahn" diente dem aufkommenden Tourismus in der Eifel, aber bis 2005 auch dem Panzertransport hoch zum „Camp Vogelsang" der belgischen Streitkräfte. Eine eigene kurze Gleisstrecke bis Höddelbusch zur Umladung von der Schiene auf die Straße wurde gebaut.

„Große Bedeutung hatte die Bahn vor allem in den 1950er und 1960er Jahren, in denen auch die Personenbeförderung florierte. In den 1960er Jahren fanden täglich zehn Triebwagenfahrten in jede Fahrtrichtung statt", heißt es im informativen Flyer zur Bahn. Aus dieser Zeit stammt auch der eigentliche Begriff „Flitsch", der den damals komplett dunkelrot lackierten VT 95-Triebwagen der Uerdinger Waggonfabrik meint.

Doch mit zunehmender Automobilisierung der Bevölkerung, dem Niedergang der Eisenhüttenindustrie im Schleidener Tal, dem Busverkehr im ÖPNV und neuen Zügen, die auf der kurzen Strecke durchs Eifeltal nicht mehr rentierlich einzusetzen waren, wurde der Betrieb ab 1981 nach und nach eingestellt, die Strecke schließlich stillgelegt. „1981, als der Personenverkehr endete, erschien sogar eine Todesanzeige der FDP" erinnert sich die 61-Jährige Marita Rauchberger in Schleiden. Die Galeristin und „Kulturmittlerin" ist seit ihrer Kindheit „bekennende Eisenbahnfreundin". Sie arbeitet gerade an einem Buch zur wechselvollen Geschichte ihrer „Flitsch".

Seit 1995 setzten sich Rauchberger und die „BuBI"-Initiative das Ziel, die Strecke zu reaktivieren und einen Triebwagen wieder auf die Fahrt zu schicken. Erst schien eine schnelle Umsetzung möglich – doch von Seiten der Politik wurde BuBI ausgebremst. Ab 2003 war klar: Dann müssen es die Eisenbahnnostalgiker eben selber machen. Mit der Rhein-Sieg-Eisenbahngesellschaft (RSE) in Bonn wurde ein Partner gefunden, der die Strecke 2008 von der DB-Netz pachtete. Das NRW-Verkehrsministerium erteilte eine Betriebsgenehmigung für 50 Jahre. „Seit dem 1. August 2010 können wir wieder von Kall bis Hellenthal fahren", freut sich Marita Rauchberger.

RSE hat sich auf den Kauf von historischen Schienenbussen spezialisiert – auch der rote MAN VT 23 mit dem weißen Dach der Oleftalbahn gehört dazu. Den ursprünglichen Schienenbus zwischen Kall und Hellenthal, der komplett rote Uerdinger VT 95, wird von BuBI

DER FAHRERSTAND IN DER „FLITSCH“ MIT KURBEL UND STEUERRAD.

zu einmaligen Sonderfahrten gebucht. Zur Premierenfahrt 1995 auf der wieder frei gegebenen alten Strecke wurde sogar ein historischer TEE – Trans Europa Express – von der DB-Strecke Köln-Trier ab dem Bahnhof Kall durchs romantische Eifeltal geschickt – auch entlang der Fachwerkhäuschen im Meterabstand im kleinen Olef. „Da lagen die Leute vor Begeisterung mit ihren Kameras bei der Fahrt über den Dorfplatz auf den Schienen“, wunderte sich Lokalzeitungsredakteur F.A. Heinen. Die „Flitsch“ ist eben ein Stück Heimat für die Menschen zwischen Kall und Hellenthal.

Damit sie fahren kann, kümmert sich die BuBI-Initiative um die Streckenpflege, macht wie die Nordeifel Touristik in Kall populär, dass die Bahn ja mitten durchs Tourismusgebiet Schleidener Tal und den Nationalpark Eifel fährt. Zahlreiche Wanderwege wie der Eifelsteig passieren das Oleftal, Gemünd etwa ist Etappenort. Hier hält auch der „NationalparkShuttle“, der die Besucher hoch nach „Vogelsang IP“ oberhalb des Rursees, dem einstigen belgischen Militärcamp mit NS-Ordensburg-Vergangenheit, bringt.

„Wenn die Flitsch fährt, ist sie auch meistens voll“, freut sich Marita Rauchberger von der BUBI-Initiative. Fehlt nur noch die komplette Taktung mit dem „Eifel-Express“ der Deutschen Bahn, sieben Tage die Woche. Da müssen die Initiativler noch einige „dicke Bretter“ bei den Zuständigen bohren, glaubt Rauchberger. Bis dahin hat man vorsorglich von sich aus den Fahrplan der „Flitsch“ ab und nach Kall an den Takt der DB angepasst. Wartezeit beim Umsteigen höchstens fünf Minuten. Bitte das Gleis wechseln!

IHRER „FLITSCH" HABEN SIE IM OLEFTAL EIN DENKMAL IN FORM EINES GEMÄLDES AUF EINEM TRAFOKASTEN DES ÖRTLICHEN ENERGIEVERSORGERS GESETZT.

Und dann geht es in die Zeitmaschine: Einstieg durch die Ziehharmonika-Schiebetür, innen Holzverkleidung, die schmalen Kippfensterchen über den großen Scheiben, die roten Kunstledersitze mit den Eisenhaltegriffen an den Ecken. Der Fahrersitz auf dem runden Schemel, davor Kurbeltechnik wie damals. Und die „Flitsch" rumpelt, die „Flitsch" wackelt, bis sie ruhig dahingleitet. *(sli)* ■

Fahrpläne, Sonderfahrten und mehr zur „Flitsch" findet man auf der Internetseite des Betreibervereins: www.oleftalbahn.de

EXTRA

In der Eifel gab es einige Regionalbahnen, die einst vor allem als Transportzüge für die Wirtschaft und aus militärisch-strategischen Gründen gebaut wurden. Heute sind die Trassen der einstigen „Ahrtalbahn" oder der „Vennquerbahn" beliebte Radwanderrouten. Die „Rurtalbahn" zwischen Düren und Jülich und Düren und Heimbach ist im Taktverkehr der DB eingebunden. Die Rurtalbahn AG betreibt auch die schrittweise Reaktivierung der Strecke Euskirchen-Düren der „Bördebahn" in der Nordeifel. Der „Vulkan-Express" zwischen Engeln in der Osteifel und Brohl-Lützing am Rhein dient vor allem touristischen Zwecken. Offen ist die Zukunft der früheren „Eifelquerbahn" zwischen Andernach und Gerolstein. Zwischen Prüm und Gerolstein ist auf der Strecke der einstigen „Westeifelbahn" eine Entwidmung wahrscheinlich. Eine wichtige Brücke wurde zwischenzeitlich abgerissen.

Foto: Stefan Liesel

IZ-10067
Nohner

ZWEIRAD MARKE EIGENBAU

DAS MOTORRAD AUS DER EIFEL

1927 WURDE DIE LEGENDÄRE „NORDSCHLEIFE" AM NÜRBURGRING ERÖFFNET. DOCH MOTORSPORT GAB ES IN DER EIFEL SCHON VORHER. IM KLEINEN NOHN IN DER VULKANEIFEL HATTEN FRITZ UND PETER HOFFMANN SCHON DREI JAHRE VORHER BESCHLOSSEN: „WIR BAUEN SO EIN DING!": DIE „NOHNER" – DAS MOTORRAD AUS DER EIFEL.

Schmale Reifchen, darin der noch dünnere Keilriemen für den Antrieb: Fritz Hoffmann posiert 1924 in der Nähe von Bodenbach in der Vulkaneifel auf einem Zweirad, dessen Design-Vorlage unverkennbar ein Fahrrad ist. Mit Hilfsmotor? Weit gefehlt: In Ledermontur sitzt Fritz Hoffmann aus Nohn auf dem Gefährt. Ein von ihm und seinem Bruder Peter gebautes Motorrad. „IZ-10171" lautet das handbemalte Kennzeichen samt Prüfstempel des „Kraftrades": Die „Nohner".

„Mein Vater und sein Bruder waren Konfektionäre, von denen es auch in der Eifel ein paar gab", erinnert sich Walter Hoffmann, Sohn von Fritz Hoffmann. Die „Gebrüder Hoffmann" hatten mitten im Dorf eine Schmiede. Was lag da den erfindungsreichen Eifelern näher, als es mal zu versuchen. Fahrräder hatten sie zuvor schließlich auch schon gebaut. „Sie haben zum Beispiel die Fußrasteranlage geschmiedet", erklärt Enkel Rainer Hoffmann. Oder Rahmenteile gelötet. Was fehlte, wurde aus dem Katalog bei Spezialisten bestellt: Getriebe, Lampe, der Ledersitz – der nur gefedert war, aber nicht gedämpft. Der Motor kam von DKW oder Villiers in England.

Was Hoffmanns so zusammenschraubten, segnete der „Dampfkesselüberwachungsverein" (DÜV), Vorläufer des TÜV, 1924 ab:

„Nohn, 18. Febr. Die Gebrüder Peter und Friedrich Hoffmann von hier legten die Prüfung als Auto- und Kraftradführer vor dem Prüfungsingenieur des Dampfkesselüberwachungsvereins von Koblenz mit Erfolg ab. Eine gleichzeitig stattgefundene Begutachtung ihres selbstgebauten Motorrads mit Markenbezeichnung „Nohner" lautet auf ‚ausgezeichnet'."

RAHMENNUMMER: 6, BREMS PS: 5: „NOHNER": DAS SCHILD DES EINZIGEN NOCH ERHALTENEN EXEMPLARS DES MOTORRADS AUS DER VULKANEIFEL.

Fotos: Stefan Lieser

OBEN: MIT KEILRIEMENANTRIEB: DIE MOTORRÄDER AUS DER KLEINSERIE HATTEN NOCH KEINE KETTE.
UNTEN: FRITZ HOFFMANN 1924 AUF SEINER „NOHNER“

„So 60 Kilometer bekam die schon drauf“, meint Walter Hoffmann. „Wenn es bergab ging.“ Unterwegs war es allerdings nicht ganz so einfach, erinnert er sich. Schon als Junge war er natürlich auf der „Nohner“ in den 1940er Jahren unterwegs. „Es gab ja kaum asphaltierte Straßen. Aber Hufnägel und Kuhfladen.“ Ärgerlich auch, dass der „Gendarm“ von Nohn den jungen Walter erwischte – jedenfalls danach: „Er wies meinen Vater und mich scharf zurecht. Aber wohl vor allem deshalb, weil er auf seinem Dienstfahrrad nicht hinter mir herkam.“ Weit weg kam er trotzdem nicht. Der kleine Tank reichte nur für rund 50 Kilometer. Da konnte der Herr Gendarm in Ruhe auf die Rückkehr warten.

„SO 60 KILOMETER BEKAM DIE SCHON DRAUF. WENN ES BERGAB GING.“, MEINT WALTHER HOFFMANN (LINKS). SOHN RAINER IST MIT DER „NOHNER“ SOGAR SCHON OLDTIMER-RENNEN GEFAHREN.

Foto: Stefan Lieser

Die Geschäftsidee: „Nohner – das Motorrad aus der Eifel“, schlug allerdings fehl. Gegen die aufkommenden industriellen Motorradhersteller hatten die Brüder aus der Eifel keine Chance. Sieben „Nohner“ wurden aber verkauft, bevor die Kleinserie nach rund zwei Jahren 1926/27 wieder eingestellt wurde. Übrig gebliebene Teile wurden verschrottet. Die Schmiede der Großeltern ist vor gut 50 Jahren aufgegeben worden.

Ende der Geschichte? Nicht ganz. „Ich bekam 1978 von einem Freund den Tipp: Im Schuppen der Schmiede Deiner Großeltern steht ein Motorrad“, erinnert sich Rainer Hoffmann. Er schaute nach: Die Reifen fehlten, auch die Lampe und der Tank – aber der Rahmen war noch da. Hoffmann, KFZ-Ingenieur, machte sich ans Werk und baute die letzte noch erhaltene „Nohner“ wieder auf. Es ist die mit der Seriennummer „6“. Mit HURTH-Getriebe aus München, einem Stecktank, nachgerüstetem Kettenantrieb und laut angeschraubtem Rahmenstempel „Brems PS: 5“ bei 85 Kilogramm Gewicht.

Heute steht die „Nohner“ im Schaufenster des Reisebüros mit Tankstelle von Hoffmann am Ortsrand von Nohn vor einem ebenfalls historischen Setra S 6 Reisebus. Immer mal wieder stutzen Motorradfahrer beim Betanken ihrer Maschine wenn sie beiläufig in den Ausstellungsraum gucken: „Nohner“ steht handgemalt auf dem orangefarbenen Stecktank des Unikats: Fährt die überhaupt noch?

„Klar, kein Problem!“, grinst Rainer Hoffmann. Er rollt das gute letzte Stück – nachgemaltes Kennzeichen: IZ-10067 wie einst im Straßenbetrieb – auf den Hof. Zuletzt 2005 und 2006 war er mit seiner „Nohner“, statt des einstigen Keilriemens nun mit Kettenantrieb, am Start. Bei der alljährlichen „Ernst-Neumann-Neander-Gedächtnisfahrt“ zwischen Insul und Bad Münstereifel. Neumann aus Kassel war ebenfalls Motorrad-Konfektionär. Wie sein Künstlername hieß auch die Kleinserie: „Neander“. Sein Patent hat später Opel übernommen.

Etwas kompliziert sei die Betätigung des voluminösen Schalthebels für den 3-Gang-Betrieb seines 194 Kubikzentimeter Hubraum starken Zweirads ja schon, gibt Rainer Hoffmann zu: „Dafür müssen Sie den Gashebel der Nohner auf Standgas stellen und kurz runtergreifen.“ Er bockt die „Nohner“ auf dem Standbügel am Hinterrad auf. Ein Fahrrad steckt irgendwie im Design mit drin. *(sli)* ■

Café
in
Lissendorf
Bahnhofstr. 25 · Tel. 06597-902845
Lissendorf

DAS MUSEUMSSTELLWERK IN LISSENDORF

FREIE FAHRT VORAUS

DAS ALTE STELLWERK IN LISSENDORF DROHTE ZUSEHENDS ZU VERFALLEN, EIN ABRISS SCHIEN UNAUSWEICHLICH. DANK DER INITIATIVE EINES FÖRDERVEREINS FINDET MAN HIER HEUTE EIN RESTAURIERTES STÜCK EISENBAHNGESCHICHTE, DAS IN DER REGION SEINESGLEICHEN SUCHT.

„The final countdown ... Stellwerk LF außer Betrieb. 16 Arbeitsplätze futsch!", ist der letzte Eintrag des diensthabenden Fahrdienstleiters am 29. Januar 2006 im Zugmeldebuch des Stellwerks „Lf" in Lissendorf. Seit diesem Zeitpunkt wird der Stellwerksbetrieb elektronisch gesteuert. Das „Aus" für das Lissendorfer Stellwerk? Glücklicherweise konnte der Denkmalschutz verhindern, was dem Stellwerk Lissendorf Nord (Ln) wiederfuhr; dieses wurde in einer Nacht-und-Nebel-Aktion abgerissen. Lange Zeit war nicht klar, was mit dem Lissendorfer Gebäude geschehen sollte, bis 2015 der Förderverein auf den Plan trat.
Die Idee: Das Gebäude zu renovieren, die alte Technik wieder instand zu setzen und das aus dem Jahr 1906 stammende Gemäuer in ein Museumsstellwerk umzuwandeln.

Wie sich herausstellte, keine leichte Aufgabe. Teile des Gebäudes waren in einem sehr schlechten Zustand, die marode Aussichtskanzel drohte abzustürzen. Mit Hilfe regionaler Betriebe konnte die überwiegend aus Holz bestehende Kanzel repariert werden. Den Innenausbau erledigten die Mitglieder des Fördervereins in mehr als 4000 Stunden ehrenamtlicher Arbeit. Die Gelder für Material und die Kosten von Handwerksfirmen wurden aus privaten und Spenden von Firmen, Zuschüssen aus dem Denkmalschutz und Fördermitteln finanziert. Rund 50.000 Euro hat die Sanierung bis heute gekostet.

Fotos: Jochen Hank

FUNKTIONIEREN NUR MIT MUSKELKRAFT: DIE BLAUEN STELLHEBEL STEUERN DIE WEICHEN, DIE ROTEN FÜHREN ZU DEN SIGNALEN.

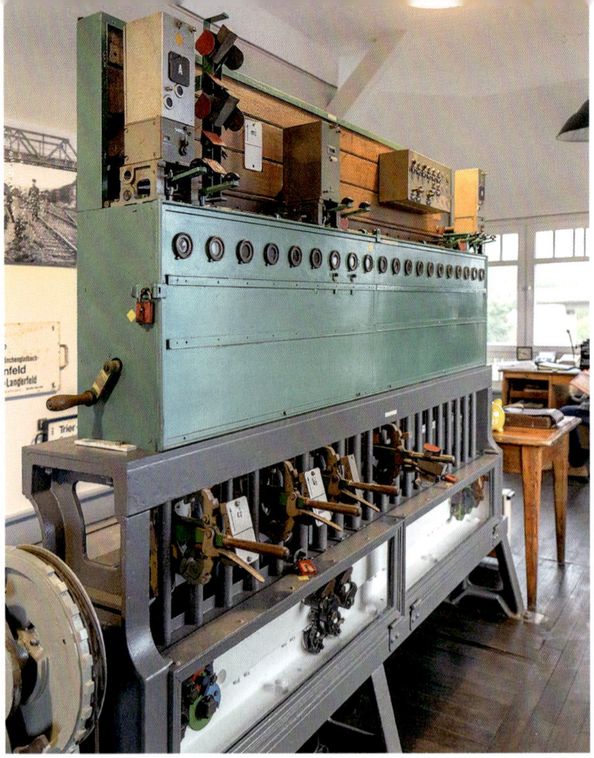

DER GRÜNE BLOCKKASTEN SORGTE FÜR DIE KOMMUNIKATION MIT DEN NACHBARBAHNHÖFEN.

VIELE EXPONATE AUS EINER VERGANGENEN EISENBAHNZEIT FINDEN SICH IM STELLWERK LISSENDORF.

Lothar Schun, Vorsitzender des Fördervereins, ist unendlich dankbar für die vielseitige Hilfe, die dem Verein zuteilwurde: „Es ist unbeschreiblich, wie viele Stunden ehrenamtlicher Arbeit in allen Bereichen geleistet wurden. Das Bauwerk wurde innen und außen instand gesetzt, das Umfeld durch Aufstellung von Signalen und bahntechnischen Einrichtungen angepasst und dem Verein wurde eine Fülle von Ausstellungsstücken zur Verfügung gestellt." Das kleinere der beiden Signale stammt aus Koblenz, wo es im Schrebergarten eines ehemaligen Stellwerkmitarbeiters stand, erzählt er. Dort musste es weichen – zum Glück für die Lissendorfer Eisenbahnfreunde.

Heute fühlt man sich im Inneren des Museumsstellwerks wie in eine andere Zeit versetzt. Hier befinden sich auf der Hebelbank blaue und rote Hebel, die manuell betätigt wurden und über Seilzüge die verschiedenen Weichen und Signale steuerten. Man kann man sich sogar selbst als Fahrdienstleiter versuchen und mit etwas Muskelkraft das Signal auf „Freie Fahrt" stellen.

AUS DER NACH DREI SEITEN VERGLASTEN KANZEL HATTEN DIE FAHRDIENSTLEITER EINEN GUTEN RUNDUMBLICK IN SÜDLICHE FAHRTRICHTUNG.

Der Blockkasten, mit vielen Anzeigefeldern und Hebeln, diente der Kommunikation mit den beiden Nachbarbahnhöfen Jünkerath und Oberbettingen und sorgte dafür, dass kein Zug auf ein befahrenes Gleis geleitet wurde. Direkt daneben befindet sich der Schreibtisch des Fahrdienstleiters mit einem Rundum-Ausblick in Fahrtrichtung Oberbettingen.

Neben den technischen Einrichtungen findet man im Museum viele Exponate aus der Eisenbahngeschichte. Das geht von der kompletten Uniform über petroleumbetriebene Signalleuchten und alte Beschilderungen bis hin zur Zange des Schaffners, mit der die Fahrkarten entwertet wurden.

Geplant sind im Außenbereich die Aufstellung einer handbetriebenen Schranke und eines alten Eisenbahnwaggons – die Gleise dafür liegen schon. Außerdem sollen feste Öffnungszeiten dazu dienen, um Einheimischen und Touristen die Technik aus früheren Zeiten nahezubringen. Ideen haben die Mitglieder des Fördervereins Museumsstellwerk Lissendorf e. V. noch zur Genüge – schließlich soll das Ganze ein lebendiges Museum sein, das Jung und Alt begeistert. *(jh)* ■

INFO

Stellwerke dienen dazu, den Bahnbetrieb zu steuern; hier werden Weichen oder Gleissperren gestellt und Signale gesetzt. Vor 100 Jahren wurde dies alles manuell erledigt, unterstützt durch vorwiegend mechanisch funktionierende Sicherheitstechnik.

Fotos: Jochen Hank

NOSTALGIKUM UERSFELD

EIN BLICK ZURÜCK

MIT DEM ERLEBNISMUSEUM „NOSTALGIKUM" IN UERSFELD, DAS 2011 ERÖFFNET WURDE, HAT DIE REGION OBERES ELZTAL EINE ZUSÄTZLICHE AUFWERTUNG ERFAHREN. ÜBER 20.000 GÄSTE HABEN BISHER DAS NOSTALGISCHE HAUS BESUCHT UND FÜHLTEN SICH UM JAHRZEHNTE IN DIE VERGANGENHEIT ZURÜCKVERSETZT.

In der ehemaligen Jungenschule der Gemeinde Uersfeld ist die „Gute Alte Zeit" der 40er, 50er und 60er Jahre verewigt. Die umfangreiche Ausstellung zeigt das Leben der „einfachen Leute" aus dem vergangenen Jahrhundert in verschiedenen Themenbereichen und erlaubt einen Blick auf das einfache ländliche Leben der Menschen von einst.

Die Vielfalt der gesammelten Objekte ist enorm und reicht von Utensilien des täglichen Lebens bis zu ganzen Bereichen wie einem richtigen Tante Emma Laden, bis zum Friseurladen oder zur Schulklasse mit alten Holzbänken, der Schiefertafel und dem Tintenfass. Das Flair des Museums ist einzigartig und zieht immer mehr Gäste, ob jung oder älter, geradezu magisch an. Denn das Erlebnismuseum versprüht Charme und Nostalgie und weckt viele Erinnerungen bei den älteren Gästen und sorgt bei den Jüngeren für Erstaunen. Genau das ist die Intention des Museums. Kamellen noch aus dem Glasbehälter kaufen, selbst noch einmal auf den alten Schulbänken mit dem geneigten Holzpult sitzen, in einer gemütlichen Kneipe mit Geweihen und Zeitungen von anno dazumal verweilen und dabei aus der Musikbox Schallplatten alter Lieder hören. Ein Besuch des Museums „Nostalgikum" ist mehr als nur eine liebevolle Reise in die Vergangenheit, sondern hautnahe Erfahrung jüngerer Geschichte. *(hg)* ■

Fotos: Helmut Gassen

INFO

Nostalgie-Erlebnis-Museum
Nostalgikum Uersfeld
Lindenstraße 1, 56767 Uersfeld
Telefon: 02657 940113
E-Mail: touristik@oberes-elztal.de

Öffnungszeiten
Jeden Sonntag 14 - 17:30 Uhr,
von April bis Oktober zusätzlich
Di. und Do.: 14 - 17:30 Uhr.
Einlass bis 17 Uhr.
Gruppen ganzjährig nach Vereinbarung.

www.nostalgikum.de

VOGELSANG IP

GESCHICHTE ERFAHREN UND NATUR ERLEBEN

EIN AUSFLUG NACH VOGELSANG IP LOHNT SICH RUND UMS JAHR: DER 365-TAGE-ORT IM NATIONALPARK EIFEL HAT VIEL ZU BIETEN.

DIE AUSSTELLUNG „BESTIMMUNG: HERRENMENSCH“

Von der ehemaligen Schulungsstätte des Nationalsozialismus zu einem vielfältigen Erlebnisort für die ganze Familie: Vogelsang ist heute der „Internationale Platz“, aber eben auch ein besonderer Schauplatz der europäischen Geschichte. Wo einst der politische Nachwuchs eines verbrecherischen Systems ausgebildet werden sollte, zieht heute das moderne Ausstellungs- und Bildungszentrum mit seinen multimedialen und barrierefreien Angeboten jedes Jahr mehrere hunderttausend Besucher an. Natur- und Wanderfreunde schätzen darüber hinaus die atemberaubende Umgebung, die der Nationalpark Eifel bietet. Schon mal da gewesen? Der erste Besuch steht noch aus? Dann winkt die Aussicht auf besondere Erlebnisse.

„BESTIMMUNG: HERRENMENSCH“ UND „WILDNIS(T)RÄUME“

Das 2016 eröffnete Forum Vogelsang IP ist dabei Herzstück und Ausgangspunkt zugleich. Der markante Bau des Besucherzentrums steht bewusst in Kontrast zu den denkmalgeschützten Bauten aus den 1930er Jahren. Hier können Besucherinnen und Besucher zwischen zwei Ausstellungen wählen: Die preisgekrönte Dauerausstellung „Bestimmung: Herrenmensch“ der NS-Dokumentation Vogelsang widmet sich der Geschichte des Ortes. Die Erlebnisausstellung „Wildnis(t)räume“ des Nationalpark-Zentrums Eifel vermittelt die Philosophie „Natur Natur sein lassen.“

WOLLSEIFEN UND „WEIMAR IM WESTEN“

Auch abseits des Forums gibt es jede Menge zu entdecken. Ein spektakuläres Wanderziel ist die rund zwei Kilometer entfernte verlassene Siedlung Wollseifen. Sonntags starten eine Ranger-Tour und eine barrierefreie Kutsche von Vogelsang IP aus. Neben täglichen Führungen sind von April bis Oktober Turmaufstiege möglich, die einen einzigartigen 360°-Blick freigeben. Für die passende Stärkung mit Eifelspezialitäten lädt die Panoramagastronomie mit Blick auf den Urftsee zu einer Pause ein. *(red)* ■

Foto: Vogelsang IP

REGELMÄßIGE TERMINE

Ausstellungen
„Bestimmung: Herrenmensch“
„Wildnis(t)räume“
Täglich göffnet von 10 - 17 Uhr

Geländeführung
Täglich um 14 Uhr,
Sa., So. + Feiertage auch 11 Uhr

Geführte Turmbesteigungen
April bis Oktober, täglich um 13 Uhr

www.vogelsang-ip.de

Grafik: Roland Grundheber

DEN KELTEN AUF DER SPUR

STONEHENGE IN DER EIFEL

UND WIEDER ZEIGT DIE EIFEL, WAS IN IHR STECKT: DER „GOLORING" IM BEREICH DES KOBERNER WALDES IN DER OSTEIFEL IST DIE MIT ABSTAND GRÖßTE KELTISCHE TOTENKULT-STÄTTE DER GESAMTEN GROßREGION. SIE ÜBERTRIFFT DIE GLEICH ALTE BERÜHMTE RINGANLAGE STONEHENGE IN ENGLAND BEI WEITEM. DOCH DER „EIFELHENGE" IST UNGLEICH WENIGER BEKANNT.

Das unscheinbare Schild steht schief am Rand der L 52. Keine 100 Meter entfernt rauscht parallel der Verkehr auf der Autobahn 48. Doch hier am Waldrand wirkt es verlassen, versteckt. Der Hinweis zeigt auf das verschlossene Tor eines offenkundig in die Jahre gekommenen Doppelzauns mit Stacheldrahtkrone. „Goloring – Keltische Kultstätte". Gesichert wie ein aufgegebenes militärisches Sperrgebiet. Wer sieht das beim Vorbeifahren? Wer weiß, dass hier, auf einem Höhenrücken kurz vor der Abdachung der Osteifel ins Rheintal, das einstige Zentrum eines Totenkultes zu finden ist?

Hans-Toni Dickers schließt das Tor auf, dann muss er kräftig am Gitter rütteln, bevor es quietschend und schwergängig den Weg freimacht. Das macht Dickers auch nur zu wenigen Führungen im Jahr. Nun tut sich zwischen zwei alten barackenartigen Gebäuden im Hintergrund ein kreisrundes, 200 Meter im Durchmesser großes Areal auf, künstlich hergestellt. Außen ein aufgeworfener Erdwall, dahinter ein bis auf 1,50 Meter erhöhtes Plateau mit rund 100 Metern Durchmesser. Fast genau in der Mitte ein Pfahl: Der „Goloring".

Dickers, Schatzmeister des Fördervereins zur Erhaltung der prähistorischen Kultanlage im Kuratorium für Heimatforschung und -pflege Kobern-Gondorf, bittet in eines der beiden gemauerten eingeschossigen Gebäude am Eingang zum Gelände. Er führt in eine einstige Kantine mit Ausgabe aus einer Küche. Der Raum wurde offenkundig frisch gestrichen. Ein paar Schautafeln hängen an der Wand. Sie sollen erklären, was der „Goloring" ist und ihn so besonders macht.

Dafür muss man zurück ins Jahr 1938. Damals hatte die nationalsozialistische Reichsregierung den Bau der heutigen Autobahn von Koblenz nach Trier geplant. Bevor der Bau auch bei Wolken begann, war 1942 der Archäologe Dr. Josef Röder vom Landesmuseum Koblenz auf Anweisung der Regionalregierung in Bonn in der Gegend unterwegs.

Er entdeckte bei ersten Ausgrabungen Überraschendes. Unter anderem die Standspur eines – wie spätere Berechnungen ergaben – acht bis zwölf Meter hohen Holzpfahls mitten auf einem zentralen, kreisrunden Plateau. Und dann Keramik-Funde, schließlich einen künst-

DIESE REKONSTRUKTION DES GOLORINGS IST NICHT IN JEDEM DETAIL ARCHÄOLOGISCH KORREKT, DIE WESENTLICHEN KENNZEICHEN DER KULTANLAGE ABER STIMMEN: ZUM BEISPIEL DAS ERHÖHTE KREISRUNDE PLATEAU MIT DEM MARKANTEN BAUMSTAMM IN DER MITTE.

lichen äußeren Graben um das Plateau herum. Röder dokumentierte die Funde 1947 in den „Bonner Jahrbüchern für Archäologie". Die Trasse der heutigen Autobahn A 48 führt, wie man mittlerweile weiß, fast mitten durch einen aus 79 keltischen Hügelgräbern bestehenden prähistorischen Friedhof.

Dass der frei gestellte Platz der Kultstätte, dem man sich heute etwa über einen Abstecher vom „Traumpfad Koberner Burgpfad" bis zu einer Hinweistafel am Zaun nähern kann, über zwei asphaltierte Rundwege begehbar ist, ist allerdings seiner jüngsten Nutzungsgeschichte nach dem Zweiten Weltkrieg zu verdanken.

Unmittelbar nach Kriegsende baute das französische Militär hier ein Munitionsdepot, 1957 übernahm die Bundeswehr das Areal und richtete Mitte der 1960er Jahre eine Hunde-Quarantänestation ein. Wenig respektvoll ging man damals mit dem zentralen Plateau der alten Weihestätte um: Es wurden 48 Quadratmeter große Hundehütten gebaut. 1995 wurde der Standort aufgegeben, 2003 die Hütten abgerissen. Nur der umlaufende Doppelzaun und zwei Gebäude blieben stehen. In der einstigen Standortverwaltung befindet sich heute die kleine Informationsschau.

„Die Gesamtanlage ist wirklich bemerkenswert", sagt Dr. Cliff A. Jost von der Außenstelle Koblenz der Generaldirektion Kulturelles Erbe Rheinland-Pfalz. Der „Ring" und Teile des Areals drum herum mit zahlreichen noch ungeöffneten – teilweise unberaubten – keltischen Hügelgräbern stehen seit 1967 unter Denkmalschutz.

Die zentrale Kultstätte „Goloring" wurde lange Zeit auf Basis von Funden auf die späte Bronzezeit um 1000 vor Christus datiert. Doch dann entdeckte steinzeitliche Werkzeugartefakte haben diese Datierung mittlerweile korrigiert: Man gehe, so Toni Dickers, mittlerweile davon aus, „dass der ‚Goloring' so alt ist wie Stonehenge, also um 3300 vor Christus angelegt wurde."

Intensiv, vermutlich als Totenkultstätte, genutzt wurde die Anlage um 700 bis 500 vor Christus. Es wurden auch Funde aus römischer Zeit ab 200 bis rund 400 nach Christus entdeckt. Eine kultische Weiternutzung des „Rings“ nach der Zeitenwende hält Archäologe Joist allerdings für unwahrscheinlich. „Mit Stonehenge können Sie das durchaus vergleichen“, ist auch er überzeugt. Er kenne keine „ähnlich große Anlage aus dieser Zeit“ in der gesamten Eifel. Jost muss es wissen: Er hat über die Zeit der Kelten in der Eifel promoviert.

Im Vergleich mit der berühmten Kultstätte bei Salisbury gibt es bemerkenswerte Gemeinsamkeiten: Die kreisförmigen Ringwälle, ein Durchlass im Ring nach Nordosten, wohl der Zugang zur zentralen Kultstätte in der Platzmitte. Eine zweite Öffnung des „Golorings“ im Südwesten ist durch Bodenerosion entstanden, so Hans-Toni Dickers. Sie ist an der tiefsten Stelle der Anlage, die zum Rheintal und den Westerwald ausgerichtet ist. Bei einer der Grabungskampagnen in den vergangenen Jahrzehnten entdeckten Archäologen am Nordost-Eingang zudem eine 27 mal 14 Meter tiefe Senke mit durch blauen Ton abgedichteter Sohle. Ein ritueller Platz?

Die genaue Lage der Örtlichkeit hat nach der Überzeugung des „Goloring“-Führers schließlich nicht nur mit einem einst, vielleicht durch freigerodete Sichtachsen entstandenen, möglichen Fernblick bis in den Westerwald zu tun. Auch zu einigen der vier wichtigen kultischen Feste der Kelten habe die untergehende Sonne direkt über dem Kamelenberg oberhalb des Rings gestanden. Es muss ein für die dem Naturglauben anhängenden Kelten faszinierender Anblick von der Mitte des „Golorings“ aus gewesen sein.

Von dort, wo Entdecker Röder die Standspur des Holzpfahls entdeckt hatte. Ob es sich bei diesem Pfahl etwa um eine astronomische Sonnenuhr gehandelt hat? Es gibt Mutmaßungen über eine Ausrichtung der gesamten Anlage nach dem Stand der Sterne und des Mondes. Bewiesen ist das alles bisher noch nicht.

EIN PLATZHALTER: DIESER PFAHL STEHT HEUTE NUR WENIGE ZENTIMETER ENTFERNT VON DER 1942 ENTDECKTEN STANDSPUR EINES BIS ZU ZWÖLF METER HOHEN PFAHLS AUS KELTISCHE ZEIT. DIE POSITION IST EXAKT IN DER MITTE DES 200 METER IM DURCHMESSER GROẞEN „GOLORINGS“ AUF DEM ERHÖHTEN INNEREN PLATEAU DES KULTPLATZES.

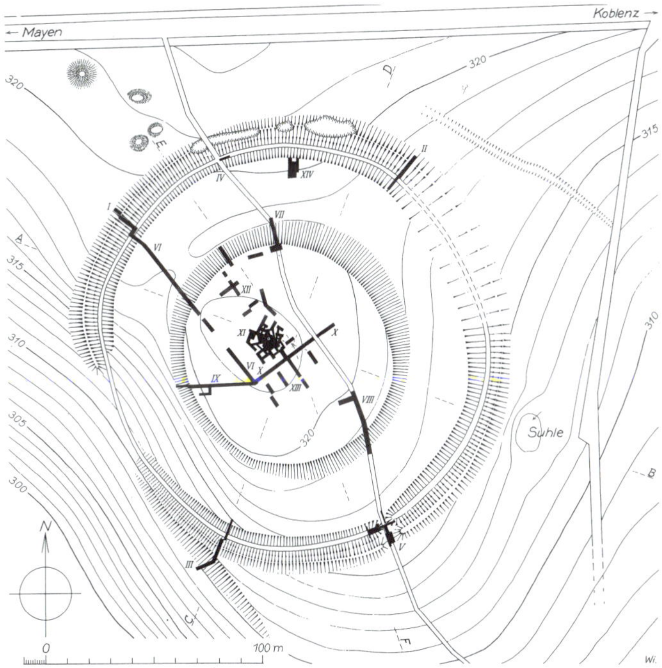

ÜBERSICHT DER BEFUNDE AUS DEN BISHERIGEN GRABUNGEN (SCHWARZE FLÄCHEN) AUF DEM „GOLORING“.

Foto: Stefan Liesel, Karte: Generaldirektion Kulturelles Erbe Rheinland-Pfalz

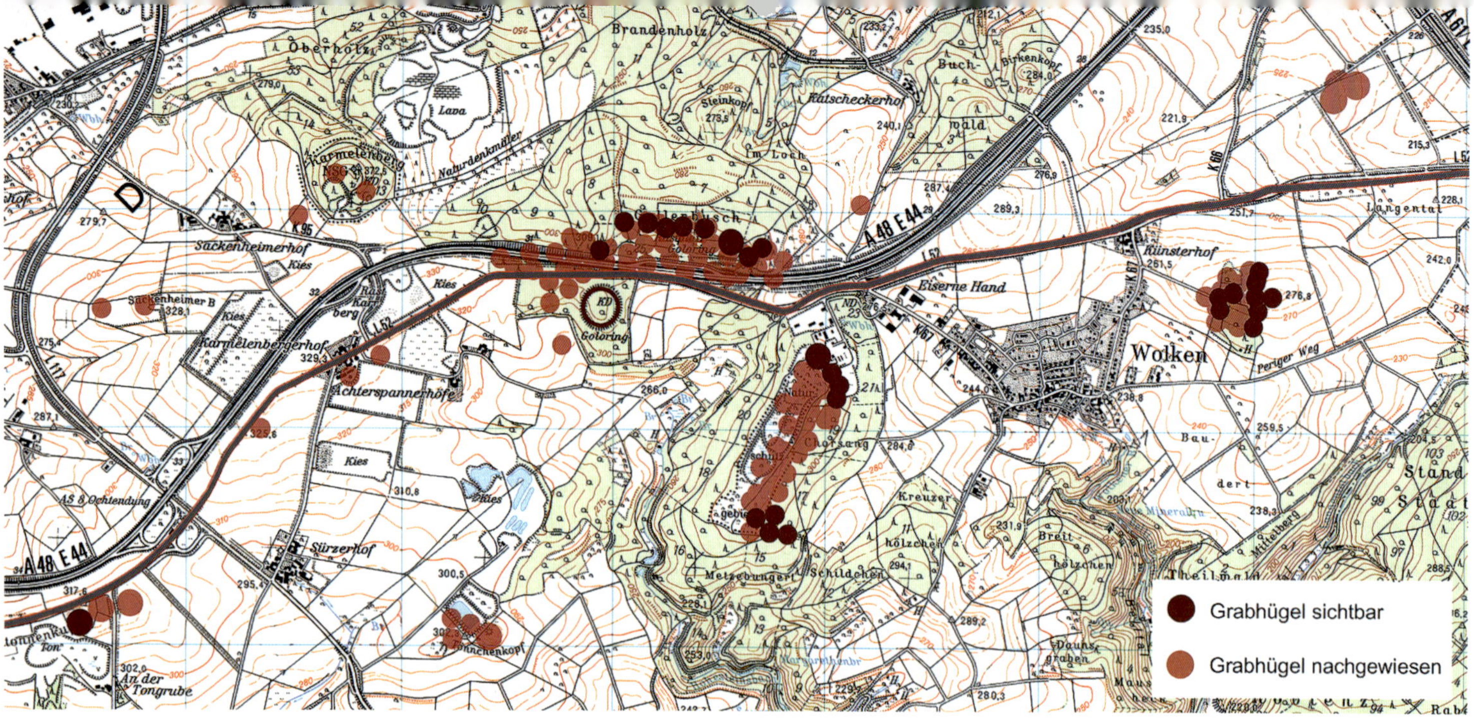

KARTE DES GELÄNDES RUND UM DEN „GOLORING" MIT GRÄBERFELDERN:
OFFENBAR WAR DAS PLATEAU IN DER OSTEIFEL EIN INTENSIV GENUTZTER ORT FÜR TOTENKULTE

Zwischen Stonehenge und dem „Goloring" gibt es aber auch Unterschiede. Der augenscheinlichste: Wo man bei der englischen Henge-Anlage Menhire verwendete, weil sie als Baumaterial verfügbar waren, nutzten die Menschen der Hallstatt- und der Latène-Zeit in der Osteifel für den Bau ihres „Eifelhenge" das Erdreich zum Bau des Hochplateaus. Und der „Goloring" ist mit 198 Metern Durchmesser bis zum äußeren Wall mehr als dreimal so groß wie die Anlage bei Salsibury in England.

Die Befundlage aufgrund mehrfacher Grabungen, so 2003 und 2005 bis 2010, machte die Vermutung jedenfalls zur Gewissheit, dass sich auf diesem Höhenrücken der Osteifel einst ein bedeutendes religiöses Zentrum keltischen Lebens befunden haben muss. Fortifikationsanlagen für eine Befestigung wurden nicht entdeckt.
Dafür, bei den Bauarbeiten für ein Gewerbegebiet in der Nähe, bis zu 60 Meter große keltische Gräber mit Goldfibeln, Streitwagen und anderem mehr als Grabbeigaben: Die letzte Ruhestätte eines Mitglieds der keltischen Elite.

Grabhügel aus keltischer Zeit und römische Gräberfelder in dichter Reihung wie auf einem Friedhof sind auch jenseits der A 48, nahe dem Parkplatz „Goloring", nachgewiesen worden. Im Umkreis ist die Befundlage ähnlich gewesen: Für den Bims- und Kiesabbau wurden Grabanlagen gleich dutzendfach zerstört.
Um den „Goloring" vor diesem Schicksal zu schützen, kaufte der Landkreis Mayen-Koblenz 2004 von der Bundesanstalt für Immobilienaufgaben das 18 Hektar große Gelände für rund 90.000 Euro. Finanziert wurde der Kauf von der Sparkassenstiftung.
Vier Jahre später gründete sich der Förderverein Goloring, dessen Schatzmeister der 75-jährige Hans-Toni Dickers aus Kobern ist. Er und seine wenigen ehrenamtlich tätigen Kollegen – meistens ältere Herren – bekommen vom Landkreis Geld für die Instandhaltung des Geländes: Baumbeschnitt, Fällungen, Fahrten auf dem Aufsitzmäher vier Mal im Jahr. Die Gemeinde Kobern-Gondorf wiederum beteiligte sich mit 50 Prozent der Kosten für den dringend nötigen Innenanstrich im Vortragshaus der Kultanlage. Aber sonst? „Gibt es keine aktuellen Pläne. Das Gelände soll, unter anderem für archäolo-

DER BIS ZU 2,50 METER TIEFE GRABEN VOR DER ÄUẞEREN WALLANLAGE IST NOCH HEUTE GUT ERKENNBAR.

gische Untersuchungen, weiterhin gesichert werden“, so Ingo Auer von der zuständigen Kreisverwaltung Mayen-Kobenz.

Für die Archäologen eigentlich ein glücklicher Umstand, bei aller Bescheidenheit der Ziele. Denn eine offensive touristische Vermarktung des Areals wäre nicht unproblematisch. Cliff A. Jost in Koblenz meint nur: „Wir können den Förderverein fachlich bei seiner Arbeit unterstützen. Für mehr haben wir nicht das Geld und das Personal“. Aber: „Der Goloring und die Umgebung werden künftigen Archäologen noch manche Überraschung bieten.“ Etwa im Umkreis einer kleineren Vorgängeranlage, die bisher noch nicht näher erforscht ist.

So bleibt der „Goloring“ vermutlich das, was er seit der Entdeckung durch Josef Röder ist: Ein Geheimnis, von dem fast nur die an Archäologie und Vorgeschichte Interessierten wissen.

Die Standspur in der Grube hinter einer Rutschschräge für den kultisch-keltischen Baumstamm auf dem Plateau des „Golorings“ kommt Hans-Toni Dickers jedenfalls bekannt vor: „So hat man früher auf dem Dorf den Mai- und den Kirmesbaum aufgestellt: Ein Loch buddeln, eine Schräge und dann hoch damit.“ *(sli)* ■

INFO

Anmeldung für Führungen über den „Goloring“: Hans-Toni Dickers, Tel.: 02607 – 1651, mobil: 0175 – 28 23 07 2, hanstoni@dickers-kobern.de

Foto: Stefan Lieser

WER WAR „GOLO“?

Vermutlich bezieht sich der Name auf die spätmittelalterliche „Genoveva-Sage“. Für die regionale Tradition der Pellenz wird von Heimatforschern angeführt, dass in dieser Landschaft eine Reihe von Örtlichkeiten zu Namen und Inhalten der Genoveva-Legende passen – vorrangig Fraukirch bei Thür als wichtiger Angelpunkt der Sage seit 400 Jahren, aber auch die Genovevahöhle im Hochstein bei Ettringen, die Genovevaburg in Mayen mit Goloturm und das Golokreuz bei Thür. Zahlreiche Straßen der Orte der Region tragen Namen aus der Sage. Da diese Benennungen sicher alle dem 19. oder 20. Jahrhundert entstammen, drücken sie jedoch mehr eine auch noch heute in der Bevölkerung erkennbare Verbundenheit aus als einen Beweiswert. Auch die Genovevahöhle bei Butzweiler führt ihren Namen erst seit der Mitte des 19. Jahrhunderts. Besonders erwähnenswert in diesem Zusammenhang ist der Goloring im Koberner Wald. Dabei handelt es sich um den angeblichen Platz der Vierteilung des Ritters Golo.

Quelle: Wikipedia

Foto: Kloster Steinfeld

KLOSTER STEINFELD

SYNONYM FÜR DIE EIFEL

DAS KLOSTER STEINFELD ERHEBT SICH MIT SEINEN DREI CHARAKTERISTISCHEN TÜRMEN ÜBER EINEM HÖHENZUG DER NORDEIFEL. DIE GESCHICHTLICHEN ANFÄNGE REICHEN BIS IN DIE ZEIT HEINRICHS I. (919-936) ZURÜCK. UM 1070 ERFOLGTE EINE ERSTE KLÖSTERLICHE NIEDERLASSUNG.

DIE BASILIKA

Die Klosterkirche wurde zwischen 1142 und 1150 als eine der frühesten deutschen Gewölbekirchen im romanischen Stil erbaut. Kunstgeschichtlich ist das Gotteshaus ein Ensemble der verschiedenen einander folgenden Stile. Hier ist vor allem die romanische Architektur mit der vorwiegend barocken Ausstattung harmonisch vereint.

Die Kirche, die sich seit 1960 päpstliche Basilika minor nennen darf, ist die Ruhestätte des heiligen Hermann Josef von Steinfeld. Wie groß die Beliebtheit des „Eifelheiligen“ immer noch ist, zeigen die hohen Besucherzahlen bei den Gottesdiensten und den jährlich gefeierten Hermann-Josef-Dienstagen in Vorbereitung auf das Hermann-Josef-Fest mit der Erhebung der Gebeine, dem Pontifikalamt und der sich anschließenden Reliquienprozession. Weltberühmt ist die Basilika für ihre einzigartige König-Orgel von 1727 mit ihrem wundervollen Klang. Den kann man nicht nur bei Konzerten, sondern auch bei den sonntäglichen Gottesdiensten erleben .

1121 kamen Regularkleriker aus Springiersbach (Kreis Wittlich) nach Steinfeld, die um 1130 die Regel des Prämonstratenserordens übernahmen, der erst zehn Jahre zuvor vom hl. Norbert von Xanten, dem späteren Bischof von Magdeburg, gegründet worden war. Steinfeld zählte zu den bedeutendsten Klöstern im deutschen Reich. Tochtergründungen erfolgten in Irland, Holland, Deutschland, vor allem aber im Osten. 1184 wurde Steinfeld zur Abtei erhoben, in der bis zur Säkularisierung (1802) 44 Äbte in ununterbrochener Reihenfolge regierten.

Danach diente das Kloster verschiedenen weltlichen Zwecken, unter anderem als „Königlich-Preußische Erziehungsanstalt“, bis es 1923 von der Ordensgemeinschaft der Salvatorianer übernommen und neu belebt wurde. Die ersten Jahre waren für die Ordensleute schwer, mussten sie doch die heruntergewirtschafteten Gebäude auf Vordermann bringen. Die Salvatorianer übernahmen die Pfarrseelsorge und errichteten 1924 ein Gymnasium mit einem Internat. Nach dem Krieg konnte die von den Nazis geschlossene Schule wiedereröffnet werden und wurde 1958 zum Vollgymnasium ausgebaut. Die Salvatorianer etablierten im Kloster Steinfeld einige apostolische Werke: Verlagsbuchhandlung (heute Klosterladen), Gäste- und Bildungshaus und Akademie Kloster Steinfeld. Steinfeld wurde so wieder zu einem Zentrum der Bildung und Spiritualität, Kunst und Kultur über die Region hinaus.

In den vergangenen Jahren hatten auch die Salvatorianer immer mehr mit wirtschaftlichen Schwierigkeiten zu kämpfen: Das Internat musste geschlossen werden, es wurde sogar ein Verkauf der Klosteranlage in Erwägung gezogen. Aber es gab Rettung in letzter Sekunde: Wolfgang Scheidtweiler, Hotelier, Brauer und Geschäfts-

EIN BLICK IN DIE WEITLÄUFIGE KLOSTERANLAGE.
ALLEIN DIE GESCHOSSFLÄCHE DES KLOSTERBAUS BETRÄGT 27.000 QUADRATMETER.

mann aus Pforzheim, der aus der Eifel stammt, wurde aktiv. Scheidtweiler und seine Familie sanierten zunächst das in Insolvenz befindliche Biogas-Kraftwerk des Klostergutes. Dann legten sie umfangreiche Pläne vor, um das Kloster Steinfeld mit der Eifelbasilika und dem Grab des Heiligen Hermann-Josef langfristig auf wirtschaftlich solide Füße zu stellen.

Scheidtweilers einzige Bedingung, erinnert sich Salvatorianer-Provinzial Pater Hubert Veeser: "Wir mussten versprechen, dass die Salvatorianer dauerhaft in Steinfeld bleiben, jedenfalls so lange, wie wir das irgendwie gewährleisten können."

Wolfgang Scheidtweiler erhält seitdem das Kloster als geistliches und geistiges Zentrum. „Steinfeld ist nicht wegzudenken, es ist das Synonym für die Eifel", betont der studierte Bierbrauer, der dem Kloster seit Kindheitstagen eng verbunden ist. Es ist ein enormer Gewinn für die gesamte Eifel, dass Kloster Steinfeld wieder eine Zukunft hat. Eine gemeinsame GmbH & Co. KG hat die weitläufige Klosteranlage mit Ausnahme der Basilika, des Gymnasiums und des Klosterguts, übernommen. Grundlage des abgeschlossenen Erbpachtvertrages ist, dass die Salvatorianer als Mitgesellschafter beteiligt sind. Gleichberechtigte Geschäftsführer sind Wolfgang Scheidtweiler und Salvatorianer-Ökonom Pater Lambertus Schildt, die das Kloster gemeinsam führen.

MODERN AUSGESTATTETE ZIMMER IM ALTEN GEMÄUER: DIE RÄUMLICHKEITEN IM GÄSTEHAUS LASSEN KEINE WÜNSCHE OFFEN.

EIN BELIEBTER ORT FÜR FEIERLICHKEITEN: DER SCHAFSTALL DES KLOSTERS.

Innerhalb kurzer Zeit ist bereits viel passiert: Das leer stehende Internat wurde komplett saniert, dort entstanden 64 komfortable Einzel- und Doppelzimmer im gehobenem Vier-Sterne-Standard. Das neue Gästehaus soll als Tagungsort, aber auch für Touristen und Wanderer als komfortable Herberge dienen. Denn dank Eifelsteig, dem „schönsten Wanderweg Deutschlands“ (2015), der direkt mit der Etappe 5 am Kloster vorbeiführt, setzt man auch auf den wachsenden Eifel-Tourismus. Im schon lange bestehenden „alten Gästehaus“ stehen weitere 60 Doppel- und Einzelzimmer zur Verfügung. Dort gibt es preiswerte Übernachtungsmöglichkeiten für junge Leute und Familien mit kleinerem Budget. Generell sind die Gäste eingeladen, während ihres Aufenthalts das Kloster zu erkunden, Einkehr zu halten, etwa im Kreuzgang oder in den Klostergärten. Es ist eine besondere Atmosphäre, die das klösterliche Ambiente bietet.

Bereits im Mittelalter waren Klöster die ersten Hotel- und Restaurantbetriebe und Gastfreundschaft stand seit jeher hoch im Kurs. Das bleibt auch in Steinfeld so: Die Gäste nehmen die Mahlzeiten gemeinsam mit den Ordensschwestern und -brüdern im Refektorium ein, einem Speisesaal in urigem Gewölbe. Mittags kann man zwischen zwei warmen Gerichten aus der bodenständigen Klosterküche auswählen, abends bietet man eine zünftige Eifel-Vesper.

Zusätzlich gibt es noch das Klostercafé mit angeschlossenem Klosterladen. Hier kann man Kleinigkeiten essen, das Steinfelder Klosterbier genießen oder regionale Spezialitäten und Devotionalien erstehen.

Die Tagungskapazitäten im Kloster, mit 27.000 Quadratmeter Geschossfläche ohnehin ein „Riesenbau“, sind vielfältig. Es stehen 14 verschiedene Tagungs- und Seminarräume von acht bis zu 450 Plätzen zur Verfügung. Für Hochzeiten ist das Kloster mit Standesamt und Basilika ideal. Wenn Eheschließung und kirchliche Trauung vorüber sind, lädt der Schafstall mit historischem Gewölbe zum unbeschwerten Feiern ein.

GENUSS FÜR GAUMEN UND GEMÜT:
KLOSTERCAFÉ UND KLOSTERLADEN MIT WOHLFÜHLAMBIENTE

Mit Christoph Böhnke leitet seit Herbst 2015 ein ehemaliger Steinfelder, der im Internat wohnte und am Hermann-Josef-Kolleg sein Abitur ablegte, die Geschicke im Gäste-, Tagungs- und Eventbereich. Zuvor hatte er als Hoteldirektor im Hillesheimer „Augustiner-Kloster“ Akzente gesetzt, und zudem im Nachbarhaus das erste Krimihotel Deutschlands etabliert. Für die Patres bedeutet die Existenzsicherung des Klosters, dass sie sich in Zukunft wieder auf ihre originäre Aufgabe konzentrieren können. „Wenn die Mitbrüder nun nicht mehr dauerhaft mit finanziellen Sorgen beschäftigt sind, können sie sich wieder vorrangig auf ihre pastorale Aufgabe besinnen und als Seelsorger tätig sein“, so Provinzial Pater Hubert Veeser. Die Patres sind für sieben Pfarreien und zwei Filialkirchen tätig. Die Voraussetzungen sind, nachdem die wirtschaftliche Krise beendet wurde, optimal, denn nicht allein das Kloster, sondern auch die Basilika mit der weltberühmten König-Orgel bieten Eifeler Kulturgeschichte in seltener Vollkommenheit. *(hfr)* ■
www.kloster-steinfeld.de

DER KREUZGANG

Um 1500 wurde der mit der Basilika an ihrer Nordflanke im romanischen Stil erbaute Kreuzgang in einer Zeit baugeschichtlicher Wende neu gestaltet. Er weist daher in der Architektur Elemente aus Romanik, Gotik und Renaissance auf. Zugleich wurde er um ein weiteres Stockwerk hochgezogen.

Als die architektonischen Umbauten kaum abgeschlossen waren, wurden die Fenster mit farbigen Scheiben versehen. Es entstand ein Bilderzyklus, der die Heilsgeschichte darstellte, angefangen vom Engelsturz und der Erschaffung des Menschen über Leben und Sterben des Herrn bis zur Auferstehung. Als Motive dienten die Werke großer christlicher Künstler. So wurde ein großartiges Kunstwerk geschaffen, das aber leider zu Beginn des 19. Jahrhunderts nach England gelangte und heute noch in großen Teilen im Victoria-und Albert-Museum in London erhalten ist. Nur eine Sockelscheibe mit der Darstellung des Apostels Simon und ein kleineres Fragment kehrten nach Steinfeld zurück.

Foto: jodage/flickr

DIE SCHWANENKIRCHE IN ROES

AUF SCHWANES SCHWINGEN

KELTEN LIEBTEN UNVERSTELLTE WEITBLICKE ... UND DAS MAIFELD IST IDEAL DAFÜR. DIE WIE EINE MEERESDÜNUNG AUSGEBREITETEN FELDER – RAPS, GETREIDE UND KARTOFFELN GEDEIHEN HIER AUF DEM VULKANISCH GEDÜNGTEN BODEN PRÄCHTIG – UND KLEINE ORTE, IN DENEN SICH DIE AUS DUNKLEM LAVAGESTEIN GEBAUTEN HÄUSER REGELRECHT ANEINANDERKUSCHELN, BIETEN IMMER WIEDER FREIE HORIZONTE BIS ZU DEN HÜGELKETTEN VON HUNSRÜCK UND WESTERWALD.

MINIMALISMUS IN LEUCHTENDEN FARBEN:
DIE BUNTGLASFENSTER TAUCHEN DAS INNERE DER SCHWANENKIRCHE IN WARME VIOLETT-, ROT-, GELB- UND ORANGETÖNE.

Die tief eingeschnittenen Täler von Rhein und Mosel ahnt man hier oben nur. Vor allem mit dem E-Bike sind Landstraßen, Wirtschaftswege oder ausgewiesene Radwege etwa auf ehemaligen Bahntrassen ein leichtgängiges Vergnügen, man kann vor sich hin rollen und sich fühlen wie ein Vogel, der mühelos über der Landschaft schwebt.

Doch neuerdings müssen auch Vögel hier vorsichtig sein. Die Verantwortung dafür hat der Klimawandel oder vielmehr das, was Politiker glauben, dagegen tun zu können oder zu müssen. Geradezu obsessiv ließ man hier Windräder in die Gegend klotzen, sicher nicht immer nur den Klimaschutz, sondern auch volle Gemeindekassen im Sinn. So ist das atemberaubend schöne Panorama an etlichen Stellen löchrig und zeigt, dass auch ein Zuviel des Guten eben zu viel ist. Vielleicht ist es notwendig, vielleicht ein Irrweg, es wird sich zeigen.

Nur hätte vermutlich in heutigen Zeiten auch der Schwan in Problem, welcher der Sage nach einen Eifeler Kreuzritter auf seinen Schwingen aus der Gefangenschaft befreite und über das Meer nach Hause trug. Der Gerettete erwachte beim Dorf Roes, nicht weit entfernt von der prachtvollen Burg Pyrmont. Die wiederum thront wie ihre berühmtere Schwester, die Burg Eltz, auf einem steilen Schieferfelsen über dem Elzbach und ist mittlerweile Kulisse für einen der schönsten Wanderwege Deutschlands, den Pyrmonter Felsensteig.

Fotos: Angelika Koch (links), jodagan/flickr (oben)

DIE URSPRÜNGLICHE SCHWANENKIRCHE WURDE WÄHREND DES ZWEITEN WELTKRIEGS ZERSTÖRT. DER HEUTIGE BAU AN GLEICHER STELLE STAMMT AUS DEN JAHREN 1950 BIS 1952.

Foto: RomkeHoekstra/wikipedia

Die Legende von der tierischen Befreiung des christlichen Ritters inspirierte die Herren der Adelshäuser von Pyrmont und Erenberg zum Bau einer Hallenkirche mit einem dreischiffigen Gewölbe, wie es dem Stil der Spätgotik entsprach. Ausgewählt wurde die Stelle, an welcher der Schwan angeblich seine schlafende Fracht auf das Feld entließ, also außerhalb der Besiedlung. 1473 war die Wallfahrts- und Schutzkirche St. Maria fertiggestellt.
Und so überstand der architektonische Schatz die Jahrhunderte, vom typischen Maifeld-Wind umweht. Bis am 25. September 1944 eine Bombe der Alliierten einschlug. Nur ein Vesperbild überstand den Angriff als zersplittertes Stück sakraler Kunst und konnte wieder zusammengesetzt werden.

Doch die Kirche geriet nicht in Vergessenheit, genauso wenig wie die Legende der Errettung auf den Schwingen eines Schwanes. Der Architekt Karl Peter Böhr aus Mayen entwarf einen Neubau. Zeitgemäß sollte er sein und doch an die Tradition anknüpfen. So entstand in den Jahren 1950 bis 1952 ein schlichter Bau auf den Grundrissen der spätgotischen Schutzkirche. Von außen wirkt sie kompakt wie eine typische Eifeler Wehrkirche, in die sich die Bevölkerung auch in Kriegswirren flüchtete. Niemand ahnt, welches seelenöffnende Aha-Erlebnis ihn im Inneren erwartet.

Kaum hat man den Kirchenraum betreten, ist man in einer vollkommen anderen Welt. Die Rotoren, welche draußen bedrückend wirken, scheinen Lichtjahre entfernt. Es ist, als sei man selbst der träumende Ritter, der durch den leuchtenden Himmel nach Hause getragen wird. Die Sonnenstrahlen, die das Maifeld wärmen, verwandeln sich hier in ein Fest aus feurigen warmen Farben, wie Nordlichter einer anderen Galaxie. Denn nicht Grün schimmert im Raum, sondern die wärmsten Violett-, Rot-, Gelb- und Orangetöne.

Der Rest ist Minimalismus pur, das Kirchenschiff könnte reduzierter und strenger nicht ausgestattet sein. So werden die Sinne vollkommen auf das Licht gelenkt und es entsteht ein Gefühl dafür, auf rätselhafte Weise gerettet zu sein. Vielleicht vor den Wirren der Zeit, vor dem Klimawandel, vor den Don-Quichotte-Kämpfen gegen Windmühlenflügel.

Ein Förderverein kümmert sich seit 1994 um den Erhalt der Schwanenkirche. Rund 200 Menschen haben es sich so zur Aufgabe gemacht, diesen besonderen spirituellen Ort zu schützen. Dabei ist der Ort nicht aus der Welt gefallen: Konzerte und andere Veranstaltungen finden hier statt, immer noch kommen Pilger und natürlich ist die Kirche ein Platz für Andachten. *(ako)* ■

INFO

Seit 1994 gibt es den „Förderverein zur Renovierung und Erhaltung der Schwanenkirche e. V.". Der Verein umfasst mehr als 200 Mitglieder aus den umliegenden Ortschaften und sogar überregional. Unter anderem wurden eine barrierefreie Sanitäranlage sowie verbesserte Parkmöglichkeiten geschaffen. Der Rheinische Verein für Denkmalpflege und Landschaftsschutz hat eine Broschüre „Die Schwanenkirche bei Roes/Eifel" herausgegeben, welche beim Förderverein unter der Telefonnummer 02672/8282 angefordert werden kann. www.eifel.info/a-schwanenkirche

EXERZITIENHAUS ST. THOMAS

MEDITIEREN AM UFER DER KYLL

DIE STRAẞEN, UM ZUM EXERZITIENHAUS ST. THOMAS ZU KOMMEN, SIND SO SCHMAL, DASS ENTSCHLEUNIGUNG ANGESAGT IST, WENN ZWEI FAHRZEUGE EINANDER AUF DER L 24 BEGEGNEN. DIESE LANDSTRAẞE WINDET SICH AN DER KYLL ENTLANG, AUF DEM SCHMALEN GRAT ZWISCHEN BEWALDETEM STEILHANG UND FLUSS. MAN KÖNNTE MEINEN, DIE NUR RUND 300 EINWOHNER DES DORFES ST. THOMAS BRAUCHEN WOHL KEINE SCHNELLEN VERBINDUNGEN ZUR AUẞENWELT.

Die ökologischste Verbindung funktioniert auch anders. Die Besucher kommen mit der Bahn: Es gibt hier in St. Thomas, auf der gemächlich zuckelnden und fast immer eingleisigen Regionallinie von Köln nach Trier, eine kleine Haltestelle. Oder man wählt die sportliche Methode, bepackt sein Fahrrad und nutzt den Kylltalradweg. Auf jeden Fall hat die Anreise schon gezeigt, wie sich Stress und Städte allmählich aus der Wahrnehmung verabschieden. Etliche Kilometer lang gibt es nur kleine Dörfer zu sehen, vielleicht hat der reisende Mensch einen Blick auf die Bertradaburg in Mürlenbach erhascht, hier und da einen in den Buntsandstein und Wald geschmiegten Gasthof – vermutlich leerstehend – erblickt und eben ganz viel Grün in allen Schattierungen genossen. Besser kann die Einstimmung auf Seelenruhe nicht gelingen. Es scheint, als verschluckten die Galeriewälder des Kylltals die Zivilisation, wenn man noch ein bisschen wartet. Lediglich zwischen Densborn und Mürlenbach macht sich in flachen Bauten so etwas wie Industrie bemerkbar. Ihr Eindruck jedoch ist dem, der nach St. Thomas will, kein bleibender.

Fotos: Jochen Hank

BLICK IN DIE KLOSTERKIRCHE

Erlen stehen hier am Ufer nur selten und nur an Abschnitten, wo sich selbst eine so bescheidene Autopiste nicht an den Fluss herantraut. Erlen waren jedoch früher die verbreitete Baumart in wasserreichen Auen wie hier, sie gaben dem winzigen Ort, in dem die einstige Zisterzienserinnenabtei St. Thomas zu Hause ist, den ursprünglichen Namen: Erlenburen oder Ernistburen. Seit dem 12. Jahrhundert dominiert das Kloster das Dorf, so dass sich der entsprechende Name einprägte. Der Heilige Thomas von Canterbury stand Pate für das Kloster, nicht Thomas von Aquin, wie man angesichts der auffälligen Naturnähe vielleicht annehmen könnte. Ein Ritter aus der Eifel, Ludwig von Deudesfeld, war zum Grab des englischen Märtyrers gereist und hatte eine Reliquie aus Canterbury mit heimgebracht. Für sie errichtete er im Kylltal eine Kapelle mit Schrein, die viele Pilger anlockte. Die Töchter des Ludwig von Deudesfeld liebten die Einsamkeit des Ortes und begründeten in der Einsiedelei ein spirituelles Gemeinschaftsleben für Frauen. In der Folge der Französischen Revolution wurde das Kloster im frühen 19. Jahrhundert aufgelöst, einige Jahre später wurde es als Priesterhaus dann vom Bistum Trier aufgekauft, dem es bis heute gehört.

Und bis heute können sich hier Priester, Diakone und andere in der Seelsorge oder in karitativen Bereichen tätige Menschen fortbilden. Aber das Exerzitienhaus wendet sich auch an Laien, ob sie nun katholisch sind oder nicht. „Wenn es dir gut tut, dann komm!“, lautet die Botschaft der Offenheit für Männer wie Frauen gleichermaßen, für Gruppen oder Einzelne, für feste Angebote oder freie Auszeiten vom Alltag. Die Kurse und Workshops finden die Balance zwischen Weltlichem und Spirituellem: Schreiben als Weg zu sich selbst, Tanzen als Gebet mit den Füßen, Bibeltage und Meditationsübungen nach Ignatius von Loyola, Körperwahrnehmung im Rhythmus von Atem und Bewegung oder auch Gesprächstraining für Ehepaare – hier lernt man Abstand halten von allem, was im Alltag zur Last wird, und Nähe suchen zu allem, was die Seele nährt.

DAS KLOSTERGEBÄUDE VON 1744: HIER IST HEUTE EIN ORT SPIRITUELLER VERTIEFUNG UND AUSSTRAHLUNG, WO VERSCHIEDENE GRUPPEN SICH ZU FORTBILDUNGSKURSEN, EXERZITIEN UND EINKEHRTAGEN IN DER STILLE DES KYLLTALS EINFINDEN.

Eine perfekte Seelennahrung ist auf jeden Fall auch eine Wanderung durch die Umgebung von St. Thomas. Etwas Kondition angesichts der Steigungen ist hilfreich. Hier oben befand sich früher ein Hofgut, heute ist der Ortsteil Bruderholz vor allem ein Refugium für Erholungsuchende: Eine Siedlung von Wochenendhäusern ist entstanden. Im Juni gibt es eine Fußwallfahrt vom Exerzitienhaus hoch in den Ortsteil St. Johann. Auch hier gab es früher ein Gut, welches allerdings zur Burg Seinsfeld gehörte. Die mittelalterliche St.-Johann-Kapelle ist nicht mehr erhalten, ein Neubau nahm in den 1950er Jahren ihren Platz ein. Im Wald nebenan wird zum Johannestag Gottesdienst gefeiert. Und man kann sich zurückversetzt fühlen in die Welt der Töchter von Ritter Ludwig, die in diesen Wäldern abseits menschlicher Turbulenzen ein religiöses Leben suchten.

St. Thomas war das älteste Zisterzienserinnenkloster in Deutschland, es wurde um 1185 im Kylltal gegründet und erhielt zu Ehren des 1170 ermordeten und 1173 heiliggesprochenen Erzbischofs den Namen Sankt Thomas. Ein Brand im Jahr 1742 zerstörte die gesamte Abtei, nur die Kirche blieb erhalten. Zwei Jahre später erfolgte der Wiederaufbau im Stil des Barock. Die Säkularisation in Folge der Französischen Revolution vertrieb die Nonnen. Sehenswert ist die weitläufige Gartenanlage neben der Kirche. Hier startet ein mehrere Kilometer langer Waldlehrpfad, der am Neidenbach entlangführt. *(ako)* ■

www.sanktthomas.de

KLOSTER SPRINGIERSBACH

RUHE PUR AM KONDELWALD

„AUCH IN DER UMGEBUNG GIBT ES IMMER NOCH MENSCHEN, DIE GAR NICHT WISSEN, DASS ES UNS GIBT", KONSTATIERT PATER THEO, DER PROKURATOR DES KARMELITEN-KONVENTS, DAS SEIT 1922 IM KLOSTER SPRINGIERSBACH BEHEIMATET IST. EIGENTLICH SCHADE, DENN DAS KLOSTER IN DER GEMEINDE BENGEL, NEUN KILOMETER VON KRÖV, IST MEHR ALS NUR EINEN BESUCH WERT.

Die Geschichte des Klosters beginnt bereits um das Jahr 1100. Benigna von Daun, eine adelige Dame aus der Eifel, gründete auf ihrem Witwengut eine klösterliche Niederlassung, deren erster Abt ihr Sohn Richard wurde. Er wählte die Ordensregel des hl. Augustinus als Grundlage der Gemeinschaft der sogenannten Augustiner-Chorherren.

Schon 1121 wird der Grundstein zu einer ersten Steinkirche gelegt. In kurzer Zeit entwickelte sich Springiersbach zu einem bedeutenden wissenschaftlichen und geistigen Zentrum für Eifel, Mosel und Hunsrück.

DIE SPRINGIERSBACHER KLOSTERKIRCHE STAMMT AUS DEM ENDE DES 18. JAHRHUNDERTS.

Nach dem Tod Richards (1158) erlebte das Springiersbacher Stift über Jahrhunderte eine wechselvolle Geschichte, die von Reformversuchen und Verfall gleichermaßen geprägt war.

1769 wurde die alte, dreischiffige romanische Basilika abgebrochen und eine neue Kirche im Stil des Barock und Rokoko errichtet. Aber schon 30 Jahre später (1802) werden Kirche und Kloster im Rahmen der französischen Besatzung säkularisiert. Die fast neue Kirche wird nur dadurch vor dem Abbruch gerettet, weil sie der Trierer Bischof zur Pfarrkirche von Bengel erhob. 100 Jahre später (1902) baute die Pfarrei Bengel eine eigene Kirche. Die Springiersbacher Klosterkirche blieb 20 Jahre ungenutzt, bis 1922 die Oberdeutsche Provinz der Karmeliten mit Sitz in Bamberg einen kleinen Konvent in Springiersbach gründete.

1940 wurde die Klosterkirche durch einen Großbrand fast vollständig zerstört, aber bis 1943 in alter Form neu aufgebaut. Sie präsentiert sich heute wieder in sehenswerter, barocker Pracht.

Die Karmeliten prägen seit fast 100 Jahren die Geschicke des Klosters und gehen viele neue Wege, um den kleinen Konvent – derzeit sind es nur noch sieben Brüder - und damit das Kloster am Leben zu erhalten und in die Zukunft zu führen. Die Karmeliten gehören zu den sogenannten Bettelorden. Sie leben von dem, das sie durch ihre Arbeit verdienen und was ihnen durch Spenden gegeben wird. Der Orden erhält keine Kirchensteuermittel.
Von den sieben Karmeliten in Springiersbach sind zwei hauptberuflich in der Pfarrseelsorge des Bistums Trier tätig, aber auch die übrigen Mitbrüder übernehmen zusätzlich zu ihren Aufgaben im Konvent Seelsorge in der „Nachbarschaft“.

Ein wichtiges wirtschaftliches und spirituelles Standbein der Springiersbacher Karmeliten ist das Exerzitienhaus, ein Ort der Stille und der Einkehr. Diese „Herberge“ steht allen offen, die ihre Beziehung zu sich, zu anderen und zu Gott überdenken möchten, oder um in der Stille nach neuer Orientierung für das eigene Leben zu suchen.
Das Exerzitienhaus bietet bis zu 40 Gästen Platz. Viele sind Teilnehmer im Rahmen der vom Konvent im Jahresverlauf angebotenen Seminare, andere suchen nur die individuelle „Auszeit“ im Kloster und eine dritte Gruppe kommt als Teilnehmer von Fremdveranstaltungen. Die Preise sind moderat: Für 60,00 Euro erhält man ein Einzelzimmer mit Dusche und vier Mahlzeiten am Tag, denn selbstgebackener Kuchen und der Nachmittagskaffee gehören zum Standard im Exerzitienhaus, das sicherlich eine ungewöhnliche und besondere Alternative zu den üblichen Tagungs-Hotels darstellt.
Und das alles in der Ruhe und Abgeschiedenheit einer „therapeutischen Landschaft“, wie Pater Theo die Umgebung des Klosters mit Wald, Wiesen und Bächen beschreibt. Hier könne und müsse man sich bewegen, denn nur so würden auch die Gedanken in Bewegung geraten. *(hfr)* ■

www.karmeliten.de

HEUTE ARBEITEN SIEBEN KARMELITEN IN SPRINGIERSBACH UND KÜMMERN SICH UM UNTERSCHIEDLICHE BEREICHE IN DER PFARRSEELSORGE.

LINKS: VON DER KLOSTERKIRCHE DER ABTEI MARIAWALD GEHEN PROZESSIONEN HINUNTER NACH HEIMBACH, WO DAS BERÜHMTE GNADENBILD AUS MARIAWALD SEIT VIELEN JAHREN IN EINER NEU GEBAUTEN WALLFAHRTSKIRCHE ANGEBETET WERDEN KANN.

KARGES NACHTLAGER

DER SCHLAFSAAL DER MÖNCHE

IN DREIEINHALB QUADRATMETER KLEINEN SCHLAFZELLEN, AUFGEBAUT IN DREI GROßEN GEMEINSCHAFTSSCHLAFSÄLEN, VERBRACHTEN DIE BRÜDER UND PATRES IN DER ABTEI MARIAWALD DIE NACHT. SO WAR DAS BEI DER TRAPPISTENGEMEINSCHAFT OBERHALB VON HEIMBACH ÜBER JAHRHUNDERTE ÜBLICH. IM ORDEN, DER SICH FÜR SEIN LEBEN GANZ FÜR GOTT UND DIE GEMEINSCHAFT SOGAR EIN SCHWEIGEGELÜBDE GEGEBEN HAT, GAB ES KEINE PRIVATHEIT. NOCH NICHT EINMAL IM SCHLAF.

Die „Klausur" einer Abtei ist der Teil, der der Öffentlichkeit verschlossen bleibt. In der Abtei Mariawald meditierten hier zuletzt noch zehn Brüder der Trappistengemeinschaft. Die letzte Mönchsgemeinschaft ihres Ordens in Deutschland, die noch im eigenen Kloster lebte. In der Klausur, in ihrer schönen Klosterkirche, wollten sie ganz für sich und ihren Glauben sein.
Untergebracht ist die Klausur in dem aus dem Jahre 1911 stammenden neogotischen Teil der Abteigebäude. Im ersten Obergeschoss sind von außen große Fenster erkennbar. „Das ist der Bruderschlafsaal", deutet Wolfgang Nowack mit der Hand. Daneben habe sich der Novizenschlafsaal und, über eine kurze Treppe erreichbar, der Patresschlafsaal befunden. Heute sind die Räume ungenutzt und fast leer.

Wolfgang Nowack ist Geschäftsführer des Vereins der Freunde und Förderer der Abtei Mariawald und will jetzt eine Ausnahme machen. Also geht es durchs Treppenhaus des ehemaligen Klosters nach oben. Dahin, wo die Öffentlichkeit keinen Zugang hat. Zum ehemaligen Schlafsaal der Mönche.
Er sperrt eine große Holzpforte auf. Dahinter ein großer hallenartiger Raum. Alte Eisenfenster, die noch aus der Erbauungszeit des Gebäudes – 1911 – stammen können, auf der einen Seite. Gegenüber neuere Fenster aus Kunststoff.
Da habe immer der Wind drauf gestanden, man habe sie deshalb vor Jahren ausgetauscht. Doch richtig dicht kriege man alle Fenster dennoch nicht, so Nowack.

WOLFGANG NOWACK

Fotos: Stefan Lieser

DER EINZIGE NOCH ÜBRIG GEBLIEBENE BLOCK MIT ACHT SCHLAFZELLEN IM EHEMALIGEN KLOSTER MARIAWALD.

WIE VIELE NÄCHTE SCHLIEF WOHL „N. BATHOLOMÄUS“ HIER? NAMENSSCHILDCHEN AN EINER DER SCHLAFZELLEN.

Schon die Erklärung reicht und man meint einen leichten Zugwind zu spüren. So kahl und wenig heimelig wirkt der große, hohe Raum. Zwei nackte Lampenbirnen hängen von der Decke, auf dem Boden Reste von Linoleum.

Doch unmittelbar mit Betreten des Raums versperrt ein mittelgrau gestrichener, 1,95 Meter hoher und oben offener Holzeinbau den Blick. Acht Meter breit, unterteilt auf beiden Längsseiten in vier jeweils 1,80 breite Schlafzellen.
Über den kleinen rund geschnitzten Eingangsbögen vereinzelt kleine Rahmenhalterungen. „Br. Sebaldus“ ist in einem noch auf einem Zettelchen zu lesen. Nowack bittet in den so bescheidenen kleinen Raum hinter dem angedeuteten Türbogen ohne jede Türe.
„Am Eingang war ein Vorhang, der so etwas wie Privatsphäre bot“, so Wolfgang Nowack. Die Betonung liegt auf „so etwas wie“.

EIN SCHMALES REGALBRETT AN DER SEITE, VIELLEICHT FÜR DIE BIBEL ODER EIN WEIHRAUCHFÄSSCHEN. MEHR „LUXUS" GAB ES NICHT.

Eine Rückzugsmöglichkeit auf rund 3,5 Quadratmeter? Rechts in der Schlafzelle standen jetzt abgebaute auf den Zentimeter genau zwei Meter lange und 85 Zentimeter breite Holzgestelle für ein Lattenbett, darauf keine Matratze, eher eine weiche Unterlage und die Decke. Für größere Brüder gab es zwei 2,25 Meter lange Betten in zwei größeren Zellen im Novizenschlafsaal nebenan.

An der Stirnseite seiner Schlafzelle im Brüderschlafsaal hatte auch Bruder Sebaldus, in dessen jetzt leerem „Privatraum" man gerade ist, eine kleine Holzablage. Etwa für ein Muttergottesbild, ein Kreuz oder ein Weihrauchfässchen, die Bibel. Wie es üblich war. Gegenüber an der Wand zwei, drei schmucklose Kleiderhaken. Gegenüber dem Eingang überspannt eine dünne Holzlatte die schmale Breite des Raums von innen. Dort wurde der Bettbezug tagsüber hochgeklappt, um wenigstens ein bisschen zu lüften.

Doch nach oben sind alle Zellen offen. Man fühlt sich mit Blick aufs Ganze an Fotos von Flüchtlingsunterkünften in Turnhallen erinnert. Nur dass die Mariawälder Schlafzellen noch karger in der Ausstattung sind.

Bis in die 1960er Jahre haben die Brüder in diesen Zellen sogar noch in einem eigenen „Schlafhabit geruht", so Wolfgang Nowack. Denn auch der Schlaf war dem Leben in Jesus geweiht. Egal wie wenig weihevoll das ganz irdische Schnarchen einiger Mönchsbrüder gewesen sein mag.

Profane Nachtkleidung wurde jedenfalls erst später üblich. Und damit die Ordensgemeinschaft in den drei Schlafsälen keine der Gebetszeiten verpasste – die Vigil, die Erste des Tages, ist um drei Uhr in der Nacht – gab es erst ein Lichtsignal, später eine funkgesteuerte Klingel im Gemeinschaftsraum.

Von den vermutlich Anfang des 20. Jahrhunderts in der Schreinerei der Abtei gezimmerten Schlafzellen, im Brüderschlafsaal alleine 20, aufgeteilt in zwei Blöcke mit jeweils acht und einem mit vier Einheiten, ist heute nur noch ein 8er-Block erhalten. Die anderen habe man, nachdem die verbliebenen zehn Brüder der Mönchsgemeinschaft zur Jahrtausendwende jeder endlich eine eigene Zelle mit Tisch, Bett, Stuhl, Fenster und kleiner Heizung erhielten, verschrottet.

Der Block mit den acht grau gestrichenen Schlafzellen im hohen Raum der Klausur ist so ein Relikt alten Klosterlebens. Heute reif fürs Brennholz? Das ist noch nicht entschieden. Dieses Zeugnis eines Jahrhunderte üblichen mönchischen Lebens in der Eifel kann auch erhalten bleiben. Als Erinnerung.

Denn zum Jahresende 2018 haben die Trappisten in Mariawald ihr Kloster für immer verlassen. Ihre Gemeinschaft war zu klein geworden, um sie hier am Leben erhalten zu können. *(sli)* ■

Termine und Anmeldungen für Klosterführungen online unter www.kloster-mariawald.de

Fotos: Stefan Lieser

ZWEI WOLLENWEBER-GENERATIONEN: VANESSA, MARITA, DIETER UND SARAH (VON LINKS).

WOLLENWEBER HORNLINE

BRILLEN FÜR INDIVIDUALISTEN

HANDWERK VOM FEINSTEN, DAS BETREIBT DIETER WOLLENWEBER SEIT 37 JAHREN IN BODENBACH. DORT SIND ER UND SEINE BRILLENMANUFAKTUR „WOLLENWEBER HORNLINE" BEHEIMATET. DER FIRMENNAME VERRÄT ES SCHON: DIE BRILLENMANUFAKTUR HAT SICH AUSSCHLIEẞLICH AUF HORNBRILLEN SPEZIALISIERT UND GEHÖRT DAMIT ZU DEN GANZ WENIGEN DEUTSCHEN UNTERNEHMEN, DIE DIESE KUNST NOCH AUSÜBEN.

Fotos: Wollenweber

Nun hat ein Generationswechsel stattgefunden: Die Töchter Sarah und Vanessa, bereits seit einigen Jahren im Unternehmen tätig, lösen Dieter Wollenweber und seine Frau Marita in der Geschäftsführung ab. Die Eltern stehen beiden aber noch beratend zur Seite. Seit 1. Februar 2019 ist es amtlich, die Schwestern führen das Unternehmen – und zwar so, wie sie es immer geplant hatten: Gemeinsam.

Obwohl beide zunächst andere Berufe erlernten, sind sie mit und im elterlichen Betrieb großgeworden. Hornplatten schleifen war ein häufiger Ferienjob für beide. Ihre Vision für die Unternehmenszukunft: Beide möchten den Betrieb als Manufaktur fortführen und verlässliche Partner für die Optiker sein. Ein Massengeschäft ist nicht beabsichtigt. Um noch internationaler zu werden, stehen vermehrt Messebesuche in München, Zürich und Paris auf der Agenda. Auch eine Verstärkung des Außendienstes ist in der Diskussion.

Der Facharbeitermangel beschäftigt auch die beiden Jungunternehmerinnen. Einige Fachkräfte der Manufaktur gehen demnächst in den Ruhestand. Für diese qualifizierten Nachwuchs zu finden, gestaltet sich schwierig. Die Fertigung von Hornbrillen verlangt mindestens eine zweijährige betriebsinterne Aus- und Weiterbildung.

In der Wollenweber-Kollektion sind inzwischen auch eigene Entwürfe der beiden Schwestern zu finden. Ihr Ziel: Auch ein jüngeres Kunden-Klientel für die Produkte aus der Vulkaneifel zu gewinnen. Unternehmensgründer Dieter Wollenweber erlernte sein Handwerk zunächst in der Firma Coelln Optik in Senscheid. Und genoss dort eine ebenso langjährige wie intensive Ausbildung. Anschließend baute er für die Firma Team Optic in der Schweiz eine Fertigung auf und gab dort sein Können und Wissen weiter. Nebenbei bemerkt, lernte er in diesen beruflichen Aufbaujahren auch seine spätere Ehefrau Marita kennen, die mit ihm gemeinsam den Schritt in die Selbstständigkeit wagte.

ÜBER 200 ARBEITSSCHRITTE SIND NÖTIG, BIS EINE HORNBRILLE FERTIG IST. BIS DAHIN IST VIEL HANDWERKLICHES GESCHICK UND KNOW-HOW GEFORDERT.

Im Jahr 1982 war es soweit. Erstklassig ausgebildet aber lediglich mit ihren kreativen Ideen auf dem Gründerkonto, begannen Dieter und Marita Wollenweber unter schwierigen Bedingungen und praktisch aus dem Nichts heraus im Nebengebäude eines Eifeler Bauerngehöftes in Bodenbach mutig, lebensfroh und passioniert mit der Herstellung ihrer ersten eigenen Hornbrillen.

Durch die kreative Begabung und den Ideenreichtum des Gründers konnte „Wollenweber hornline“ sich als Hersteller einen positiven „Namen“ machen. Dieter Wollenweber entwickelte immer neue spannende und optisch auffallende Materialverbindungen mit dem Naturwerkstoff Büffelhorn. Und als erster Hornbrillen Hersteller überhaupt, ein besonders aufwändiges handwerkliches Herstellungsverfahren, bei dem die Basis jeder Hornbrille, die Hornplatte, mit Holz- und Seidenkaschierungen versehen werden konnte. Und dadurch völlig neue und natürliche Farb- und Formgebungen möglich wurden.

Die meisten Hörner stammen vom asiatischen Wasserbüffel. Der Büffel wird in seiner Heimat verehrt und geschützt, deshalb werden die Hörner auch erst nach dem natürlichen Ableben der Tiere genutzt. Denn Nachhaltigkeit steht bei Wollenweber ganz oben. Wenn die Hornplatten in die Manufaktur gelangen, dann beginnt die eigentliche Kunst des Brillenmachens. Die Platten geben erst nach dem Schleifen das Geheimnis ihrer Schönheit preis, denn jede hat eine einzigartige Struktur und Farbgebung. Das Aufzeichnen der Brillenform darauf, das Ausfräsen, mehrfaches Schleifen und Polieren oder das Montieren der Bügel bis zur individuellen Gravur auf der Innenseite des Bügels erfordert viel handwerkliches Geschick. Bis zum Endprodukt sind über 200 Arbeitsschritte notwendig.

Die Brillen aus dem kleinen Dorf in der Vulkaneifel sind weltweit gefragt, dabei sind es viele Stammkunden, die auf Brillen aus Horn schwören. Die Wollenwebers wissen warum: „Jede Hornbrille ist ein Unikat, sie ist leichter und haltbarer als Kunststoff, für Allergiker geeignet und kann individuell angepasst werden“. Stolz ist man in der Manufaktur auf die lebenslange Ersatzteillieferung und die Nacharbeitung von „Lieblingsbrillen“.

Zu den Endkunden gehören Mode-Trendsetter oder einfach Menschen, die in ihrer Brille nicht nur ein kurzlebiges Modeaccessoire sehen, sondern einen Ausdruck ihrer Individualität und Persönlichkeit. Sie werden ausschließlich über ausgewählte Optiker vertrieben, da eine gute Beratung und Anpassung bei solch einem hochwertigen Produkt sehr wichtig ist.

Mit der Übergabe an die beiden Töchter ist gesichert, dass die hohe Handwerkskunst des Hornbrillenmachens erhalten bleibt und weiterhin diese kleinen Brillenkunstwerke hergestellt und vertrieben werden. *(hfr)* ■

www.wollenweber-hornline.de

MOUTARDE DE MONJOIE

SENF AUS MONSCHAU

DER SENF IST EINES DER ÄLTESTEN GEWÜRZE DER KULINARISCHEN WELT. BEREITS DIE ÄGYPTER, GRIECHEN UND RÖMER KANNTEN DEN SENF ALS WÜRZPULVER UND NUTZTEN IHN ZUM BEISPIEL FÜR DAS KONSERVIEREN VON FLEISCH. IN DER EIFEL FINDET SICH EINE IN FÜNFTER GENERATION BETRIEBENE SENFMÜHLE, IN DER DIE GEWÜRZPASTE WIE IN ALTER ZEIT HERGESTELLT WIRD.

Die Senfproduktion im beschaulichen Monschau hat eine lange Tradition: Clemens August Breuer begründete gemeinsam mit seinem Bruder Heinrich 1882 die Senfherstellung in der Eifel. Bereits 1895 wurde die Senfherstellung mit Hilfe einer Dampfmaschine zur „Dampfsenffabrikation". Von den sieben Kindern des Gründers stieg Emil Bruno mit in das Geschäft ein und leitete das Unternehmen bis 1947. Neben dem Senf wurden auch Limonaden hergestellt und vertrieben. Mit Clemens August übernahm die dritte Generation die Senf-Manufaktur.

1952 erfolgte der Umzug der Firma ins Laufental, in eine ehemalige Tuchfabrikationsmühle. Guido Emil Breuer übernahm die Firma 1981, er integrierte das „Monschauer Weinkontor" in das Unternehmen. Das Weinkontor hat mittlerweile über 400 verschiedene Weine aus Deutschland und aller Welt zur Auswahl. Seine Tochter Ruth Breuer trat 2004 ins Geschäft ein und übernahm am 1. Januar 2013 das Unternehmen.

Mit der vierten und fünften Generation gelangte die Senffabrikation zu neuer Blüte. Die Mühle wurde zu einem produzierenden Museum ausgebaut, die Senftöpfe aktualisiert und nach und nach neue Senfsorten entwickelt.

Fotos: Thomas Rausch (links), Susanne Schug

DAS GELÄNDE UND DIE GEBÄUDE EINER EHEMALIGEN TUCHFABRIKATIONSMÜHLE IN MONSCHAU SIND SEIT 1952 STANDORT DER SENFMÜHLE, SPÄTER FOLGTEN DAS WEINKONTOR UND DAS RESTAURANTS „SCHNABULEUM".

Gleichzeitig wurden immer mehr Eifler Spezialitäten, in den letzten Jahren auch italienische und französische Delikatessen, angeboten, so dass der Fokus nicht mehr allein auf der Senfproduktion liegt. 1998 entstand in einem alten, denkmalgeschützten Gebäude auf dem Mühlengelände das Restaurant „Schnabuleum". Dort erhält der Gast regionale Gerichte, die natürlich mit Monschauer Senf verfeinert werden. Ob pur verwendet oder mit andern Gewürznoten gemischt, ist der Gebrauch von Senf eine geschmackliche Bereicherung für jede Küche. Das Restaurant „Schnabuleum" serviert neben traditionellen Gerichten der Eifel auch vegetarische und vegane Speisen. Dabei hat es sich ganz der Regionalmarke Eifel verschrieben und ist auch Mitglied bei den „Eifel Gastgebern". Außerdem gibt es neben dem Mühlenabend (Führung durch die Senfmühle mit anschließendem 3-Gang-Überraschungsmenü) auch zahlreiche Themenabende wie Dichterlesungen, Musikabende und kulinarische Weinproben.

Alle Sorten werden noch wie in alter Zeit zwischen den Mühlsteinen handwerklich hergestellt. Die Produktion besteht aus dem Einmaischen und dem doppelten Vermahlen. Das Senfmehl wird mit Essig, Kochsalz und einer in der Familie überlieferten Gewürzkombination ohne Zugabe von Konservierungsstoffen (Haltbarkeit des Senfes rund ein Jahr) im Maischbottich angerührt und vermischt. Hier kann die Maische ruhen und entwickelt schon jetzt das besondere Bukett der jeweiligen Senfsorte.

Fotos: Susanne Schug, Senfmühle Monschau

IN DER HISTORISCHEN MÜHLE KÖNNEN PRO TAG RUND 400 KILOGRAMM MONSCHAUER SENF HERGESTELLT WERDEN.

Darauf folgen zwei Mahlgänge, bei denen die Zutaten ihre besondere Konsistenz erreichen, das heißt eine gleichmäßige, intensive und vor allem dauerhafte Verbindung aller Bestandteile. Das Mahlen geschieht, im Gegensatz zu industriell gefertigtem Senf, auf kaltem Wege und als Nassvermahlung zwischen den zwei schweren, schwarzen Basalt-Lava-Steinen. So können sich die ätherischen Öle entfalten und bleiben erhalten. In der historischen Mühle können pro Tag rund 400 Kilogramm Moutarde de Montjoie hergestellt werden.

Heimisch wurde der Senf etwa im 10. Jahrhundert zuerst in Deutschland und Frankreich. Im 13. Jahrhundert kreierten vor allem die Franzosen in der seitdem für ihren Senf bekannten Stadt Dijon neue Senfmixturen. Die Dijoner Spezialität bestand darin, Senf nicht mit Essig, sondern mit dem Saft unreifer Trauben oder mit Most anzusetzen. Daher stammt der Name – lat. mustum ardens – brennender Most. Daraus entstanden das französische Wort für Senf »Moutarde«, das englische »Mustard« und schließlich auch das deutsche »Mostrich« bzw. »Mostert«.

Man unterscheidet weiße oder gelbe also helle von brauner oder schwarzer Senfsaat. Der Senf blüht im September in einem ähnlichen Gelb wie Raps, und gehört auch zur selben Pflanzenfamilie. Die helle Senfsaat hat die etwas kleineren Samen, wächst aber als Pflanze viel höher als die dunkle Senfsaat. Die schwarze Senfsaat wurde durch den braunen Samen, hauptsächlich in Kanada und Osteuropa zu finden, ersetzt. Die Monschauer Senfsaat kommt hauptsächlich aus Tschechien und anderen osteuropäischen Ländern. Die dunkle Saat gibt die Schärfe. Dementsprechend ist das Mischungsverhältnis von dunkler und heller Saat das Produktionsgeheimnis eines jeden Senfmüllers.
Geerntet wird bevor die Schoten platzen, aber mit einer gewissen Reife. Danach werden die Schoten getrocknet und anschließend gedroschen.

Inzwischen stellen die Breuers 22 verschiedene Sorten her, die im Original-Steinzeugtopf angeboten werden. Dazu gehört der Monschauer Ursenf, nach dem alten Rezept vom Urgroßvater sowie der Kaisersenf und 17 weitere Sorten, die von Guido Breuer und der Familie kreiert wurden. Mittlerweile hat auch Ruth Breuer ihre ersten „eigenen" Sorten ins Leben gerufen, den Biersenf und den Feurigen Emil.

Die scharfen: grüner Pfeffer, Chili, Meerrettich; die süßen: Honig-Mohn und Altdeutsch; die fruchtigen: Limone, Orange, Tomate, Johannisbeere und Feige. Hinzu kommen noch Knoblauch, Estragon, English Curry, Schlesisch mit Kümmel, Riesling, Wildkräuter/Bärlauch und der fruchtig-scharfe Ingwer-Ananassenf. Neu aufgelegt wurde der Kaisersenf von 1897, der anlässlich der 125-Jahr-Feier wieder auf den Markt gekommen ist. Eine neuere Kreation ist auch ein würziger Kräutersenf, hergestellt aussschließlich aus Biozutaten.

PASSEN ZU BROT, KÄSE UND FLEISCHGERICHTEN: DIE FRECHEN SENFFRÜCHTCHEN UND SENFSCHATNES.

NEBEN 22 VERSCHIEDENEN SENFSORTEN FINDEN SICH IM VERKAUFSRAUM UNZÄHLIGE DINGE RUND UM DIE GELBE GEWÜRZPASTE.

Mit Senf verfeinert gibt es mittlerweile auch eine Saucen-, eine Spirituosen- und eine Wellnessserie. Ob Senfschatne oder Senfpralinen, Kaffee-Sahne-Senflikör und damit gefüllte Trüffelpralinen – mit Senf kann man geradezu alles verzaubern. Für die Grillsaison eignen sich besonders die Senfaioli oder die „frechen Senffrüchtchen". Neben der scharfen Chilisenf-Honig-Sauce „Hand in Hand" und der Senfmojo bietet die Senfmühle jetzt auch ein Dressing mit Currysenf und Honig. Im Rahmen der Spirituosenserien ist einiges neu entstanden: über Senfgeist, Weinbergspfirsichlikör mit Senf und „Mathilde au Café", wurde als neues Highlight ein Gin mit Senf – auf den Namen „Dschinn" getauft – kreiert. Die neu aufgelegte Wellnessserie „Amaja" von Urgroßvater Emil bietet Badeöl mit Senföl, Senfmassageöl, Meersalzpeeling, Seife und Badesalze mit Senf.

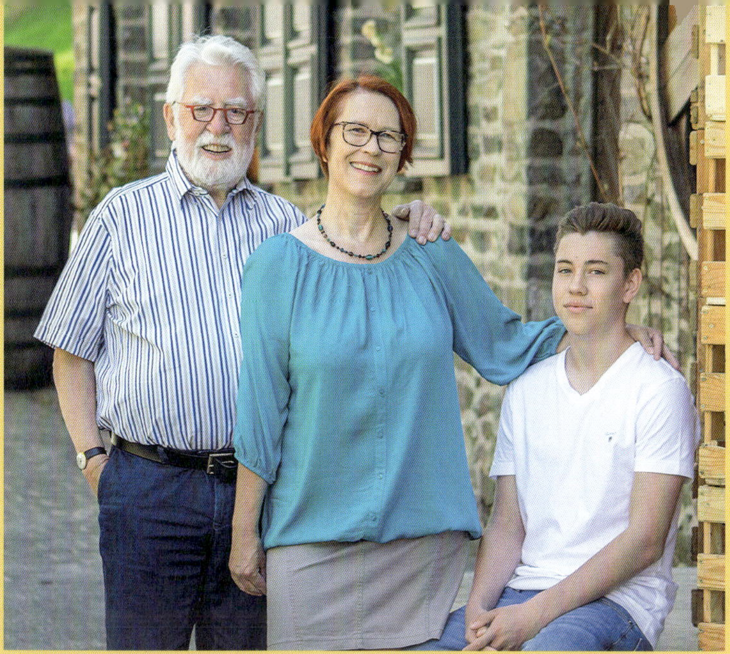

DREI GENERATIONEN AUS DER SENFMÜHLE MONSCHAU.

Außerdem stellen die hübschen Frühstücksbrettchen mit Motiven aus der Senfmühle, die hochwertigen Senfschatzkistchen und verschiedenen Koch- und Backbücher ein in jeder Hinsicht praktisches Geschenk dar. Für Kinder gibt es ein besonderes Angebot: Senfmaus Emil führt auf Anfrage spezielle Kinderführungen durch. Es gibt sie auch als Kuscheltier, auf Tassen und als Puzzle. Die bebilderten Heftchen dazu sind kostenlos.

Wer auch noch „auf Senf gebettet" schlafen möchte, kann die liebevoll renovierten Ferienwohnungen „Ömchen Mathilde" und „Tant Jusschen" im Haus der Urgroßeltern Breuer mieten. Die „Senfmühle für Spürnasen" bietet jetzt ganz neu ein „Room Escape", hier „Rätselraum" genannt, an, bei dem es um eine Art Schnitzeljagd in einem Raum geht: die Senfrezepte sollen dem Großvater Clemens abgeluchst werden … Dieses Spiel verspricht viel Spaß und Spannung. *(hfr)* ■

HISTORISCHE SENFMÜHLE MONSCHAU

Laufenstr. 118, 52156 Monschau
Tel: 02472 2245 (Restaurant Schnabuleum 02472 909840)
E-Mail: info@senfmuehle.de
www.senfmuehle.de

Foto: Tetiana Rizanenko/123rf

SAUERKRAUT-SENFSUPPE

(für 6 Personen)
300 g Sauerkraut
1 Zwiebel
2 EL Schweineschmalz
2 Wacholderbeeren
1 l Fleischbrühe
1 geschälte, rohe Kartoffel
100 ml Sekt oder Wein
125 g saure Sahne
2 EL Moutarde de Montjoie KÜMMEL
1 Lorbeerblatt, Salz, Pfeffer aus der Mühle

Die gewürfelte Zwiebel in Schweineschmalz kurz andünsten, das feingeschnittene Sauerkraut und die Gewürze hinzugeben, mit der Fleischbrühe auffüllen und bei schwacher Hitze das Sauerkraut 20 Minuten garen. Danach geriebene Kartoffel in die Suppe geben, nochmals kräftig durchkochen. Der Sauerkrautsuppe ca. 100 ml Sekt oder Wein zufügen. Abschmecken mit der Sahne und Moutarde de Montjoie KÜMMEL.

weise

LINKS: ANGELIKA HIRSCHLER MIT EINER KOLLEKTION VON SELBSTGESCHNEIDERTEN BRAUTKLEIDERN.

MODE AM MAAR

DIE MEISTERSCHNEIDERIN

ANGELIKA HIRSCHLER ENTWIRFT UND SCHNEIDERT MODE. SIE PRÄSENTIERT SIE IN MAILAND, ODER IN BERLIN. MADE IN SCHALKENMEHREN. DENN VOR ZWEI JAHREN IST SIE IN IHRE VULKANEIFEL-HEIMAT ZURÜCKGEKEHRT. EIN BISSCHEN VIELLEICHT AUCH AUS SENTIMENTALEN GRÜNDEN.

In der Sonne auf der Bank sitzen. Das kann entspannend sein – oder der Anfang einer Geschäftsidee. Letzteres dürfte vor zwei Jahren entscheidend gewesen sein, als Angelika Hirschler sich fragte: Wo eröffne ich mein neues Atelier? Die Antwort ging die 48-Jährige damals – wie es ihre Art ist – strategisch an: „Meine Kunden kommen aus Koblenz oder Trier, und die Vulkaneifel ist Naherholungsgebiet für den Großraum Köln-Bonn. Viele machen hier Urlaub. Je städtischer ihre Umgebung ist, umso eher geht die Rechnung auf."

Hinter dieser „Rechnung" stand eine Überlegung: Was wäre, wenn eine Kundin, die sich ein ausgefallenes Brautkleid oder eins fürs festliche Abendevent maßschneidern lassen möchte, genau hier, in Urlaubsstimmung, sie, Angelika Hirschler, ausgebildete Damen- und Herrenschneidermeisterin, finden würde? Nicht nur in ihrem Onlineshop, dem Filialgeschäft in Koblenz und dem „Fitting Point" in Berlin?

Also hat sie auf der Bank „Probe gesessen". Erst in Daun, woher sie stammt, und in Schalkenmehren. Wo sind besonders viele potentielle Vertreter ihrer Zielgruppe unterwegs? Genau hier, mitten in der Vulkaneifel, direkt an einem der bekannten drei Maare der Eifel, in Schalkenmehren, ist zwischen Ostern und Oktober einfach viel los. Und es gibt mit dem Landgasthof Michels, dem Hotel Schneider am Maar und dem Maarcafé bekannte wie hervorragende Adressen fürs Dinieren oder Übernachten. Edle Kleider, schöne Vulkaneifel-Natur, gepflegte Gastlichkeit – alles an einem Ort. Das schien zu passen.

Angelika Hirschler, die in ihrer Familie „weit und breit die Einzige ist, die sich selbstständig gemacht hat", entschied sich. Gegen ein Atelier in Berlin oder Hamburg. Und für einen leer stehenden Ausstellungsraum der Schalkenmehrener Schreinerei Münch. Statt meisterlich geschreinerter Möbel, meisterlich geschneiderte Abend-, Cocktail- oder Hochzeitsmode: „Angelika Hirschler – Tailor Made" steht an der Fassade.

ABENDKLEID-TRAUM IN ROT: EINES DER MEISTERSTÜCKE VON ANGELIKA HIRSCHLER.

ANGELIKA HIRSCHLER AN IHRER NÄHMASCHINE. IHR ANSPRUCH: „IN EINER BRANCHE, DIE ES MIT OBERFLÄCHLICHKEIT ZU TUN HAT, WILL ICH NICHT OBERFLÄCHLICH SEIN!“

Also zurück in die Eifel, aus der sie stammt. Die „erdet mich“, meint die Meisterin ihres Faches. Wenn sie mal wieder von den Fashion Weeks in Mailand oder in Berlin, von bundesweiten Präsentationen bei Geschäftskunden, die ihre Belegschaft entsprechend der „Corporate Identity“ von ihr einkleiden lassen wollen, oder von Fernsehaufnahmen zurückkehrt. Wenn sie dann etwa in ihrem Atelier Maß nimmt für das Brautkleid ihrer Privatkundinnen.

Das Bodenständige, führt Hirschler den Gedanken weiter, habe sie aber vor allem ihrer Erziehung zu verdanken. „Wenn Sie mich fragen, was ich aus der Eifel mitgenommen habe, dann ist es aus meinem Elternhaus in Daun die Wertschätzung des Handwerks. Meinen Eltern war wichtig, dass ich nicht Modedesign studiere, sondern das Schneiderhandwerk lerne.“

Der Wunsch war Angelika Hirschler allerdings seit ihrer Jugend klar. Da saß sie als Teenager an der Nähmaschine, und entwarf sich ihre Klamotten selber – oder auch mal nach den Mustern aus „Burda“. Eine Autodidaktin, die dann ihre Begeisterung für sorgfältige, exakte Handarbeit und die Lust am genauen, feinen Detail erfolgreich zum Beruf gemacht hat.

MITTEN IN SCHALKENMEHREN BEFINDET SICH ANGELIKA HIRSCHLERS ATELIER. DIE STANDORTWAHL TRAF SIE AUF EINER BANK, DIE UNWEIT AN DER STRAßE STEHT.

Davor standen die Gesellenjahre in Mayen bei einem Karnevalsausstatter, in Köln und in Trier beim Modehaus Marx. In Trier machte sie sich auch – die Vorbereitungen auf die Meisterprüfung standen noch an – mit 26 Jahren erst als Subunternehmerin des Modehändlers Sinn & Leffers, aber mit eigener Änderungsschneiderei, dann 1996 mit ihrem ersten eigenen Atelier selbstständig. „Das tapfere Schneiderlein" bestand 20 Jahre. Warum sie dann aus Trier wegging? „Ich wollte unabhängig bleiben, meine eigenen Ideen umsetzen – klein, fein, meins. Und die Miete wurde einfach zu hoch".

Seit zwei Jahren ist sie nun in Schalkenmehren, wo sie in ihrem zweiten Atelier die Prototypen für ihre Kollektionen herstellt und in Einzelanfertigung die Braut- und Abendmode. „Das ist die Spitze der Modenahrungskette", grinst Hirschler. Von hier aus designed und schneidert sie sich jetzt praktisch „zurück", wie sie meint: „Im vergangenen Jahr war mein T-Shirt, aus T-Shirt-Stoff und Chiffon, der Verkaufshit." Sie kann aber auch anders: In Mailand zeigte sie auf dem Domplatz ein illuminiertes Abendkleid aus Organza mit verarbeiteten Fiberglasfäden, oder ein Modell mit eingearbeiteten Marmorpartikeln.

„Manchmal braucht man nur einige hochwertige Details, damit ein Kleid etwas ganz Besonderes wird", meint die Meisterschneiderin. Sie weiß, wie viel Arbeit hinter einem Unikat aus ihrem Atelier steckt. Und sie weiß auch, dass die Haifisch-Branche Modeindustrie eigentlich anders tickt. Doch das ist ihr gleich: „In einer Branche, die es mit Oberflächlichkeit zu tun hat, will ich nicht oberflächlich sein!" Nur was diesem Anspruch gerecht wird, kommt am Ende in ihre neuen Kollektionen direkt aus dem Atelier, oder wird zur Herstellung an zwei ausgewählte Schneidereien freigegeben.

Gegenüber der Pfarrkirche von Schalkenmehren können so überraschend Modeträume wahr werden. Wer beim Staunen über die Modelle in den großen Schaufenstern ins Grübeln kommt, der findet an der Hausecke eine Bank. Die steht, je nach Tageszeit, mitten in der Sonne. Das kann noch nützlich sein. *(sli)* ■

DIE KOKOSWEBEREI IN EISENSCHMITT

DER ROTE TEPPICH KOMMT AUS DER EIFEL

Die Unternehmensgeschichte beginnt 1929 in Bochum, wo die Weberei von August Schär gegründet wurde. Im Jahr 1938 zog man mit den damals zwölf Mitarbeitern nach Eisenschmitt in die Eifel. Mit mehr als 120 Mitarbeiterinnen und Mitarbeitern erlebte das Unternehmen in den 50er und 60er Jahren seine Blütezeit im Wirtschaftsaufschwung der Nachkriegsjahre.

Der heutige Inhaber Georg Fritzsche führt den Familienbetrieb bereits in dritter Generation und hat es geschafft, allen Widerständen zum Trotz, seinen Handwerksbetrieb mit der alten und traditionsreichen Kunst der mechanischen Kokosweberei zu erhalten.

PERSÖNLICHKEITEN AUS DER GANZEN WELT GEHEN ÜBER DIE BERÜHMTEN ROTEN TEPPICHE DER MECHANISCHEN KOKOSWEBEREI SCHÄR AUS EISENSCHMITT IN DER EIFEL. EIN HANDWERKSBETRIEB, WIE ES IHN NUR NOCH EIN EINZIGES MAL IN DEUTSCHLAND GIBT.

DAS GRUNDMATERIAL FÜR EINEN GROẞTEIL DER TEPPICHE AUS EISENSCHMITT SIND KOKOSFASERN – DIE FASERN, DIE DIE KOKOSNUSS UMSCHLIEẞEN.

Hergestellt werden aber nicht nur die berühmten roten Teppiche, sondern auch viele andere Produkte. Es werden zum Beispiel hochwertige Fußmatten für Manufaktum produziert, spezielle Fußmatten für Oldtimer, Schießmatten für die Bundeswehr und die Polizei, Kokosläufer für denkmalgeschützte, historische Gebäude und Museen, sowie Gewebe für die Hundedressur. Für die Ausstattung von Wellness- und Saunabereichen werden die hochwertigen Teppiche und Matten ebenfalls genutzt. Die Produkte aus Eisenschmitt finden weltweiten Einsatz.

Chef Georg Fritzsche ist ein Allroundtalent und kümmert sich um alles. Von der Beschaffung des Kokosgarns, über den kompletten Herstellungsprozess, der Vermarktung und dem Vertrieb bis hin zur Auslieferung an die Kunden. Hier ist neben fachlichem Know-how auch viel Kreativität gefragt, denn im Laufe der Jahre hat sich die Kundenstruktur gewandelt. Der Großhandel, der früher hauptsächlich die Produkte kaufte, ist als Absatzmarkt mittlerweile weitestgehend verschwunden.
In der mechanischen Kokosweberei werden zu 90 Prozent Kokosgarne verarbeitet. Die restlichen 10 Prozent der Produkte werden aus Sisal oder Jute gewebt. Gemeinsam ist den Materialien: Es sind alles nachwachsende Rohstoffe. Das Kokosgarn wird aus Kokosfasern hergestellt, die die Kokosnuss umschließen. Das Garn wird in Indien eingekauft. Georg Fritzsche war selbst vor Ort und hat sich von der Ernte bis zum webfertigen Kokosgarn die Arbeitsschritte angesehen. Kokosnüsse

BEVOR DIE KOKOSFASERN ZU TEPPICHEN GEWEBT WERDEN KÖNNEN, STEHT DAS FÄRBEN MIT ANSCHLIEßENDEM SCHLEUDERN UND TROCKNEN AUF DEM PLAN. NACH DEM AUFSPULEN GELANGT DAS GARN ZU DEN WEBMASCHINEN UND WIRD DORT VERARBEITET.

können alle sechs Wochen geerntet werden. Die Beschaffung in Indien ist allerdings komplex und der Beschaffungsweg weit. Deshalb muss Georg Fritzsche Garn für mindestens vier bis sechs Monate Produktionszeit lagern. Die Materialeigenschaften der Kokosfaser erstaunen: Sie ist sehr lange haltbar, schwer entflammbar, unempfindlich gegen Nässe, Insekten- oder Pilzbefall, ist antistatisch und wirkt antibakteriell. Damit ist sie der ideale Werkstoff für die Produktion von Fußmatten, Läufern und Teppichen.
Besucht man die Kokosweberei in Eisenschmitt, taucht man in eine ganz andere Welt, in eine ganz andere Zeit, ein. Es ist warm, der Boden vibriert vom mechanischen Betrieb der riesigen Webstühle. Es ist laut, aber auch absolut faszinierend.
Das Gebäude in Eisenschmitt liegt an einem Mühlgraben und früher wurden die Webstühle mithilfe der Wasserkraft über Turbinen betrieben.

Die Kokosgarne werden handgesponnen angeliefert. Sie sind rau und unregelmäßig. Deshalb werden sie auch mechanisch verarbeitet. Im ersten Arbeitsschritt erfolgt das Einfärben der Garne in großen Betonbecken, dies geschieht mit Heißdampf, um den gewünschten Farbton zu erhalten. Die Farben enthalten keine chemischen Zusatz-

Fotos: Georg Fritzsche (links), Jochen Hank

LOSE FÄDEN WERDEN VON HAND IN DEN TEPPICH EINGEKNÜPFT.

stoffe, sind schadstoffgeprüft und entsprechen dem ÖKO-TEX-Standard. Die Rezeptur für die Farben muss exakt eingehalten werden, denn die Farbbrillanz der Teppiche ist sehr wichtig. Nach dem Färben wird das Garn in einer Zentrifuge zunächst gespült und anschließend geschleudert. Danach werden die Fasern auf großen Gestellen im Trockenofen zwei bis zweieinhalb Stunden getrocknet. Ist das Garn trocken und ausgekühl, wird es auf Spulen gewickelt. Das ist die Basis, damit das Garn auf den Webstühlen möglichst problemlos verarbeitet werden kann. Fadenende und Fadenanfang werden per Hand angeflochten. Sollte der Faden reißen, muss der Webstuhl angehalten und der Faden von Hand wieder angeflochten oder je nach Webart angeknüpft werden.

DIESE BUNTEN TEPPICHE WERDEN – IN STÜCKE GESCHNITTEN UND MIT LATEXMILCH VERSIEGELT – ZU STRAPAZIERFÄHIGEN FUßMATTEN.

Der Maschinenpark stammt aus den 50er und 60er Jahren. Drei Webstühle vom französischen Fabrikat L. Beridot haben zusätzlich spezielle Messer, mit denen man einen offenen Flor herstellen kann. An den Webstühlen der deutschen Hersteller, die bei Georg Fritzsche im Einsatz sind, können verschiedene Breiten und diverse Muster und Farbkombinationen produziert werden. Die Muster- und Farbwahl wird über eine Lochkarten-Mechanik bedient. Dabei kann jeder Faden einzeln gesteuert werden. Der rote, breite Teppich, der beim Redaktionsbesuch auf einem der Webstühle produziert wird, ist eine Bestellung aus Luxemburg und wird dort bei Staatsempfängen zum Einsatz kommen. Der bunte, schmale Teppich ist für die Treppenhäuser einer Altbausanierung vorgesehen. Die Mitarbeiter, die die Webstühle bedienen, sind konzentriert. Sie merken sofort, wenn etwas mit dem Webstuhl nicht stimmt oder ein Faden abreißt und flechten oder knüpfen ihn wieder an.

Nach Abnahme der Teppiche vom Webstuhl folgt die Endkontrolle. Lose Fäden werden in den Teppich eingeknüpft und Unebenheiten korrigiert. Danach ist die Ware zum Versand fertig.

GEORG FRITZSCHE

Geht ein alter Webstuhl kaputt, gibt es keine Ersatzteile. Das bedeutet, dass in der hauseigenen Werkstatt ein Maschinenschlosser erst einmal das Ersatzteil herstellt, das anschließend wieder in den Webstuhl eingebaut wird. Auch die Wartung der Webstühle erfolgt in Eisenschmitt. Die Maschinen werden bei Bedarf komplett zerlegt und runderneuert. In Eigenleistung wurden auch die Heizungssysteme der Trocknungsöfen im letzten Jahr erneuert.

Im alten Meisterbüro lagern Entwürfe von hunderten historischen Mustern, die auf den Webstühlen produziert werden können. Anhand dieser Vorlagen werden die Lochkarten für die Webstühle gestanzt, über diese kann jeder einzelne Faden des Webstuhls angesteuert werden.

Die roten Teppiche aus der Eifel wird es auch in Zukunft geben: Georg Fritzsche ist froh, dass sein Sohn im Unternehmen tätig ist. Stolz ist er auf seine 18 Mitarbeiterinnen und Mitarbeiter, die eng mit dem Unternehmen verbunden sind. Georg Fritzsche bewahrt mit Begeisterung ein einzigartiges und traditionsreiches Handwerk in der Eifel. Betriebsführungen sind von April bis Oktober auf Anfrage möglich. *(lw)* ■

Fotos: Jochen Hank

37
20*C+M+B+15

GUT BEHÜTET

FLAT CAP, SCHUTE UND ELBSEGLER

GLEICH AM BEGINN DES „CITY OUTLETS" IN BAD MÜNSTEREIFEL HAT SICH EIN STÜCK EIFELER EINZELHANDELSTRADITION BIS HEUTE ERHALTEN: DAS „HAUS DER HÜTE" BESTEHT IM 100. JAHR

Dass der Hausarzt dem Patienten einen Hut verschreibt, hält man eher für wenig glaubhaft. Doch mit dieser Empfehlung kam eines Tages eine Kundin in das kleine Spezialfachgeschäft von Paul Pauli. Der wunderte sich nicht. „Vor zu viel Sonne und vor der Kälte im Winter schützen Hut oder Mütze den Kopf am besten“, stellt Pauli schlicht fest. Der 60-Jährige trägt seine Flat Cap aus Harris Tweed wie selbstverständlich auch in seinem „Haus der Hüte“ an der Orchheimer Straße, wenige Meter vor Beginn der langen „Outlet-Meile“, zu der Bad Münstereifels Altstadt geworden ist.

Wer das ähnlich sieht, oder auf ärztliche Empfehlung so sehen sollte, und jetzt die passende Kopfbedeckung braucht, der wird bei ihm fündig. Vorausgesetzt, es soll bitte nicht irgendeine Base-Cap mit Werbelogo sein.

An die 350 verschiedene Hutmodelle hat Paul Pauli im nur 40 Quadratmeter großen Verkaufsraum vorrätig und ausgestellt. Der wirkt leicht plüschig mit der Dekoration aus den 1960er Jahren und den großen Spiegeln. Aber die alten Eichenholzfenstervitrinen noch aus dem Eröffnungsjahr 1920 machen ihn von außen zum Hingucker, bevor es in die cleanen Outlet-Läden weitergeht.

Vor der Ware der Filialisten gibt es hier lauter heute eher seltene Beispiele für den „Guten Hut“ von den namhaften Herstellern aus Deutschland, Schweden oder den USA. Da kommt es nicht darauf an, dass eine Kappe oder ein Hut einfach irgendwie den Kopf bedecken. Stattdessen spielen Materialien, Verarbeitung, die Form, das Hutband und die gesamte Anmutung eine Rolle. Unerreicht sind da überraschend nach wie vor die Klassiker, die rund 80 Prozent des Sortiments im Bad Münstereifeler „Haus der Hüte“ ausmachen. Sie werden immer noch nach den originalen Modellen hergestellt.

Für die Dame etwa der „Charleston“, der kecke Rundhut mit dem asymmetrischen Schnitt, eigentlich der Hut schlechthin in den ersten Jahrzehnten des 20. Jahrhunderts, zuletzt etwa in der TV-Serie „Babylon Berlin“ zu sehen. Für den Herren bietet sich der berühmte „Stetson“ in den verschiedensten Varianten an, oder der schwarze „Fedora“, etwa aus besonders weichem Kaninchenfellfilz, den Humphrey Bogart weltberühmt machte.

Sommerzeit ist für den Herrn, der Stil hat, und das auch ganz oben rum zeigen will, „Panama-Hut“-Zeit. Paul Pauli greift zu einem Modell aus Ecuador, natürlich Handarbeit: Sanft cremefarben sind

STETSON UND FEDORA FÜR DEN HERRN – HUTKLASSIKER SCHLECHTHIN.

die besonders fein geflochtenen Stiele der Blätter einer spezieller Palmenart, das Hutband ist schwarz. So hat ihn zum Beispiel Sir Peter Ustinov in der Verfilmung von „Tod auf dem Nil" von Agatha Christie getragen. Damit solche Hüte aus Naturmaterialien über die Lagerzeit in den Regalen oder auf den Ständern des Bad Münstereifeler Fachgeschäftes stabil und elastisch bleiben, greift Paul Pauli zum Sprüh-Befeuchter.

Der „Pork Pie" – auch „Auflaufform" genannt – wiederum ist gerade zum Beispiel bei Hipstern angesagt. Gene Hackmann trug im Film „French Connection" einen „Pie". Alles zeitlose Modelle, die für Pauli wie für seine vielen Stammkunden aus der Eifel, Köln, Aachen oder Belgien das Hut-Maß aller Dinge sind.

Dass Cabrio-Fahrerinnen vor allem die „Schute" mit breiter Krempe und kurzem Nackenstück schätzen – sonst stört ja die Rückenlehne des Fahrersitzes – zeigt sich alle Jahre wieder mit Beginn der schönen Jahreszeit. Was dem typischen „Elbsegler"-Träger schnuppe ist: Dieser Klassiker mit der Zierbordüre, etwas flacher als die von Helmut Schmidt bekannt gemachte „Prinz-Heinrich-Mütze", hat ganzjährig Saison. Auch hier gilt: Wer einen bestimmten Hut-Typ trägt, der verrät auch manchmal etwas über seine Werte.

Ein „Haus der Hüte" gibt es im Online-Bestellzeitalter nur noch selten. Die Branche war immer schon klein. In der Eifel ist Pauli mit seinem speziellen Sortiment mittlerweile wohl ohnehin fast konkurrenzlos. Seine Großmutter Anna, die das Geschäft an der heutigen Adresse 1920 eröffnete, habe noch selber Hüte hergestellt, so der Enkel, der das Ladenlokal von seiner Mutter Johanna, die es von 1979 bis 2013 führte, übernommen hat.

Pauli geht in den hinteren Teil des Hauses. Auf einem kleinen Tisch steht ein „Weiter": Pauli steckt den Stecker ein, unterhalb des in der Mitte zu öffnenden runden Formträgers glüht langsam ein Wärmestab auf. Pauli kann am Raster die gewünschte Passform einstellen und den aufgesteckten Hut vorsichtig durch die Erwärmung dehnen.

PETER PAULI MIT EINEM BESONDERS AUFFÄLLIGEN MODELL FÜR DIE DAME – EINE ART BAISER, DENKT MAN UNWILLKÜRLICH.

„Der Weiter stammt noch von meiner Oma vor rund 100 Jahren", grinst der Enkel. Auch Reparaturen wie die Erneuerung des Hutbandes etwa am „Backpack Traveller", wie ihn Paul Hogan in den „Crocodile Dundee"-Filmen trug, bietet er an. Ein gelernter Hutmacher ist Paul Pauli, nebenbei seit Jahren Bassist in der Cover-Band „Bourbon Sharks", deshalb nicht. „Aber ich habe immer schon gerne gebastelt." Früher an seinem VW-Käfer.

Das Hobby nützt ihm in der kleinen Bedarfswerkstatt seines „Haus der Hüte". Das Gebäude ist seit jeher in Familienbesitz, auch eine Erklärung, warum er die Tradition als dritte Inhabergeneration weiterführt: „Das hier ist ja mein Elternhaus, ich bin in den Laden reingewachsen. Ich wohne oben drüber." Wäre er nur Pächter und müsste er Personal bezahlen, wäre das „Haus der Hüte" wohl schon längst Geschichte.

Seine beiden Kinder jedenfalls haben eigentlich schon abgewinkt: Sie wollen Archäologe und Journalistin werden. Und dann? „Irgendwann kommt wohl der Ausverkauf", meint Paul Pauli nur. Er mit seinen 60 Jahren habe aber noch Zeit, bis es so weit ist: „Meine Mutter wurde 87, Oma 91. Da schauen wir mal".

Bleibt die Frage, ob Jeder oder Jede eigentlich ein „Hut-Typ" ist? Paul Pauli kennt diese Unsicherheit bei Neukunden. „Ein bisschen Mut muss man schon haben", gibt er zu, wenn es dann so weit ist. Doch bislang sei noch für jeden Kopf der Hut gefunden worden. Es müssen ja nicht die kreativen Provokationen der Upper-Class-Damen und der Zylinder für den Herren wie beim traditionellen Pferderennen im englischen Ascot sein. *(sli)* ■

www.hausderhuete.de

Fotos: Stefan Liesel

EIFEL
Wir.
Leben.
Eifel.
EIFEL
Wir.
Leben.
Eifel.

DIE MARKE EIFEL

MENSCHEN VERBINDEN UND DEN STANDORT STÄRKEN

DIE MARKE EIFEL EINZUFÜHREN UND FEST BEI DEN MENSCHEN ZU VERANKERN, SIE ANZUSPRECHEN UND EINE GEMEINSAME IDENTITÄT ZU SCHAFFEN, IST EINE GROßE HERAUSFORDERUNG. DIE REGIONEN WELTWEIT UND INNERHALB DEUTSCHLANDS STEHEN IN EINEM ZUNEHMENDEN WETTBEWERB ZUEINANDER – ALS TOURISTISCHE DESTINATION WIE AUCH ALS WIRTSCHAFTSSTANDORT. DAHER GILT ES FÜR DIE EIFELERINNEN UND EIFELER: WIR MÜSSEN UNS BEHAUPTEN.

Wirtschaftlich müssen Lösungen gefunden werden, um Fachkräfte für die mittelständischen Unternehmen zu finden und sie zu binden. Sie erhalten in der Eifel einen attraktiven Arbeitsort mit zukunftssicheren Stellen und beruflichen Perspektiven. Investoren benötigen langfristige Perspektiven, wenn sie ihr Geld anlegen wollen. Sie brauchen Sicherheit, eine gute Infrastruktur und verlässliche Strukturen. Im Bereich Tourismus hat die Eifel schon einen guten Namen. Sie steht für vielfältige Naturerlebnisse, für abwechslungsreiche Wander- und Radwege. Immer mehr Menschen in Deutschland ziehen einen Urlaub im eigenen Land einem Fernreiseziel vor. Zahlreiche qualitativ hochwertige Angebote stehen bereits zur Verfügung, doch es darf nicht nachgelassen werden, den Gästen auf sie zugeschnittene Angebote bereitzustellen. Hier gilt es, das hohe Niveau zu halten und weiter auszubauen.

IN DER EIFEL GIBT ES KEINEN STILLSTAND

Die 2005 gegründete Zukunftsinitiative Eifel zur Attraktivierung des Wirtschaftsstandortes konnte durch zahlreiche Projekte, intensiven Austausch mit Partnern und gezielter Einbindung der Wirtschafts- und Wissenschaftstreibenden viele Menschen begeistern, es ist vieles nachhaltig bewegt worden. Die Eifel ist lebendig: Unternehmen, Institutionen, Bewohner und Gäste tragen in unterschiedlicher Weise dazu bei, faszinierende gemeinsame Lebenswelten immer wieder neu zu gestalten. Sie alle sind kreative Aktivposten dieser lebens- und liebenswerten Region. Die Eifel behauptet sich gut im „Wettbewerb der Regionen", doch diese Position muss gefestigt und ausgebaut werden. Dazu müssen alle Beteiligten an einem Strang ziehen. Deshalb haben, leben und gestalten wir die Marke EIFEL.

Foto: Eifel Tourismus GmbH

HELENENQUELLE IN GEROLSTEIN

ES GIBT EIN KLARES ZIEL:

Die Stärken des Wirtschaftsstandortes Eifel breiter zu kommunizieren, sie sichtbar zu machen und den Bewohnern und Gästen der Eifel eine klare Orientierung zu verschaffen. Möglichst viele Menschen sollen zu Botschaftern dieser lebenswerten Region werden. Vor diesem Hintergrund wurde 2012 der Prozess zur Bildung der Marke EIFEL, bestehend aus den Säulen Standort, Tourismus und Qualität, initiiert. Sie ist ein wichtiger Faktor, um die Eifel deutlich erkennbar zu positionieren.
Um die Marke EIFEL dauerhaft zu implementieren, braucht es eine Vision, mit der sich die Menschen identifizieren können: „Die Eifel ist eine der lebenswertesten ländlichen Regionen im Herzen Europas. Gemeinschaftlich identifizieren und gestalten wir unsere zukünftigen Lebenswelten". Diese Vision gilt es, mit Leben zu füllen. Dazu wurde ein gemeinsames Wertegerüst geschaffen, an dem sich alle orientieren können, ein stabiler Rahmen, der Halt vermittelt.
Gemeinschaftlich, tatkräftig, gelassen und optimistisch wird agiert – diese Markenwerte sind die Pfeiler der hiesigen Identität, die hervorgehoben werden sollen. Sie sind gleichzeitig Basis und Angebot. Gemeinschaftlich bedeutet, wir sind füreinander da, wir lassen jedem genug Raum, aber wir lassen niemanden allein. Tatkräftig packen wir unser Leben an. Wenn etwas besser sein könnte, machen wir es besser. Dabei bleiben wir gelassen und optimistisch, denn wir haben in der Eifel schon viel erlebt und überstanden. Mit festen Wurzeln blicken wir zuversichtlich in die Zukunft. Dies umschreibt den stabilen Rahmen, in dem die Marke innerhalb und außerhalb der Eifel dargestellt wird. Es ist gleichzeitig eine fokussierte Charakterisierung der Region und ihrer Bewohner. Es gibt viele Pluspunkte der Eifel. Die Marke bringt sie auf den Punkt.

Die Eifelerinnen und Eifeler sind stolz auf ihre Herkunft und identifizieren sich mit der Region. Sie beziehen ihre Kraft aus der Tiefe. Ihre Wurzeln reichen weit hinab und verbinden sie fest mit ihrer Heimat. Eifelboden ist kein Sandstrand. Was hier wächst, bleibt beständig. Die Wasser sind still, aber tief. Und ganz weit unten brennt ein Feuer in ihnen. Der Begriff Heimat hat einen großen Wert in der Eifel. Familien leben seit Generationen hier und pflegen ihre Traditionen. Sie sind aber auch offen für Neues, ohne gleich auf jeden Hype aufspringen zu müssen. Tatkräftig und bodenständig sind die Bewohner, und das ist ihnen wichtig. Mit einem festen Rückhalt lässt sich Neues viel leichter erproben. Innovativ und traditionell schließen sich nicht aus, denn aus vielschichtigen Erfahrungen erwächst etwas ganz Eigenständiges.

MAARE-MOSEL-RADWEG

Viele Konflikte wurden schon auf dem Eifelboden ausgetragen und Grenzen verschoben. Für die Bewohner war dies kein Grund, zu verzagen. Der Blick ist heute optimistisch in die Zukunft gerichtet und Probleme werden tatkräftig angepackt. Die Eifel liegt im Zentrum des vereinten Europas. Die bewegte Geschichte hat die Bewohner gelassen gemacht, ständiger Wandel birgt zwar viele Herausforderungen, doch gemeinschaftlich lassen sie sich bewältigen. Die Natur in der Eifel ist noch intakt, wer sie sucht, findet die Einsamkeit, doch eine ländliche Region zu sein, bedeutet nicht, abgehängt zu sein. Es existiert kein städtisches Zentrum in der Eifel und dies hat auch Vorteile. Die großen umliegenden Ballungsräume mit ihren Städten sind ein klarer Wettbewerbsvorteil. Schnell sind sie bei Bedarf zu erreichen.

Wer in der Eifel ansässig werden möchte, unternimmt diesen Schritt bewusst, gerade wegen der Nähe zur Natur. Doch der Rest – wohnen, arbeiten, leben – muss ebenfalls stimmen. Die Eifelerinnen und Eifeler sind geprägt durch Tradition und Innovation, durch Beständigkeit und Wandel. Sie können improvisieren, wo es nötig ist und beharrlich sein, um an ihr Ziel zu gelangen. Ein Wort ist in dieser Region noch ein Wort, das Vertrauen ineinander ist groß. Denn dies ist die beste Grundlage für ein entspanntes Miteinander.

Foto: Eifel Tourismus GmbH / Dominik Ketz

PERFEKTE WORK-LIFE-BALANCE: DIE EIFEL BIETET VIELE ARBEITSMÖGLICHKEITEN GEPAART MIT TOLLEN FREIZEITANGEBOTEN.

DIE SÄULEN DER MARKE EIFEL

Die Marke EIFEL steht auf drei Säulen: Standort – Tourismus – Qualität. In der Eifel kann man sich niederlassen – das verdeutlicht die Standortmarke. Unternehmen finden hier exzellente Rahmenbedingungen für die Umsetzung von innovativen Ideen. Traditionsbetriebe können auf verlässliche Strukturen vertrauen. Mit ihrem lokalen Standort können Unternehmen global agieren, sie sind konkurrenzfähig. Selbstbewusst können sie sich präsentieren und sind damit auch für Fachkräfte attraktiv. Doch allein zukunftssichere und abwechslungsreiche Arbeitsstellen zu bieten, reicht nicht aus. Familien benötigen gute Kindertagesstätten, ein breites Spektrum an Schulen, Ausbildungsplätze für ihre Kinder und abwechslungsreiche Freizeitmöglichkeiten. Interessante Berufe lernen oder ein duales Studium beginnen – in der Eifel ist dies möglich. Niemand muss mehr die Eifel verlassen, um eine gute Ausbildung oder ein Studium absolvieren zu können. Ausbildungs- und Arbeitsmöglichkeiten können unmittelbar mit Freizeitangeboten und Naturerlebnissen verknüpft werden. Lange Anfahrtswege entfallen, ideal für eine perfekte Work-Life-Balance. Naturnahe Landschaften mit vielfältigen Ausflugsmöglichkeiten, gepaart mit einer guten medizinischen und sozialen Versorgung – das Leben in der Eifel ist auch im Alter attraktiv.

Der Tourismus ist eine weitere Säule der Marke EIFEL. Die Region Eifel ist vielen Menschen bekannt und ein begehrtes Urlaubsziel. Qualitativ hochwertige Wander- und Radwege stehen zur Verfügung und werden gerne genutzt, dies zeigen immer wieder Umfragen zum Urlaubsverhalten und Rankings zu Reisezielen. Der Fernwanderweg Eifelsteig zählt beispielsweise regelmäßig bei Erhebungen zu den besten Wanderwegen Deutschlands. Oft ist die touristische Region bekannter als der Wirtschaftsstandort. Doch die Eifel ist gleichermaßen attraktiver Lebensraum für die Bevölkerung, Unternehmen, Initiativen und Vereine wie auch für die Gäste.

Die Qualitätsmarke ist die dritte Säule. Für die Umsetzung der Markenführung einer regionalen Qualitätsmarke in der Eifel wurde Anfang 2004 die Regionalmarke EIFEL GmbH gegründet. Die Zertifizierungen als „EIFEL Arbeitgeber“, „EIFEL Gastgeber“ und „EIFEL Produzent“ erfolgt nur dann an Betriebe und Unternehmen, wenn kontrollierte Qualität und Regionalität transparent nachgewiesen werden können. Strenge Qualitätskriterien und umfassende Kontrollen fördern nachhaltige Stärkung der Region Eifel als Lebens-, Wirtschafts- und Kulturraum von innen heraus. Sie bekennt sich damit zur Qualität weit über landwirtschaftliche Produkte hinaus.

VON DER VISION ZUR MISSION

Die Vision „Die Eifel ist eine der lebenswertesten ländlichen Regionen im Herzen Europas. Gemeinschaftlich identifizieren und gestalten wir unsere zukünftigen Lebenswelten" gilt es nun, in die Realität umzusetzen. Die vielfältige Gemeinschaft der Eifel wird immer wieder anders und immer wieder faszinierend zwischen Tradition und Innovation gestaltet und gelebt. Die Eifelerinnen und Eifeler sind Botschafterinnen und Botschafter ihrer Heimat. Damit verbinden sich typische Eigenschaften wie ehrliches Handeln, tatkräftiges Anpacken und verlässliches Miteinander. Dazu muss der Standort konkret positioniert und in den Fokus von Wirtschaft und Fachkräfte gerückt werden. Zukunft ist in der Eifel möglich, dies ist für Familien wichtig, damit sie ihren Lebensmittelpunkt in der Eifel wählen. Sie brauchen Perspektiven für ihr Leben, in allen Lebenswelten. Grenzen wurden und werden in der Eifel überschritten. Zwei Bundesländer und zwei Ländergrenzen werden überquert, für die Bewohner ist dies Normalität. Die Qualität der Produkte, im Tourismus und bei den Arbeitgebern, steht im Mittelpunkt. Die Vielfalt wird gelebt, das Zusammengehörigkeitsgefühl gefördert.

Vielbeachtete Markenplattformen sind schon geschaffen worden, um die Marke EIFEL zu positionieren. Im Newsletter „Wirtschaft Eifel" und auf der Website www.standort-eifel.de wird informiert. Entscheidend für die Präsenz der Marke sind die Markenpartner. Sie sind Multiplikatoren und als Politiker, Unternehmer oder Dienstleister in der Region bekannt und aktiv. Sie stehen mit ihrem persönlichen Bekenntnis zur Marke EIFEL in direktem Kontakt zu den Bewohnern, Gästen und Partnern der Eifel. Es sind die Menschen, die die Marke weitertragen. Die Marke EIFEL soll von der Städteregion Aachen bis Trier und von Mayen-Koblenz bis Bitburg die vielfältigen Potentiale und Chancen der Eifel auf den Punkt bringen.

EIFELER TRADITIONSBETRIEB: DIE GLOCKENGIEßEREI IN BROCKSCHEID.

Menschen glauben Menschen und nicht Statistiken. Bitburger, Gerolsteiner, TechniSat, Griesson de Beukelaer, Papstar, Smurfit Kappa, Zülpich Papier oder Stollenwerk sind über die Grenzen der Eifel hinaus bekannt. Aber es gibt viele andere Menschen, Produkte oder Unternehmen, die auch die Eifel verkörpern. Sie stehen als Markenbotschafter für die Werte, die die Lebenswelten in der Eifel ausmachen und tragen diese in die Welt hinaus.

Wir.Leben.Eifel. wird so in unterschiedlichen Lebenszusammenhängen auf den Punkt gebracht.

Weitere Informationen zur Standortmarke Eifel: Eifel Tourismus GmbH, Kalvarienbergstraße 1, 54595 Prüm, Tel.: +49 6551 965649, E-Mail: marke@eifel.info, Internet: www.standort-eifel.de (red) ■

EIFEL
EIFEL
EIFEL
EIFEL

REGIONALMARKE EIFEL

ORIENTIERUNG FÜR DEN VERBRAUCHER

DAS QUALITÄTSLOGO DER REGIONALMARKE EIFEL IST EIN ZEICHEN, AN DEM BESONDERE, GEPRÜFTE QUALITÄT AUS DER EIFEL DIREKT ERKENNBAR WIRD. DABEI SYMBOLISIERT DAS MARKENLOGO MIT GELBEM „E" VOR VIERFARBIGEM HINTERGRUND DIE VIELFALT DER VERSCHIEDENEN QUALITÄTSBEREICHE.

Die Zertifizierungen als EIFEL Arbeitgeber, EIFEL Gastgeber und EIFEL Produzent erfolgen nur dann an Betriebe und Unternehmen, wenn kontrollierte Qualität und Regionalität transparent nachgewiesen werden können. Strenge Qualitätskriterien und umfassende Kontrollen fördern die nachhaltige Stärkung der Region Eifel als Lebens-, Wirtschafts- und Kulturraum. Seit 2002 wird die Idee der Regionalmarke Eifel verfolgt. Von 2005 an als Geschäftsführer dabei: Markus Pfeifer. In einem Interview haben wir den „Marken-Macher" gefragt, was die Regionalmarke EIFEL so besonders macht.

MARKUS PFEIFER, GESCHÄFTSFÜHRER DER REGIONALMARKE EIFEL

Herr Pfeifer, Regionalität boomt und daher wird in vielen Bereichen Deutschlands versucht, mit der Etablierung von eigenen Regionalmarken die heimische Wirtschaft zu stärken. Was zeichnet die Regionalmarke EIFEL aus?

Markus Pfeifer: *Entgegen den Globalisierungstendenzen verfolgt die Regionalmarke EIFEL das Ziel, die qualitätsorientierten klein- und mittelständischen Strukturen in unserer ländlich geprägten Mittelgebirgsregion zu stärken und damit auch den Erhalt und die Weiterentwicklung der Region Eifel zu ermöglichen. Unsere Markenpräambel verleiht dieser Philosophie Ausdruck. Alle teilnehmenden Betriebe und Unternehmen bekennen sich damit zu ihrer Verantwortung gegenüber dem Naturraum Eifel und zu ihrem Versprechen: EIFEL. Qualität ist unsere Natur. Dabei war es uns von Beginn an wichtig, für die Verbraucher Orientierung zu bieten, auf die sie sich verlassen können. Daher sichert unser System der Zertifizierungen, dass nur solche Unternehmen das Qualitäts-Logo erhalten, die die vorgegebenen Kriterien dauerhaft erfüllen. Der Verbraucher hat die Garantie, dass auch EIFEL „drin ist", wenn EIFEL „drauf steht".*

Die Regionalmarke EIFEL steht inzwischen auf vier Standbeinen. Entwickeln sich alle im Gleichschritt?

Markus Pfeifer: *Das wäre schön, ist aber leider nicht so. Insbesondere bei den EIFEL Gastgebern haben wir es etwas schwerer. Obwohl die Eifel als touristische Destination immer mehr an Gewicht gewinnt, nutzen viele Gastronomie- und Hotellerie-Betriebe den Bonus nicht, den unser EIFEL-Qualitätssiegel ausmachen würde. Gäste und Besucher werden immer anspruchsvoller, da könnte man mit geprüfter Qualität als Gastgeber durchaus punkten.*

Der Bereich der EIFEL Produzenten ist sehr stabil. Ob Eier, Fleisch, Mineralwasser oder edle Brände, hier hat sich das Logo der Regionalmarke EIFEL fest etabliert, wird von den Verbrauchern wahrgenommen und ist eine wichtige Entscheidungshilfe beim Einkauf.

Zu den EIFEL Arbeitgebern habe ich bereits ausgeführt, dass sich dieses Segment zu einem wichtigen Standbein entwickelt.

Eine vierte und bis dato letzte Säule bei uns ist der EIFEL Strom. Der wird zu 100 Prozent aus Wasserkraft der Region gewonnen und ist ein echtes, regionales Grünstromprodukt, auf das wir gemeinsam mit innogy SE sehr stolz sind. Zudem wurden mit den Erlösen Nachhaltigkeits-Naturschutzprojekte in den Naturparks Süd- und Nordeifel gefördert. Ein wahrhaft funktionierender Wirtschaftskreislauf, bei dem die Wertschöpfung in der Region verbleibt.

In allen Bereichen der Regionalmarke EIFEL, ob bei Produzenten, Gastgebern und auch Arbeitgebern, ist noch viel Potenzial vorhanden. Warum nutzen nicht mehr Betriebe die Chance, sich mit dem Qualitäts-Logo im Wettbewerb einen Vorsprung zu verschaffen?

Markus Pfeifer: *Unser Weg der Qualitätssicherung durch Zertifizierung, ist nicht der einfachste. Es gibt viele Unternehmen, die den damit verbundenen Aufwand und auch die Investitionen scheuen. Dabei würde die Einführung von Qualitätsmanagementsystemen die Betriebe auf Dauer zukunftssicherer machen. Das wird uns von unseren Mitgliedern immer wieder bestätigt. Regionalmarken auf Dauer zu etablieren, ist ein langer, mühsamer Weg. Dennoch sind wir guten Mutes, dass wir weiterhin Unternehmen vom Nutzen der Regionalmarke EIFEL überzeugen werden. Wir sehen es gerade bei den EIFEL Arbeitgebern, dass dort, auch zunächst nach langem Zögern, der Knoten inzwischen geplatzt zu sein scheint. Inzwischen sind es fast 40 Unternehmen, die gemeinsam als EIFEL Arbeitgeber mit rund 8.000 Mitarbeitern unser Fachkräfte-Netzwerk nutzen, um mit einer Stimme dafür einzutreten, dass die Eifel als bevorzugter Arbeits- und Lebensbereich tiefer im Bewusstsein der Bevölkerung verankert wird. Denn Fachkräftemangel ist auch in der Eifel inzwischen ein großes Problem für die Unternehmen.*

Dankeschön und weiterhin viel Erfolg für Ihre Regionalmarke EIFEL.

EIFEL PRODUZENT. WIR PRODUZIEREN QUALITÄT.

Regional, kontrolliert, garantiert.
Unsere EIFEL Produzenten liefern das Beste aus Land- und Forstwirtschaft, aus dem Handwerk und nutzen ökologisch sinnvoll die Stärken unserer Natur. Sie stellen regionale Spitzenprodukte in nachgewiesen hoher Qualität her. Sie verpflichten sich durch regelmäßige Kontrollen dazu, die Wertschöpfungsketten transparent und damit für den Verbraucher nachvollziehbar zu machen. Alle zertifizierten Produkte erfüllen genau definierte Qualitätsanforderungen.
EIFEL Produkte stehen für:

- Wertschöpfung in der Region
- Förderung einer intakten Natur- und Kulturlandschaft
- Mehrwert für die Eifel
- Verantwortung für die Region
- Nachhaltigkeit beim Wirtschaften und Handeln

EIFEL Produzent – Ein Zeichen für Qualität.

EIFEL GASTGEBER. WIR SIND FÜR SIE DA!

Ein gutes Zeichen, wenn Gastlichkeit hält, was sie verspricht.
Die Eifel als Urlaubsregion erfreut sich hoher Bekanntheit und großer Sympathie. Das ist unserer einzigartigen Natur zu verdanken – aber auch unseren EIFEL Gastgebern. In der Eifel findet man das, was man sucht. Ehrlichkeit, Freundlichkeit und Service werden groß geschrieben. Natürlich auch die Qualität, denn sie ist in der Eifel kein Lippenbekenntnis, sondern EIFEL Qualität ist transparent und wird durch unabhängige Zertifikate nachgewiesen.

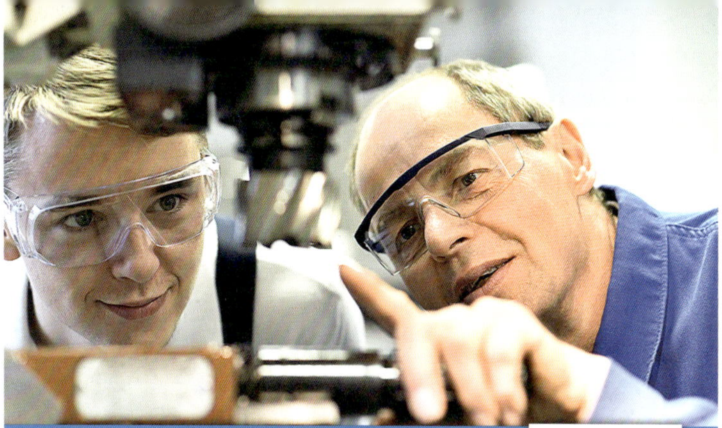

EIFEL ARBEITGEBER. BEGEISTERN, GEWINNEN, BINDEN

Die Eifel – eine beliebte Urlaubs- und Erholungsregion. Doch hier arbeiten und leben? Die EIFEL Arbeitgeber sind überzeugt, dass es sich lohnt, sich für die Region als langfristigen Lebensmittelpunkt zu entscheiden. Es gibt eine Vielzahl von innovativen mittelständischen Unternehmen, die interessante Karrierechancen bieten. Neben attraktiven Arbeitsplätzen kann die Region darüber hinaus mit hervorragenden Lebensbedingungen – auch für junge Familien – punkten:
Die Eifel mit ihren Vorzügen als arbeits- und lebenswerte Region stärken – das ist das Ziel des Netzwerks der EIFEL Arbeitgeber. Familienfreundlichkeit, Gesundheitsmanagement oder Work-Life-Balance sind hier keine Marketing-Schlagworte, sondern garantierte Bestandteile der Unternehmenskulturen.
Die Ausbildung junger Fachkräfte liegt uns darüber hinaus sehr am Herzen, denn wir sind der Meinung: Ausbildung ist der erste und wichtigste Schritt zur Fachkräftesicherung.
So bietet das Netzwerk der EIFEL Arbeitgeber über 60 zukunftsorientierte Ausbildungsberufe und duale Studiengänge an – von A wie Altenpfleger bis Z wie Zimmerer.
Im Netzwerk der Arbeitgebermarke EIFEL werden gemeinsam Ideen, Pläne und Strategien entwickelt – und durch Kooperation im Netzwerk profitieren die Unternehmen voneinander: Gemeinsame Messeauftritte, Fachtagungen, Personalarbeitskreise – das sind nur einige Beispiele.

BUNGERT
Mode, Lifestyle &

MAGDALENA UND KARL BUNGERT VERSUCHTEN IN DEN 50ER JAHREN EIN DAMALS VÖLLIG NEUES LADENKONZEPT: DIE SELBSTBEDIENUNG.

BUNGERT IN WITTLICH

DAS KAUFHAUS DER EIFEL

SELTEN GIBT ES EINE SOLCHE IDENTITÄT ZWISCHEN EINEM UNTERNEHMEN UND SEINEM STANDORT, WIE ES BEI WITTLICH, DER REGION UND BUNGERT SEIT JAHRZEHNTEN DER FALL IST. WER AN DER MOSEL ODER IN DER EIFEL ANS SHOPPEN DENKT, DER HAT AUTOMATISCH DEN NAMEN BUNGERT IM HINTERKOPF.

FOTOS: BUNGERT

DIE BUNGERT KÄSETHEKE BIETET EIN WECHSELNDES SORTIMENT VON 300 KÄSESORTEN AUS GANZ EUROPA.

DIE METZGEREI STELLT MEHR ALS 130 WURSTSORTEN SELBST HER. DAS FLEISCH STAMMT VON REGIONALEN BETRIEBEN UND JÄGERN.

REGIONALITÄT IST IN: DAS KAUFHAUS VIELE REGIONALE PRODUKTE AN. SO KOMMT DURCH BUNGERT EIN STÜCK HEIMAT AUF DEN TISCH.

Das erkennt auch DIE ZEIT in einem kürzlich erschienen Beitrag über Wittlich an. Dort heißt es: „Der Bungert ist der ganze Stolz der Wittlicher, ihr KaDeWe: ein vergleichsweise großes und schönes Kaufhaus mit hippen Klamotten – und der Grund, warum in der Innenstadt niemand mehr shoppt".

Ein Kompliment, das sich die Familie – 2020 wird das 70-jährige Gründungsjubiläum gefeiert – mehr als verdient hat. Es ist die erstaunliche und faszinierende Geschichte eines Unternehmens, das aus kleinsten Anfängen in der Nachkriegszeit in nun dritter Generation den Standort und die Region prägt.

1950 starteten Magdalena und Karl Bungert in einem 22 Quadratmeter großen Raum in ihrem Wohnhaus mit einem Lebensmittelgeschäft in die Selbstständigkeit. Bereits 1956 erweiterte das Ehepaar die Ladenfläche und versuchte ein bis dahin völlig neues Ladenkonzept: Die Selbstbedienung. Zu Beginn verunsicherte der

GENIEẞEN AUF DEM 50. BREITENGRAD, HOCH ÜBER DEN DÄCHERN MIT EINEM GRANDIOSEN BLICK INS WITTLICHER-TAL.
IM 50° NORD ERWARTET DEN GAST EIN STYLISCHES AMBIENTE UND KÖSTLICHE, KNACKIG-FRISCHE SALATVARIATIONEN AUS ALLER WELT.

neue, in Deutschland noch fast unbekannte Ladentyp viele Kunden. Die Konkurrenz belächelte das Experiment mitten in der Provinz, doch das Konzept funktionierte. Ende der 50er Jahre zählten zehn Filialen zu BUNGERT. In der wirtschaftlichen Boomphase eröffnete man 1965 einen C+C Markt für Großverbraucher und Wiederverkäufer und wuchs in den folgenden Jahren kontinuierlich weiter. Anfang der 70er Jahre verdoppelte das Wittlicher Kaufhaus die Verkaufsfläche auf großzügige 5.000 Quadratmeter. Nach dem Jurastudium unterstützte Sohn Jürgen Bungert seine Eltern im Betrieb. Bereits 1978 verdoppelte das Kaufhaus mit einer zweiten Etage seine Größe auf über 10.000 Quadratmeter Verkaufsfläche. Um den Kunden eine breitere Angebotspalette unter einem Dach zu bieten, erweiterte man seit 1989 stetig das Sortiment um Textilien für Damen und Herren, Trendmode, Haushaltswaren, Schuhe, Lederwaren, Spielwaren und Sportartikel. 2010 modernisierte der Familienbetrieb das Shopping-Center. Eine für die Region einzigartige Architektur zeichnet seitdem den Eingangsbereich und den 800 Quadratmeter umfassenden Anbau aus.

Aber damit nicht genug: Die Junioren, Winfried und Matthias, die 2014 als geschäftsführende Gesellschafter BUNGERT übernahmen, sind wie ihre Vorgängergenerationen stetig dabei, das BUNGERT-Motto „Mode, Lifestyle und Genuss" mit neuem Leben zu erfüllen.

Man ruht sich nie auf dem Erreichten aus: Es wird mit Augenmaß, aber durchaus großzügig, permanent investiert, um das besondere Einkaufserlebnis, das die Kunden mit BUNGERT verbindet und schätzen, zu erhalten und in die Zukunft zu führen.

2013 wird das Erdgeschoss modernisiert und verschönert: Lebensmittelabteilung, Buchhandlung und Papeterie sowie Haushalts- und Spielwaren werden offener, heller und übersichtlicher.

UMKLEIDE

PANDORA
PANDORA

DAS NEUE OBERGESCHOSS IST ÜBERSICHTLICH STRUKTURIERT UND ANSPRECHEND GESTALTET. HIER WIRD DER AUFENTHALT ZU EINEM BESONDEREN ERLEBNIS.

2018 und 2019 standen erneut im Zeichen von vielen Investitionen in den unterschiedlichen BUNGERT-Bereichen. So wurde der Modebereich im Obergeschoss umfassend neu gestaltet.
Hierbei kam es vor allem im Bereich Ladenbau, Umkleidekabinen, Beleuchtung – Umstellung auf LED – und Möblierung zu vielen „Wohlfühl-Änderungen“ für die BUNGERT-Kunden. Das Obergeschoss ist nun noch übersichtlicher strukturiert, damit sich die Kunden optimal bei ihrem Einkauf orientieren können und der Aufenthalt zum besonderen Erlebnis wird. Mit dem Umbau bewies BUNGERT erneut, dass man nicht nur mit der Zeit geht, sondern innovative Zeichen für perfekte Einkaufserlebnisse, die den Visionen und Kundenansprüchen der Zukunft entsprechen, setzt.

Dabei wird immer auf Qualität gesetzt: Ob bei Lieferanten oder den hauseigenen Produkten. So wurde die BUNGERT-Metzgerei, seit über 50 Jahren ein wichtiges Standbein des Unternehmens, 2019 von Grund auf erneuert. Der markante Standort, direkt im Anschluss an die Fleisch- und Wursttheke, blieb erhalten, denn frischer kann die Ware nicht zum Kunden gelangen.

Für Gesellschaft und Umwelt sehen die Bungert-Brüder ihr Unternehmen in der Verpflichtung, das wirtschaftliche Handeln an den Grundsätzen der Nachhaltigkeit zu messen. Das ist bereits in vielen Bereichen gelungen, weil sich schon die Investitionen der vergangenen Jahre an diesem Leitbild orientierten.

BUNGERT beschäftigt über 400 Mitarbeiter, darunter mehr als 30 Auszubildende, von denen viele im Unternehmen verbleiben. Eine Tatsache, die Winfried und Matthias Bungert sehr begrüßen, denn der jahrzehntelange Erfolg fußt auf einer motivierten, serviceorientierten Belegschaft, die die Unternehmensziele mit Überzeugung vertritt.

70 Jahre nach der Gründung bietet BUNGERT auf über 12.000 Quadratmetern Verkaufsfläche Lebensmittel, Mode, Sport, Lifestyle-Produkte und mehr an. Die drei Restaurants „Kostbar“, „Bäck-Up“ und „50° Nord“ sorgen zudem für ein abwechslungsreiches Gastronomieangebot.

Hierzu noch einmal DIE ZEIT: „Auf einen Kaffee haben Sie noch Zeit? … Dafür müssen Sie zum BUNGERT! Dort steigen Sie bis unters Dach, ins Café 50° Nord, genießen den weiten Blick über die Raps-, Erdbeer- und Tabakfelder der Wittlicher Senke und denken sich: Von hier oben betrachtet, ist es doch ganz schön“. *(hfr)* ■
www.bungert-online.de

ZAHNEN TECHNIK IN ARZFELD

... DENN WASSER IST LEBENSWICHTIG

„WATER ENGINEERING PERFORMANCE" BETREIBT DAS INZWISCHEN WELTWEIT TÄTIGE UNTERNEHMEN MIT VIELEN INNOVATIVEN ANSÄTZEN, HOHER TECHNOLOGISCHER KOMPETENZ UND EINEM MOTIVIERTEN UND HOCHQUALIFIZIERTEN MITARBEITERSTAB.

Als Herbert Zahnen 1992 den Elektrohandwerk-Betrieb seines Vaters übernahm, lief zunächst alles in den vorgegebenen Bahnen: Von Privatkunden, Unternehmen und öffentlicher Hand wurden die Aufträge generiert und ausgeführt. Zur Jahrtausendwende gab es jedoch einen Strategiewechsel und der Bereich „Abwasser" steht seitdem im Fokus des Unternehmens. Inzwischen beweisen über 400 Referenz-Anlagen und eine auf 100 Mitarbeiter gewachsene Belegschaft, dass der Strategiewechsel gelungen ist.

Allerdings fordert der Erfolg auch konsequenten Einsatz sowie permanente Innovation und Weiterentwicklung. Durch kontinuierliche Zusammenarbeit mit der Wissenschaft, hält man das Knowhow auf dem Stand der Technik und darüber hinaus auf dem Stand der Wissenschaft.

Ein Beispiel: Jun.-Prof. Dr. Katrin Schuhen erforschte mit ihrem Team an der Universität Koblenz-Landau im Projekt Wasser 3.0 neue Materialien zur Entfernung von Reststoffen (wie z. B. Mikroplastik oder pharmazeutische Rückstände) aus dem Wasser. Durch die Kooperation mit Zahnen Technik werden die materialwissenschaftlichen Forschungsergebnisse vorangetrieben und in die Prozesstechnik implementiert.

Aus dieser Zusammenarbeit wird in naher Zukunft mit „Pure Water by Zahnen" eine mobile Containerlösung zur Verfügung stehen, um auf variable Verschmutzungen eingehen zu können, so dass überall auf der Welt der Zugang zu sauberem Wasser gewährleistet werden kann. Vorteil der Container-Lösung: Bauliche Veränderungen an bestehenden Wasserreinigungsanlagen mit hohen Investitions-, Betriebs- und Wartungskosten entfallen.

Möglich wurde dies, indem das Unternehmen ein Team von Spezialisten aufgebaut hat. Bereits vor zehn Jahren, mit dem Beginn des großen Fachkräftemangels, befasste sich das Unternehmen mit „Employer Branding" und führte eine eigene Arbeitgebermarke ein. Als Pilotunternehmen nahm man zudem an einem bundesweiten Projekt „Strategische Personalplanung für kleine und mittlere Unternehmen (KMU)" teil.

DIE KLÄRANLAGEN IN AACHEN (OBEN) SOWIE HOSCHEID IN LUXEMBURG (UNTEN) SIND NUR ZWEI VON 400 ANLAGEN, IN DENEN TECHNIK DER FIRMA ZAHNEN ZUVERLÄSSIG ARBEITET.

Aus den Erfahrungen des Projektes und eigenen Überlegungen entwickelte Zahnen eine maßgeschneiderte strategische Personalplanung, die das Unternehmen zukunftssicher aufstellt und hilft, die richtigen Fachkräfte zu gewinnen, auszubilden und zu halten. Desweiteren gehört Zahnen Technik zu den Initiatoren und ersten Mitgliedern des Netzwerkes der „Eifel Arbeitgeber".

Mit einem Durchschnittsalter der Belegschaft von 37, bei Einrechnung der Azubis nur noch 32 Jahren, zeigt Zahnen Technik: Mit Ideen und konsequent umgesetzten Strategien gelingt es, die Eifel als Arbeits- und Lebensraum erfolgreich zu positionieren. Auch derzeit ist man auf der Suche nach zusätzlichen Fachkräften. Weitere Informationen finden sich auf der Homepage des Unternehmens *(red)* ■ *www.zahnen-technik.de*

BILSTEIN & SIEKERMANN®

STETIGE INNOVATION SICHERT STANDORT UND ZUKUNFT

MINISTERPRÄSIDENTIN MALU DREYER GRATULIERTE UND WIRTSCHAFTSMINISTER WISSING ÜBERSANDTE GLÜCKWÜNSCHE. BRUNO HIRTZ FREUEN DIESE ANERKENNUNGEN AUS DER LANDESREGIERUNG. DER LANGJÄHRIGE GESCHÄFTSFÜHRER DES HILLESHEIMER UNTERNEHMENS BILSTEIN & SIEKERMANN® IST ZU RECHT STOLZ, MIT DEM „GROßEN PREIS DES MITTELSTANDS" EINEN DER WICHTIGSTEN WIRTSCHAFTSPREISE DEUTSCHLANDS MIT SEINEM UNTERNEHMEN GEWONNEN ZU HABEN, DENN DIE MESSLATTE LIEGT HOCH.

Nach Nominierung 2015 und Finalist 2016 wurde 2018 das Ziel erreicht: Bilstein & Siekermann® wurde im Bereich Rheinland-Pfalz und Saarland die Nr. 1 und erhielt die Auszeichnung. Damit aber nicht genug: Beim Bundeswettbewerb konnte man nochmals eine Stufe höher steigen. In Berlin wurde die Ehrenmedaille „als besonders beeindruckender Preisträger" der Oskar-Patzelt-Stiftung überreicht.

Was macht dieses Unternehmen so besonders und erfolgreich?
Die Bilstein & Siekermann GmbH + Co. KG (BSH) steht als Hersteller von komplexen Umformteilen aus Metall seit mehr als sechs Jahrzehnten für herausragende Qualität Made in Germany: Das Unternehmen aus Hillesheim stellt rund 2000 verschiedene Produkte her – Kaltfließpressteile und Drehteile – die danach in verschiedenen Industriezweigen verwendet werden; zum überwiegenden Teil in der Automobilzulieferindustrie, aber auch im Maschinen- und Anlagenbau.

Das Produktsortiment von BSH umfasst neben Verschlussschrauben und Hülsen, Schrauben und Bolzen auch hochtechnologische und komplexe Drehteile auf CNC- und kurvengesteuerten Drehmaschinen. Die Besonderheit seiner Produktionsweise liegt darin, dass BSH durch die Kaltumformung eine einzigartige Kombination kostengünstiger Herstellungsverfahren nutzt:
Die Kaltumformung – übrigens schon seit mehr als 50 Jahren bei BSH erprobt – reduziert im Vergleich zum herkömmlichen Zerspanen den Verbrauch von Rohmaterial auf ein Minimum. Das spart nicht nur Material und schont auf nachhaltige Weise die Umwelt, sondern minimiert auch die Herstellungskosten, was einen großen Vorteil für die Kunden des Unternehmens darstellt.

In der Vulkaneifel liegen die Wurzeln von Bilstein & Siekermann®.
In Hillesheim fanden Ferdinand Bilstein und Arnold Siekermann 1956

BILSTEIN UND SIEKERMANN® STELLT NEBEN VERSCHLUSSSCHRAUBEN UND HÜLSEN, SCHRAUBEN UND BOLZEN, AUCH HOCHTECHNOLOGISCHE UND KOMPLEXE DREHTEILE AUF CNC- UND KURVENGESTEUERTEN DREHMASCHINEN HER.

hervorragende Bedingungen für die Gründung eines Unternehmens. Bilstein & Siekermann® wurde kontinuierlich ausgebaut, das Unternehmen wuchs und wurde stetig modernisiert. Heute erwirtschaftet es einen Jahresumsatz von rund 25 Millionen Euro mit seinen Produkten aus Aluminium, Stahl und Messing, die in die ganze Welt exportiert werden.

2003 ging BSH in den Besitz der Indus Holding AG über. Die AG ist seit 1995 börsennotiert und versteht sich als Spezialist für die Übernahme mittelständischer Produktionsunternehmen. Als Experte für nachhaltige Unternehmensbeteiligung im deutschsprachigen Mittelstand erwirbt die Indus überwiegend inhabergeführte Gesellschaften, unterstützt sie bei ihrer langfristigen Ausrichtung und unternehmerischen Weiterentwicklung.
Ein großes Plus für Bilstein & Siekermann®, denn bei der Auswahl von neuen Tochtergesellschaften legt die Indus den Schwerpunkt auf Wachstumsmärkte und auf Unternehmen, die sich besonders durch ihre starke Stellung in speziellen Nischenmärkten auszeichnen – wie BSH. Mit dem Zusammenschluss konnte BSH seine Chancen auf dem internationalen Markt entscheidend verbessern.

Für Internationalität steht auch der neue Standort von BSH in Taicang/China: Hier ist 2016 die Tochtergesellschaft Cold Forming (Taicang) Ltd. gegründet worden, die speziell auf die Bedürfnisse des chinesischen Marktes – einer der aufstrebendsten Automobilmärkte der Welt – ausgerichtet ist. Hier, in der Nähe von Shanghai, ist die chinesische Tochtergesellschaft in den Sino German Park gezogen, einen modernen Industriepark, in dem sich mehrere andere deutsche Unternehmen ebenfalls niedergelassen haben.Langfristig will BSH am Standort China den wachstumsstarken asiatischen Markt bedienen und damit die Chancen des gesamten Unternehmens auf internationales Wachstum forcieren.

Doch nicht nur Internationalität hat BSH auf seine Fahnen geschrieben: Das mittelständische Unternehmen engagiert sich seit langem als wichtiger regionaler Arbeitgeber in der Vulkaneifel, hilft bei der Sanierung von Baudenkmälern und unterstützt Vereine und Organisationen im Umfeld. „Wir sehen darin eine Verantwortung als Arbeitgeber vor Ort und Akteur im wirtschaftlichen und gesellschaftlichen Leben unserer Heimatregion, die wir gern wahrnehmen", so BSH-Geschäftsführer Bruno Hirtz. Und auch seine Position als starke Arbeitgebermarke hat der Hillesheimer Umformspezialist in den vergangenen Jahren kontinuierlich ausgebaut: Ausgehend von der zunehmenden Problematik, am Standort nicht nur Fachkräfte zu finden sondern auch langfristig zu halten, hat das Unternehmen seit 2012, unterstützt von externen Partnern, kontinuierlich an einer ganzheitlichen Strategie zu Markenentwicklung und Employer Branding gearbeitet.

Das Ergebnis dieser vielfältigen Bemühungen um qualifizierte Mitarbeiter kann sich sehen lassen: „Unsere Maßnahmen vermitteln ein authentisches, glaubwürdiges und unverwechselbares Bild von Bilstein & Siekermann® als kompetenter Arbeitgeber", resümiert Geschäftsführer Bruno Hirtz. Parallel zu den Kommunikationsmaßnahmen hat der Mittelständler auch die Personalentwicklung gestärkt: Mit Investitionen in Weiterbildung, in Wissensmanagement, mit Mitarbeiterbefragungen und mit der Installation eines Bonussystems, über das die Mitarbeiter am Unternehmenserfolg beteiligt werden. Auch der bei Bilstein & Siekermann® bereits traditionell starke Bereich der Weiterbildung – schon in den fünfziger Jahren richtete das Unternehmen eine Lehrwerkstatt ein – wurde weiter ausgebaut. Die fortlaufende Qualifikation der Mitarbeiter wird seit 2015 über ein Schulungsprogramm gewährleistet, das bis auf Werker-Ebene ausgedehnt ist. Zudem hat Bilstein & Siekermann® gemeinsam mit der Industrie- und Handelskammer den Ausbildungsberuf „Stanz- und Umformmechaniker" entwickelt. „Die Anstrengungen im Employer Branding haben sich für uns mehr als ausgezahlt", resümiert Hirtz. „Sie haben nicht nur zu einer erhöhten Identifikation und Einsatzbereitschaft der Mitarbeiter sondern auch zu einer positiven Veränderung der Unternehmenskultur geführt. Die Mitarbeiterfluktuation tendiert gegen Null und wir erhalten laufend zahlreiche und gute Bewerbungen auf offene Stellen, insbesondere auf Ausbildungsplätze."

Dass das mittelständische Unternehmen im nationalen Vergleich seit Jahren so erfolgreich abschneidet, kommt nicht von ungefähr: Bilstein & Siekermann® hat in den vergangenen Jahren große Anstrengungen auf unterschiedlichen Gebieten unternommen: „Wir haben mehr als sieben Millionen Euro in unseren Maschinenpark investiert und unser Unternehmen nun kontinuierlich zur Arbeitgebermarke ausgebaut", berichtet Geschäftsführer Bruno Hirtz. „Stetige Schulungen und Weiterbildungen unserer 122 Mitarbeiter und ein modernes Gesundheitsmanagement sind uns besondere Anliegen, denn wir verkaufen nicht nur hochwertige Produkte, sondern vor allem auch unser Know-how. Und das funktioniert nur, wenn wir in die Kompetenz und das Fachwissen unserer Mitarbeiter investieren". *(hfr)* ■

www.bsh-vs.com

STOLZ AUF DEN GEWINN DES „GROSSEN PREIS DES MITTELSTANDS": GESCHÄFTSFÜHRER BRUNO HIRTZ UND VERTRIEBSLEITER MARIO HUBER.

NACHWUCHSFÖRDERUNG IN DER EIFEL

GEMEINSAM HANDWERK ERLEBEN

UNTER DIESEM MOTTO LÄUFT DIE BELIEBTE WETTBEWERBSREIHE „SCHREINEREI ERLEBNISTAG" FÜR KINDERGARTEN- UND GRUNDSCHULKINDER. INITIIERT UND ORGANISIERT VON DER FIRMA JOLEKA AUS KALENBORN-SCHEUERN.

Bei einem Schreinerei-Erlebnistag können Kids ab vier Jahren das Handwerk praxisnah erleben. Unter fachkundiger Aufsicht dürfen die Kleinen in der betriebseigenen Schreinerei der auf Fensterbau und Haustüren spezialisierten JOLEKA GmbH & Co. KG selber werkeln und ausprobieren.

Tischler-Meister Frank Humble: „Bei einem Schreinerei-Erlebnistag befindet sich unsere Schreinerei ganz in der Hand der Kinder. Gemeinsam setzen wir mit den Kids ein Holzprojekt, wie beispielsweise den Bau eines Vogelhäuschens oder eines Windrads, um. Und natürlich dürfen die Kleinen ihre Werke im Anschluss mit nach Hause nehmen. Es ist immer wieder wunderschön, wie begeistert und stolz die Kinder bei der Sache sind." Ursprünglich ins Leben gerufen wurde der erste Wettbewerb als einmalige Aktion anlässlich des Jubiläumsjahres 2018, in dem JOLEKA „50 Jahre Fensterbau" feierte.

ÜBERWÄLTIGENDE RESONANZ BEIM JOLEKA-MALWETTBEWERB „DEIN BLICK IN DIE EIFEL". AUS DEN GEWINNERBILDERN WIRD EIN JAHRESKALENDER FÜR 2020 ERSTELLT.

SCHREINEREI-ERLEBNISTAG DAUERHAFT ETABLIERT

Aufgrund der unglaublich großen und weitreichenden Resonanz und der vielen wunderschönen Bewerbungen, steht seit Mitte 2019 fest: Aus einer einmaligen, tollen Jubiläums-Aktion wird eine Tradition. Und so veranstaltet JOLEKA fortlaufend jedes Quartal einen Handwerks-Tag. Das Unternehmen lädt deshalb fortwährend interessierte Kindergartengruppen, Schulklassen oder andere Kindergruppen (> 4 Jahre) dazu ein, sich mit einem kreativen Beitrag zu bewerben.
Viele Impressionen der vergangenen Schreinerei-Erlebnistage, Termine und die Teilnahmebedingungen am Wettbewerb finden Sie unter „JOLEKA Engagement" im Blog „Neu & besonders" auf www.joleka.de.

„Es wurden schon so viele tolle Plakate, Briefe und richtige Holz-Kunstwerke eingereicht. Von einer funktionierenden Bonbon-Maschine bis zu niedlichen Holz-Robotern. Einfach klasse! Denn unser wichtigstes Ziel ist es ja, dass sich die Kinder mit dem Thema „Arbeiten mit Holz" oder „Schreinerei-Handwerk" auseinandersetzen. Schließlich wollen wir mit diesem Wettbewerb beim Nachwuchs Interesse an einer handwerklichen Ausbildung wecken," begeistern sich die beiden jungen Geschäftsführer Daniel und Fabian Rieder.

NACHWUCHSFÖRDERUNG FÜR GROß & KLEIN

Mit weiteren Angeboten wie der Teilnahme am „Girls- & Boys-Day" oder regionalen Ausbildungs- & Jobmessen, richtet sich JOLEKA im Rahmen der Nachwuchsförderung bewusst an verschiedene Altersklassen. Selbstredend bildet das Unternehmen auch fortwährend Tischler und Bürokaufleute aus.
Besonders für die Kleinsten denkt sich das Unternehmen, zusätzlich zum „Schreinerei- Erlebnistag", immer wieder gerne neue Aktionen aus. Wie jüngst den Malwettbewerb „Dein Fensterblick in die Eifel" für den JOLEKA Jahreskalender 2020. Dieser ist auf Anfrage erhältlich – nur so lange der Vorrat reicht.

Es lohnt also immer, mal einen Blick auf die Website zu werfen. Auch auf Facebook informiert JOLEKA stets über alle Aktivitäten rund um regionales Engagement und das aktuelle Nachwuchs-förderungs-Programm. *(red)* ■
www.joleka.de

JOLEKA
FENSTER • HAUSTÜREN • SCHIEBEELEMENTE
Einfach besonders!

HEIKO SICHERT LEBENSQUALITÄT AUF DEM LAND

„TANTE EMMA" AUF RÄDERN

WENN DIE HEIKO-MÄRKTE AUF RÄDERN NICHT SCHON SEIT JAHRZEHNTEN UNTERWEGS WÄREN, MAN MÜSSTE SIE SPÄTESTENS HEUTE ERFINDEN. DENN DIE VERKAUFSFAHRER DES NEUENDORFER UNTERNEHMENS LIEFERN NICHT NUR FRISCHES OBST, GEMÜSE, BROT, FLEISCH- UND WURSTWAREN BIS AN DIE HAUSTÜR, SIE SIND AUCH FÜR VIELE KUNDEN GESPRÄCHSPARTNER, BERATER UND WICHTIGER KONTAKT ZUR AUßENWELT.

Viele HEIKO-Kunden sind im Seniorenalter und nutzen den wöchentlichen HEIKO-Service, um sich mit Lebensmitteln ortsnah zu versorgen. Aber die Kundschaft wandelt sich: Das bewusst regionale Angebot lockt auch mehr und mehr junge Käufer. Sie nutzen, dass Heiko einen Vor-Ort-Service mit Produkten aus der Eifel bietet. Denn: Nur in zehn Prozent der rund 2.200 Dörfer, die HEIKO anfährt, existieren noch kleinere Lebensmittelgeschäfte. Da ist das Angebot der rollenden Kaufhäuser Garant für Frische und Qualität aus der Region.

Angefangen hat die HEIKO-Erfolgsgeschichte in den frühen 50er Jahren. Emil Kottsieper, Spätheimkehrer des 2. Weltkriegs, kaufte vom Begrüßungsgeld Junghennen und zimmerte mit einfachsten Mitteln Hühnerställe. Die Eier und frisches Geflügel lieferte er per Moped und Anhänger an die Kunden in der Region. Die Zeichen der Zeit erkennend, konzentrierte sich Kottsieper ab 1971 ausschließlich auf den „rollenden" Handel. Die Eierproduktion übernahmen persönlich bekannte regionale Höfe. Die Geburtsstunde der rollenden Märkte war gekommen. Dementsprechend gehören frische Eier auch heute noch in jedem HEIKO-Fahrzeug zur Basisversorgung, aber das Geschäftsmodell hat sich seither ständig neuen Herausforderungen angepasst.

Nach dem Tod des Gründers 1997 kaufte Schwiegersohn Dr. Reinhard Steinkamp mit seiner Frau Monika zum 1. Januar 1999 das Unternehmen von den Erben. Schon damals waren 37 Verkaufsfahrzeuge unterwegs.

Diese Zahl erhöhte sich sprungartig, denn Steinkamps übernahmen bereits 2000 von der Milchunion Hocheifel den MUH-Frischedienst, der mit seinen Verkaufswagen die angeschlossenen Bauernhöfe mit Molkerei-Produkten und Brot versorgte. Das passte perfekt zum Fleisch-, Wurst-, Obst- und Eier-Sortiment des Neuendorfer Unternehmens.

Ein Wachstumsschub, der HEIKO weiter nach vorne brachte: Eifel, Hunsrück, Mosel, Saarland, das südliche NRW sowie Luxemburg und Ostbelgien werden inzwischen flächendeckend bedient. In den beiden Nachbarländern bestehen eigene Vertriebsorganisationen.

Foto: HEIKO

SEIT ZEHN JAHREN GIBT ES DIE „PAUSENFLITZER", DIE UNTERNEHMEN UND SCHULEN MIT PAUSENSNACKS UND EINFACHEN WARMEN GERICHTEN VERSORGEN.

Vor zehn Jahren startete man mit den „Pausenflitzern", die Unternehmen und Schulen anfahren, um dort die Nachfrage nach Snacks, belegten Brötchen und einfachen „Schöpfgerichten" wie Suppen, Spaghetti oder Spätzle zu befriedigen, ein neues Geschäftsfeld. Rund 40 Anfahrpunkte bedient jeder Pausenflitzer pro Tour. Jüngster Erfolg dieser Idee: Die Kölner Ford-Werke haben einen Belieferungsvertrag mit dem Unternehmen aus der Eifel geschlossen. Inzwischen sind acht Pausenflitzer Tag für Tag im Einsatz.

Weitere Kunden zu gewinnen, soll zudem durch eine moderne Darstellung im Internet gelingen. Der geplante neue Web-Auftritt bietet über eine detaillierte Suchmaske die Möglichkeit, genau festzustellen, wann und wo die „Tante Emma" auf Rädern anhält und ihre Tür öffnet. Auch eine HEIKO-App ist angedacht.
Da verwundert es nicht, wenn die Steinkamps sicher sind, dass ihr Konzept der rollenden Märkte auch in den kommenden Jahren wachsen wird. *(hfr)* ■

www.heiko.info

REGIONAL UND SELBSTGEMACHT

MILCH UND JOGHURT VOM ENGELSHOF

WENN DIE GENERATIONEN HARMONIEREN, ELTERN UND KINDER FÜR NEUE HERAUSFORDERUNGEN OFFEN SIND, DANN KANN ERSTAUNLICHES GELINGEN: SO BEI FAMILIE ENGEL IN HETZERATH.

Auf dem Engelshof, ein landwirtschaftlicher Betrieb in vierter Generation, wird seit 2015 in der eigenen Hofmolkerei ein Teil der erzeugten Milch selbst verarbeitet. Frische Eifel-Vollmilch sowie Eifel-Natur- und Fruchtjoghurt sind die Produkte, die dazu dienen, die Wertschöpfung zu erhöhen. Und die Frische-Erzeugnisse sind mit dem Logo der Regionalmarke EIFEL versehen.

Sehr schnell zeigte sich, die Investition in die Hofmolkerei war der richtige Schritt. Die Kunden in der Region sind begeistert und die Eifel-Milch-Produkte finden große Akzeptanz bei immer weiter steigenden Absatzzahlen. Die Produktion der Hofmolkerei, die im alten, leer stehenden Kuhstall mitten in Hetzerath errichtet wurde, ist absolut „gläsern", denn vom Hofladen können durch eine große Glasscheibe alle Arbeitsschritte hautnah verfolgt werden. Aufgrund der schonenden Verarbeitung bleiben natürliche Nährstoffe wie Eiweiß, Calcium, Magnesium und Zink sowie Vitamin A, B und D erhalten.

Bei Lebensmittelhandel und Gastronomie sind Milch und Joghurt vom Engelshof ein „Renner". Frische und Qualität überzeugen. Wenn die Milch abgefüllt ist, ist sie nur wenige Stunden später beim Kunden. Zwei eigene Kühlfahrzeuge sorgen für schnellen Service. Inzwischen wurden acht neue Arbeitsplätze geschaffen und der erste Anbau an die Molkerei ist geplant. Dort sollen neue Kühlräume entstehen.

Die Familie ist glücklich, dass das neue Geschäftsmodell so hervorragend funktioniert. Derzeit werden bereits 50 Prozent der hofeigenen Milcherzeugung frisch in der Hofmolkerei verarbeitet. Und weitere Produktideen sind in der Planung: Zu Milch und Joghurt sollen sich bald Quark und Frischkäse gesellen. Außerdem plant man zusätzliche Verpackungsgrößen. Stillstand ist bei den erfolgreichen Querdenkern aus der Eifel nicht in Sicht. *(hfr)* ■

www.engelshof.eu

Fotos: Engelshof

DIE EXPERTEN FÜR DEN HAUSVERKAUF IN DER EIFEL
JUPP IMMOBILIEN IN HILLESHEIM

HAUSVERKAUF IST VERTRAUENSSACHE! ES BRAUCHT VIEL FACHWISSEN UND ECHTE FACHLEUTE, AUF DIE VERLASS IST, DAMIT AM ENDE VERKÄUFER WIE KÄUFER ZUFRIEDEN SIND. DAS TEAM VON JUPP IMMOBILIEN BRINGT DIE BESTEN VORAUSSETZUNGEN DAFÜR MIT: FUNDIERTE IMMOBILIENKENNTNISSE, LANGJÄHRIG GEWACHSENE MARKTKENNTNIS, KOMPETENZ FÜR EINE REALISTISCHE MARKTWERTERMITTLUNG UND IMMOBILIENBEWERTUNG.

DEKRA Standard
Sachverständiger für
Immobilienbewertung D1
Standard EFH / ZFH
www.dekra-siegel.de
DEKRA
zertifiziert
gültig bis 07/2022

Zertifikatsinhaberin
Sabine Schwiemann

FACHGERECHTE IMMOBILIENBEWERTUNG – JETZT NEU: SACHVERSTÄNDIGENGUTACHTEN MIT DEKRA-SIEGEL

Die Geschäftsführerin von Jupp Immobilien, Sabine Schwiemann, ist seit Juli dieses Jahres DEKRA zertifizierte Sachverständige für Immobilienbewertung D1 (Standard EFH/ ZFH). Das DEKRA-Siegel steht für geprüfte und zertifizierte Fachkenntnisse in der Bewertung von Immobilien. So ist bereits die Preisfindung eine rundum reelle Sache, bei der Verkäufer auf der sicheren Seite sind. „Das ist angesichts des aktuell sehr lebendigen Immobilienmarktes besonders wichtig“, betont Geschäftsführerin Sabine Schwiemann. „Nur so vermeidet man das Risiko, am Ende einen zu niedrigen Kaufpreis zu erhalten.

Der Verkauf eines Hauses ist schließlich eine große Entscheidung. Unsere Kunden wissen von vornherein ganz genau, worauf sie zählen können. Wir beraten ausführlich über alle Schritte beim Hausverkauf und unterstützen Verkäufer bei jeder Etappe im Rahmen des Verkaufs bis über die Schlüsselübergabe hinaus. Das ist uns besonders wichtig."

DAS JUPP-SERVICEPAKET – RUNDUM SORGLOS VERKAUFEN!

Das gilt auch bei dem sehr vielfältigen Angebot, das Jupp Immobilien den Kaufinteressenten unterbreiten kann. Bereits über 700 Häuser in der gesamten Eifel fanden bislang dank des engagierten Teams neue zufriedene Besitzer. „Wir haben ein breitgefächertes Angebot", verrät Schwiemann, „in der Vulkaneifel, im Eifelkreis Bitburg-Prüm sowie im angrenzenden nordrhein-westfälischen Eifelbereich." In jeder Preisklasse werden Interessenten fündig: von günstig bis hochklassig, vom dörflichen Liebhaberobjekt für handwerklich geschickte Hände bis zum künstlerisch gestalteten Anwesen mit Wildgehege, Pool und Skulpturensammlung, vom kleinen Einfamilien-, Forst- oder Ferienhaus im Grünen bis zur großzügigen Stadtvilla mit fußläufiger Nähe zu Geschäften und Bahnhof.

DAS ANGEBOT VON JUPP IMMOBILIEN IST VIELFÄLTIG. VON BAUERNHOF BIS STADTVILLA, VON GÜNSTIG BIS HOCHKLASSIG – HIER FINDET SICH ALLES.

BERATUNG AUF DEUTSCH, NIEDERLÄNDISCH UND ENGLISCH

Die gute Mischung macht's: „Wir nehmen uns viel Zeit für die Beratung, sowohl für Verkäufer als auch für Käufer", sagt Schwiemann, „und geben von Anfang an fachkundige Hilfestellung, wie ein Haus am besten vermarktet werden sollte oder wie es für Käufer zur ganz persönlichen Traumimmobilie werden kann. Beides sind wichtige Aspekte beim Hausverkauf." Die Fragen der Kunden aus Deutschland, Belgien, Luxemburg und den Niederlanden an ihr perfektes Zuhause in der Eifel sind vielfältig: Wie schnell ist das Internet, wo kann man in der Nähe gut einkaufen, wo finde ich welchen Handwerker … auch dafür steht das Team von Jupp Immobilien mit zuverlässigem Rat zur Seite. „Bei Jupp Immobilien sprechen wir Deutsch, Niederländisch und Englisch", sagt Sabine Schwiemann, „so können wir unsere Kunden in ihrer eigenen Sprache beraten und bieten Verkäufern wie Käufern mit unserem „Jupp-Servicepaket" einen kompletten Rundumservice, der unsere Kunden immer wieder aufs Neue begeistert!"

KOSTENLOSER BERATUNGSTERMIN

Jupp Immobilien vermittelt auch neuwertige, niveauvolle und gut durchrenovierte Häuser an neue glückliche Besitzer: „ Unser Slogan lautet nicht von ungefähr ‚Het is goed wonen in de Eifel'! Das finden mittlerweile immer mehr Menschen, daher vertrauen auch Sie uns Ihre Immobilie an und vereinbaren gleich einen kostenkosen Beratungstermin", so Sabine Schwiemann. *(red)* ■ *www.jupp-immo.de*

„FAST JEDER HAT IN SEINEM LEBEN EINMAL MIT UNS ZU TUN", DAVON SIND CARITAS-DIREKTOR WINFRIED WÜLFERATH UND SEINE STELLVERTRETERIN ANDREA ENNEN ÜBERZEUGT. WENN MAN SICH DAS RIESIGE AUFGABENFELD UND DAS EINZUGSGEBIET DER CARITAS ANSCHAUT, KANN MAN IHNEN NUR BEIPFLICHTEN.

CARITASVERBAND WESTEIFEL E.V

AUSGEZEICHNETER ARBEITGEBER

Die Caritas ist der Wohlfahrtsverband der katholischen Kirche. Der Trierer Bischof Dr. Stephan Ackermann: „Ziel aller caritativen Arbeit ist es, dass Menschen – gleich welcher Nationalität – ein Leben in Würde führen können". Diesem Auftrag fühlen sich rund 550 Mitarbeitende und ebenso viele freiwillige Helfer verpflichtet. Die Caritas bietet eine Vielzahl an Diensten und Beratungsleistungen. Die drei Dienststellen in Bitburg, Daun und Prüm und das Beratungsbüro in Gerolstein sind erste Anlaufstellen für Menschen in Notsituationen. Schwerpunkte der Caritas-Arbeit liegen in den Bereichen Kranken- und Altenpflege, Essen auf Rädern und den mobilen sozialen Diensten mit hauswirtschaftlicher Versorgung und Betreuung. Die Qualifikationen der Mitarbeitenden sind so unterschiedlich wie ihre Aufgaben. In den Sozialstationen sind es in der Regel examinierte Pflegefachkräfte sowie angelernte Mitarbeitende, die unterstützen. In den sozialen Diensten arbeiten hauptsächlich Sozialarbeiter und Sozialpädagogen. Im Familienservice setzt die Caritas auf einen Personalmix von erfahrenen Menschen und ausgebildeten Familienpflegerinnen und Erzieherinnen. In der Verwaltung wird auf eine kaufmännische Ausbildung Wert gelegt.

Fotos: Caritasverband Westeifel e. V.

Einen „Pflegenotstand“, wie er häufig prophezeit wird, kann Caritasdirektor Wülferath in seinem Verband noch nicht feststellen. Allerdings wird auch sehr viel aktiv unternommen, um bei der Personalentwicklung keine „bösen Überraschungen“ zu erleben. Aktuell werden 20 Auszubildende im Bereich Altenpflege auf ihre spätere Verantwortung vorbereitet. Drei Studierende absolvieren ihr duales Studium der sozialen Arbeit und weitere drei Auszubildende gibt es im Bereich der Bürokommunikation. Für Nachwuchs ist also gesorgt.

Damit das richtige Personal zur richtigen Zeit für die richtige Stelle zur Verfügung steht, wird der Personalentwicklung seit einigen Jahren besondere Aufmerksamkeit gewidmet. Dafür hat man das Modell des „Mitarbeiterlebenszyklus“ gewählt. Damit soll von der Personalgewinnung über die dauerhafte Beschäftigung bis hin zum Ruhestand ein flexibles, den einzelnen Lebensphasen angepasstes Arbeiten ermöglicht werden. Beruf und Familie in Einklang zu bringen ist dabei eine wichtige Forderung. Daher können die Caritas-Mitarbeitenden Arbeitszeit und Beschäftigungsumfang an die jeweilige persönliche Situation anpassen. Nach der Ausbildung bedeutet das oft, Vollzeit zu arbeiten. In der Familienphase ist es möglich, die Arbeitszeiten auf 50 Prozent oder weniger zu reduzieren. Sind die Kinder größer, kann der Beschäftigungsumfang wieder wachsen. Wülferath ist überzeugt, dass solche Möglichkeiten nicht nur die Bindung der Mitarbeitenden ans Unternehmen stärken, sondern sich auch positiv auf die Gewinnung von Fachkräften auswirken: „Wir gehen als Unternehmen den Lebensweg unserer Beschäftigten mit.“

FÜR NACHWUCHS IST GESORGT: DER CARITASVERBAND WESTEIFEL E.V. BILDET AKTUELL 20 JUNGE MENSCHEN IM BEREICH ALTENPFLEGE AUS.

Seit 2019 ist der Caritasverband Westeifel e. V. Mitglied der Arbeitgebermarke EIFEL. Die Arbeitgebermarke EIFEL bündelt zertifizierte EIFEL Arbeitgeber. Die EIFEL Arbeitgeber sind deshalb die „Besten Arbeitgeber der EIFEL“, weil sie besondere Leistungen und Merkmale neutral über Zertifizierungen und Audits nachweisen. Familienfreundlichkeit, Gesundheitsmanagement, Führungskultur, Work-Life-Balance u.v.m. sind keine austauschbaren Marketing-Schlagwörter, sondern garantierter Bestandteil der Unternehmenskultur und der strategischen Organisation. *(red)* ■

www.caritas-westeifel.de

FERNSEHER UND MEHR

URSPRUNG IN DER EIFEL

WENN EIN MITTELSTÄNDISCHES UNTERNEHMEN SEIT MEHR ALS 30 JAHREN ERFOLGREICH AM UNTERHALTUNGSELEKTRONIKMARKT AGIERT, KANN MAN MIT FUG UND RECHT VON EINER AUßERGEWÖHNLICHEN ERFOLGSGESCHICHTE SPRECHEN. SEIT MEHR ALS DREI JAHRZEHNTEN PRÄGT DIE TECHNISAT DIGITAL GMBH AUS DER VULKANEIFEL DEN UNTERHALTUNGSELEKTRONIKMARKT IN DEUTSCHLAND MIT.

DER TECHNISAT-STANDORT IN DAUN

Gegründet wurde das Unternehmen 1987 von Peter Lepper in Daun in der Eifel. Ziel war die Produktion von hochwertigen Satellitenempfangsprodukten für den Endverbrauchermarkt. TechniSat entwickelte sich schnell zu einem der führenden Hersteller von Empfangstechnik und verstand wie wohl kaum ein anderer, was Fernsehen bedeutet und wie Fernsehen funktioniert. 1998 folgte die logische Konsequenz und die herausragenden Empfangstechnologien der TechniSat Geräte fanden den direkten Weg in den Fernseher. Denn 1998 erwarb TechniSat die Hallen und Produktionsstätten der damaligen RFT. Die Firma in Staßfurt bei Magdeburg war ein traditionsreiches Werk in der ehemaligen DDR und führender Hersteller von Fernsehgeräten im gesamten Ostblock. Nach dem Mauerfall sah sich das Unternehmen vor dem Aus. TechniSat erkannte das Potenzial und gründete die TechniSat Teledigital AG (heute GmbH). Somit war der Grundstein für die Produktion von hochwertigen Fernsehern Made in Germany gelegt.

Zunächst wurden normale Röhrengeräte gefertigt und auch markante Designer-TVs, wie die vom Star-Designer Colani entwickelten Fernseher, liefen vom Band. Seit 2004 werden bei TechniSat in Staßfurt ausschließlich Flachbild-Fernseher hergestellt, die in Dresden entwickelt werden. Ab 2010 kommen aus Staßfurt die ersten TechniSat Smart-TVs. Der MultyVision nutzt erstmals die selbstentwickelte ISIO-Technologie, die Internetfunktionen perfekt ins TV-Gerät integriert. Heute kombinieren die neuesten TV-Generationen modernste UHD-Technologie mit dem Besten aus 30 Jahren Erfahrung.

Als letzter, inhabergeführter deutscher TV-Hersteller beweist TechniSat, dass Qualität Made in Germany mit einem einzigartigen Funktionsumfang, einfacher Bedienung und vielfältigen Mehrwerten in Einklang gebracht werden kann. Mit einem TechniSat TV-Gerät erhält der Kunde ein ausgezeichnetes Produkt und einen schnellen Service – auch direkt vor Ort. Denn TechniSat arbeitet mit fast 6.000 Handelspartnern zusammen, die direkt erreichbar sind. Diese Kombination aus Innovation, Qualität und Service trägt zur hohen Zufriedenheit der TechniSat-Kunden bei. *(red)* ■ *www.technisat.de*

LINKS: RUDOLF JORDAN, INTERIEUR MIT ÄLTEREM EHEPAAR UND AUSSICHT AUF DAS MEER, 1873, DR. AXE-STIFTUNG

DR. HANS GÜNTER AXE

LIEBE ZUR KUNST, LIEBE ZUR SCHÖPFUNG

KRONENBURG WIRKT WIE AUS DER ZEIT GEFALLEN. ENGE, MIT URALTER WACKE GEPFLASTERTE GASSEN SIND GESÄUMT VON FACHWERK UND WEIß GEKALKTEN BRUCHSTEINMAUERN. STILL IST ES ZUMEIST HIER, ABER AN DEN WOCHENENDEN BELEBT SICH DAS HISTORISCHE DORF HOCH ÜBER DEM KYLLTAL MIT AUSFLÜGLERN. VIELLEICHT SUCHEN SIE DAS ENTSCHLEUNIGTE LEBENSGEFÜHL VERGANGENER ZEITEN, IN DENEN DIE NATUR DEN TAKT VORGAB.

Der Trödel- und Weihnachtsmarkt oder die Kunst- und Kulturtage Kronenburg ziehen mit ihrem außerordentlich romantischen Ambiente viele Menschen an, danach kehrt die Ruhe zurück. Der Blick von der Burgruine, die tatsächlich wie eine Krone den Ort überragt, lässt trotz des langgestreckten Stausees unten im Tal ahnen, wie das typische Eifelleben in früheren Jahrhunderten aussah: geprägt von Kleinbauern mit ihren Äckern und Feldern, die sie mühevoll bearbeiteten, von wildreichen Wäldern und sonnenbeschienenen Lichtungen.

Am Ortsrand von Kronenburg, außerhalb des wuchtigen Stadttores, ist davon noch viel mehr zu sehen. Nicht live, sondern auf Leinwand. Im Kunstkabinett des Hasenberghofes ist die Sammlung der Dr. Axe-Stiftung zu sehen. Gewidmet ist diese der Düsseldorfer Malerschule, die im 19. Jahrhundert und bis zum Ende des Ersten Weltkrieges vor allem die Landschafts- und Genremalerei weit über die Grenzen des Rheinlandes hinaus prägte. In naturalistischer Darstellungsweise wird in den Bildern vom Alltagsleben zumeist eine intakte, gläubige und tief in der Natur verwurzelte Welt dargestellt, ein Gegenentwurf zur von Konflikten und Umwälzungen gebeutelten Gesellschaft jener Zeit. Es ist in vielen Werken eine Gratwanderung zwischen sehnsüchtiger Weltflucht und Sichtbarmachung einer Utopie. Neben Auswahlausstellungen mit Werken aus der nahezu 700 Gemälde umfassenden Sammlung der Dr. Axe-Stiftung, rücken wechselnde Expositionen zusätzlich bedeutsame Künstler in den Mittelpunkt, zum Beispiel Caspar Scheuren und die Rheinromantik im Winter 2019/20 sowie Fritz von Wille und seine Familie ab Ostern 2020. Kuratorin und Kunsthistorikerin Dr. Christiane Pickartz führt regelmäßig Interessierte kostenfrei und auch ohne Anmeldung durch das Kunstkabinett: Leichter fällt es nirgends, sich für Malerei begeistern zu lassen.

Abb.: August von Wille, Mondnacht an der Kapelle, Dr. Axe-Stiftung

AUSSTELLUNG

Von Weimar ins Rheinland
Die Künstlerfamilie von Wille

03.04.2020 – 05.04.2021

Kunstkabinett der Dr. Axe-Stiftung
Gerichtsstr. 12
53949 Dahlem / Kronenburg
Tel. 0228 – 24 12 18 oder 06557 – 90 19 872

Öffnungszeiten: Mi .– So. 12.00 – 17.00 Uhr

Öffentliche Führungen an jedem ersten
Sonntag im Monat um 15.00 Uhr
aktuelle Infos: www.axe-stiftung.de

Eintritt und Führungen sind kostenfrei.

DAS KUNSTKABINETT DER DR. AXE-STIFTUNG IN KRONENBURG.

Kinder und Jugendliche können ebenfalls kostenlos einen speziellen „Kunst-Koffer“ nutzen. Entwickelt wurde er von Kunstpädagogen, die es verstanden, Sechs- bis Sechzehnjährigen auf spielerische und selbsterklärende Weise nahezubringen, wie verschiedene Künstlerinnen und Künstler dachten, lebten und arbeiteten. Neben Texten und Bilderrätseln beinhaltet der Koffer praktische Übungen: Die Kids werden ermutigt, selbst zu malen, zu schreiben oder Collagen zu kreieren.

Wie kommt so viel Kunstgenuss zu Stande, ohne dass Besucher dafür zahlen müssen? Die Antwort ist ein Name: Dr. Hans Günther Axe, ein 2008 verstorbener, vermögender Bonner mit Liebe zur Eifel. Sein Vermächtnis ist die Dr. Axe-Stiftung, die den Hasenberghof kaufte. Axe war ein Philanthrop, der sein Glück auch zurückgeben wollte. So gehören nicht nur Kultur und Kunst zum Stiftungszweck, sondern viel mehr: die Unterstützung von Opfern von Gewaltverbrechen, die Förderung der Altenhilfe, Hilfen für medizinische Einrichtungen und Universitäten. Und – in Kronenburg konkret gelebt – auch der Tierschutz. Der Hasenberghof ist nicht nur Heimat für Bilder, sondern als Gnaden- und Archehof auch für Tiere. Es sind Nutz- und Haustiere, die vor

OBEN: CASPAR SCHEUREN, FLUSSLANDSCHAFT MIT ZWEI SEGELBOOTEN, 1836
UNTEN: CLARA VON WILLE, HUNDEFAMILIE MIT SPIELENDEN WELPEN, 1864
(BEIDES DR. AXE-STIFTUNG)

dem Schlachter gerettet oder misshandelt wurden oder als Rasse vom Aussterben bedroht sind. Sie alle erleben hier ein Stück Geborgenheit und Respekt als Mitgeschöpfe.

Und so wie die Kunstpädagogik es ganz jungen Menschen erlaubt, Neues zu entdecken, so können insbesondere Kitas und Grundschulen mit einem nachhaltigen Lernkonzept vor Ort in Kronenburg vermitteln, welchen Sinn Tierschutz und Tierethik machen. *(ako)* ■

WWW.AXE-STIFTUNG.DE

Dr. Hans Günther Axe wurde 1920 in Bonn geboren. Er studierte Volkswirtschaft an der Rheinischen Friedrich-Wilhelms-Universität in seiner Heimatstadt und schloss das Studium an der Alpenuniversität Innsbruck als Diplom-Volkswirt ab. In Innsbruck promovierte er anschließend mit einer wirtschaftswissenschaftlichen Dissertation zum Dr. rer. pol. Nach Krieg und Gefangenschaft gründete Hans Günther Axe sein erstes von mehreren Unternehmen. Vor allem als Versicherungsmakler machte er sich einen Namen. Er verfocht kaufmännische Grundsätze, die Tradition mit Innovation, Kompetenz mit Zuverlässigkeit und Engagement mit ausgeprägter Unabhängigkeit und Eigenständigkeit verbinden. Er verstarb im August 2008, wenige Wochen vor Vollendung seines 88. Lebensjahres.

Kunstkabinett der Dr. Axe-Stiftung
Gerichtsstr. 12
53949 Dahlem / Kronenburg
Öffnungszeiten:
Mittwoch bis Sonntag 12 - 17 Uhr.
Öffentliche Führung an jedem ersten Sonntag im Monat um 15 Uhr.
Für die Besucher der Ausstellung steht ein Indoor-Guide-System zur Verfügung.
Kinder und Jugendliche können die Präsentation auf spielerisch-kreative Art mit dem Kinderkunstkoffer erforschen.

Aktuelle Infos: www.axe-stiftung.de

MUNDARTSÄNGERIN SYLVIA NELS

MUSIKALISCHE EMOTIONEN PUR AUF EIFELER PLATT

Sylvia Nels hat sich von Kindesbeinen an der Musik verschrieben … und dem Dialekt, der in ihrer Eifelheimat gesprochen wird. Sogar eine Art Eifelhymne und Ode an die Region hat die Ingendorferin aufgenommen, sie singt im Duett mit Achim Weinzen vom „Eifelgefühl". Der balladenartige Rocksong ist nur etwas mehr als drei Minuten lang und auf Hochdeutsch getextet. Was sehr untypisch ist für Sylvia Nels. „Es gibt ja nicht nur das eine Eifeler Platt, sondern ganz viele und teils sehr unterschiedliche Varianten. Im Norden herrscht das Ripuarisch-Rheinische vor, im Süden das Moselfränkische. Also lag es nah, doch einen für alle verständlichen Text zu machen. Schließlich möchten Achim und ich ein Eifelgefühl, das alle miteinander verbindet", sagt sie.

SYLVIA NELS IM STUDIO: IHRE STÜCKE SCHREIBT UND KOMPONIERT SIE SELBST.

Sie steht seit Jahren mit selbst komponierten und in Eifeler Platt geschriebenen Stücken auf der Bühne. „Eifelgefühl“ bringt dabei besonders einprägsam auf den Punkt, was Einheimische und Eifelfans mit viel Zeit zum Erleben als die Quintessenz der Landschaft und ihrer Menschen ausmachen: stolz und widersprüchlich, geliebt und verflucht … etwas, das einen nicht mehr loslässt und auch nicht loslassen soll. „Es ist ein Liebeslied für die Eifel“, sagt Sylvia Nels dazu. „Die Eifel muss man aus ihrer zerrissenen Geschichte her verstehen. Umso wichtiger ist den Menschen ihr Zusammenhalt – und das Vertrauen dafür wächst nicht schnell, sondern behutsam.“

Sylvia Nels wohnt in der Südeifel in der Nähe des Hauses, in dem sie aufwuchs, in einer kinderreichen, aber nicht materiell reichen Familie, der die Musik im Blut lag. „Es waren fahrende Handwerker, die alle musikalisches Talent und gute Stimmen hatten, aber keine entsprechende Ausbildung.“ Was der Freude an der Live-Musik keinen Abbruch tat: Die Geschwister Lorse, so Nels‘ Geburtsname, begeisterten schon in den 1980er Jahren ihr Eifeler Publikum bei Kappensitzungen im Karneval. Die Kindheit in der Eifel ist auch immer wieder Thema ihrer Songs: der Alltag auf dem Land, umgeben von Natur. „Das eigene Erleben ist meine wichtigste Inspiration, das weckt die Emotionen und die Intuition, die ich für das Liederschreiben brauche.“ Dabei ist sie durchaus ein sehr moderner Mensch im Hier und Jetzt und nutzt die Technik: Zum Beispiel gibt es ihre Musik im Streaming oder auf USB-Stick.

Sylvia Nels schafft es auch, die Mundart sehr modern rüberzubringen. Dazu nutzt sie ihren eigenen Youtube-Kanal oder wagt Experimente wie den rappenden Videoclip „Eifelkinder“, gemeinsam mit Johannes Kohl und Christopher Olk, der bereits mehr als 300.000 Mal aufgerufen wurde und der mit einer starken Prise Selbstironie Licht und Schatten des Landlebens aufs Korn nimmt. Auch ihr Song „Un da foahrn ma ma'm Bulldog un de Stausee“ erreicht mit bisher fast 80.000 Aufrufen bei Weitem nicht nur die Generation Ü 60, die das Eifeler Platt noch in der eigenen Familie spricht.

„DAS EIGENE ERLEBEN IST MEINE WICHTIGSTE INSPIRATION, DAS WECKT DIE EMOTIONEN UND DIE INTUITION, DIE ICH FÜR DAS LIEDERSCHREIBEN BRAUCHE.“

SYLVIA NELS LIEBT IHRE HEIMAT. SIE WOHNT IN DER SÜDEIFEL, GANZ IN DER NÄHE DES HAUSES, IN DEM SIE AUFWUCHS.

„DIE EIFEL MUSS MAN AUS IHRER ZERRISSENEN GESCHICHTE HER VERSTEHEN.
UMSO WICHTIGER IST DEN MENSCHEN IHR ZUSAMMENHALT – UND DAS VERTRAUEN DAFÜR WÄCHST NICHT SCHNELL, SONDERN BEHUTSAM."

Die heute 46-jährige Sylvia begann ihre musikalische Laufbahn als Autodidaktin, sie probte als Kind und Jugendliche das Gitarrenspiel mehrere Stunden täglich, inspiriert durch musikalische Vorbilder wie Hannes Wader, Hermann van Veen oder Reinhard Mey. Später konnte sie ihre Begabung professionell schulen. Nach dem Abitur in Neuerburg studierte sie in Koblenz Musik und absolvierte zudem eine pädagogische Ausbildung, so dass sie an einer privaten Musikschule in der musikalischen Früherziehung arbeitet. Rund fünfzig Mal pro Jahr hat sie seit 1999 parallel dazu in Eifel und Moselland Bühnenauftritte, insofern feiert sie jetzt ihr zwanzigstes Bühnenjubiläum … abgesehen natürlich von den Karnevals- und Volksfesteinsätzen in ihrer Kindheit. Das Jubiläum wird mit einem neuen Album gefeiert. Beim Start der SWR-Eventserie „Mussik, Sprooch un Wein" im damals noch belebten Bitburger Hotel Plein war sie mit von der Partie. *(ako)* ■

www.sylvia-nels.de

INFO

Gemeinsam mit dem luxemburgischen Kultur- und Kunstwissenschaftler Georges Calteux sowie anderen Literaten und Musikern erarbeitet Sylvia Nels ein Buch samt Audio-CD über den luxemburgisch-französischen Literaten Tit Schroeder, der 1986 starb und der als einer der wichtigsten Lyriker und Dramatiker des Landes gilt. Sylvia Nels vertonte einige seiner Gedichte. Ein weiteres Projekt ist zu den Werken von Willy Goergen geplant, ebenfalls luxemburgischer Lyriker, Dramatiker und Chronist des ländlichen Lebens im Großherzogtum.

Fotos: Philip K… (Sylvia Nels), Jochen Hank (Landschaft)

EIFEL

Kalte rauhe Winde, weites grünes Land
oft beschrieben, oft bedichtet, oft total verkannt
voller Ursprung, voller Leben, stolz und unbeugsam.
Ein Landstrich aus dem mancher Denker, mancher Dichter kam.
Voller Widersprüche und doch voller Harmonie,
trotzig, eigensinnig und doch herzlich irgendwie.
Voller Poesie, voller Schatten, voller Licht,
Leicht zu raten, dass man von der Eifel spricht.

Eigensinnig und verschworen, doch dein Herz so groß.
Wer sich einmal auf dich einlässt, den lässt du nicht mehr los.
Bis auf die Knochen ehrlich und oft nicht rücksichtsvoll.
Feierfreudig, freudetaumelnd, zwischen darf und soll.
Eindrucksvoll, geheimnisvoll, geliebt, gehasst, verflucht,
unwiderstehlich für den, der das Besondere sucht.
Die Menschen, die ich liebe, die sind fast alle hier.
Eifel, lass mich niemals wieder weg von Dir.

Du kannst laut und leise, traurig fröhlich, wie Du‘s fühlst,
Du kannst hart und sanft, kurz, Du kannst alles was du willst,
einzigartig, unkopierbar und doch liebevoll,
Eifel, meine Wiege, du bist einfach toll.

Interpreten: Achim Weinzen und Sylvia Nels
Text + Musik: Achim Weinzen
Verlag: GAM Gallery Art of Music
VÖ: Januar 2018 GAM Music Media

DIE EIFEL ZU ERWANDERN UND DEN LANDSTRICH VON SEINER GANZEN SCHÖNHEIT KENNEN ZU LERNEN IST NUR EIN TEIL DES EIFELERLEBNISSES. NIMMT MAN KULTUR, KUNST UND MUSIK HINZU, ERGIBT SICH EIN GESAMTBILD.

EIFELGEFÜHL

MUSIK UND KULTUR VERBINDEN

Die Eifel zu erwandern und den Landstrich in seiner ganzen Schönheit kennen zu lernen ist nur ein Teil des Eifelerlebnisses. Nimmt man Kultur, Kunst und Musik hinzu, ergibt sich ein Gesamtbild.
In einem Gespräch mit Wolfgang Niedecken entwickelte sich die Idee, einen Musiksampler zu produzieren und in einem dazugehörigen Booklet verschiedene kulturelle Bereiche wie Malerei, Literatur, Fotografie und Kunsthandwerk vorzustellen.

Die Idee war geboren und aus dem Gefühl für die Eifel entstand die Marke „Eifelgefühl". Wolfgang Niedecken gab dafür exklusiv den Titel „Karl-Heinz" frei, der noch nie auf einem anderen Sampler erschienen ist, für Achim Weinzen war dies der Startschuss, seine Stadthymne „Trier" bekannt zu machen. Alle Musiktitel verarbeiten überwiegend das Thema Eifel.

Eifelgefühl Vol. 1. kam an. Schon bald darauf folgte Eifelgefühl Vol.2, gewagter, moderner und peppiger. Zwar sind auch hier wieder „alte Bekannte" zu hören, aber der wesentliche Unterschied zum Vorgänger: Hier sind junge und noch nicht über die Grenzen hinaus bekannte Künstler veröffentlicht. Bewusst wurde eine junge Zielgruppe erfolgreich angesprochen. Das Wagnis ging auf, einige Künstler sind seitdem auf vielen Konzerten und Stadtfesten gebucht.

Aber damit nicht genug. Schon lange reifte die Idee von Horst Hültenschmidt, Musikverleger, die Eifel mit einer Eifel-Hymne in Form einer ehrlichen und rockigen Nummer miteinander zu verbinden. Neuzeitlich und modern, eine gelungene Komposition der Extraklasse, interpretiert im Duett von Achim Weinzen und der Mundartikone Sylvia Nels.

Der Singer- und Songwriter Achim Weinzen beschreibt in klaren, manchmal auch nicht schmeichelnden Worten die Seele der Eifel.
Ein stolzes Land, widersprüchlich und harmonisch, gehasst und verflucht, eigensinnig, ehrlich und herzlich die Menschen. Wer die Eifel einmal kennengelernt hat, den lässt sie nicht mehr los.
Musik verbindet die Menschen, das beweisen die Eifel-Sampler und auch die Eifel-Hymne.

Horst und Barbara Hültenschmidt wohnen in Prüm und haben mit der Marke „Eifelgefühl" noch viel vor. Die Ideen gehen nicht aus und so denkt man schon über Vernissagen, Konzerte und Lesungen nach. Die Eifel hat eben mehr zu bieten als man denkt. *(hue)* ■

Horst und Barbara Hültenschmidt, Nelkenweg 13, 54595 Prüm
Telefon: 0172 2013279, gam-hueltenschmidt@t-online.de
www.eifelgefuehl.com

LISZT
KLAVIERKONZERT Nr. 1
ES-DUR
PIANO CONCERTO No. 1
MAJOR

ENRICO NOEL CZMOREK

MUSIKALISCHES TALENT DER EXTRAKLASSE

WENN MAN STARS WIE LANG LANG AUF DER BÜHNE BEWUNDERT, FRAGEN SICH WOHL DIE WENIGSTEN IM PUBLIKUM, WIE DER WEG DIESES VIRTUOSEN MENSCHEN WAR, BIS ER ERFOLGE IN ALLER WELT FEIERN KONNTE. DOCH ES IST EINE SPANNENDE FRAGE, DENN KEINER DIESER HOCH TALENTIERTEN INTERPRETEN FIEL BUCHSTÄBLICH ALS FERTIGER MEISTER VOM HIMMEL.

Vielleicht haben die Eifeler das große Glück, einen solchen kommenden Star in ihrer Mitte zu finden. Bereits jetzt gilt Enrico Noel Czmorek als einer der begabtesten Nachwuchspianisten in Deutschland. Mehrfach war er Landes- und Bundessieger bei „Jugend musiziert".

Geboren wurde er 2003 in Budapest. Jetzt lebt er mit seinen Eltern in Manderscheid und besucht das Geschwister-Scholl-Gymnasium in Daun. Sie haben ihr Talent offenkundig an ihn weitervererbt – als Duo Jazzy gastieren die Sängerin Gabriella Czmorek-Homa und der Pianist Zoltan Johnny Bennett-Czmorek mit modern arrangierten Swing- und Jazz-Stücken zumeist bei Events oder auf kleineren Bühnen. Während der Schwangerschaft boten die filigranen Stücke von Chick Corea oder Michel Petrucciani die akustische Kulisse. Musik gab es für ihren Sohn Enrico Noel also vom ersten Tag an. „Er war etwas mehr als zwei Jahre alt, als er anfing, Klavier zu spielen", erinnert sich Gabriella Czmorek-Homa an das erwachende Interesse des Kindes. „Er verbrachte die meiste Zeit mit seinem Vater, dessen virtuoses Klavierspiel ihn faszinierte. Tonleitern, Harmonien und Melodien verzauberten ihn." Es war ein echtes Familienerbe: Enrico Noels Urgroßvater Georg Arányi-Aschner komponierte fast sechshundert Musikstücke und beschrieb das als Weg, „Ideen von einer anderen Welt in die Seele zu bekommen". Kurz darauf starb er. Heute werden die Stücke zum Beispiel in New York oder Wien gespielt.

Zur beeindruckenden Begabung seines Urenkels kam das absolute Gehör. Spielerisch entdeckte Enrico Noel die Welt der klassischen Musik und des Klavierspielens. In der ungarischen Hauptstadt wurde er Schüler bei András Suki Jr., einem renommierten Lehrer, der froh war, den Jungen unterstützen und unterrichten zu können. Es zeichnete sich ab, dass der Junge das Zeug zu einem sehr guten Profimusiker hat, wohl

FÜR ENRICO NOEL CZMOREK WAR DAS KLAVIERSPIELEN „IMMER DA“. DAS MEISTE SEINES REPERTOIRES SPIELT ER AUSWENDIG.

sogar mit internationaler Karriere. Daher fasste das Paar einen Entschluss: die eigene künstlerische Laufbahn hintanzustellen und nach Deutschland zu ziehen, weil hierzulande die Möglichkeiten für den Start einer solchen Erfolgsstory besser sind. 2013 siedelte die Familie in die Eifel über, in die es bereits persönliche Beziehungen gab.

Nahtlos ging für Enrico Noel die Ausbildung weiter, unter anderem bei Professor Andreas Frölich zunächst privat in Bonn und als Jungstudent im PreCollege Cologne, später an der Hochschule für Musik und Tanz Köln-Aachen. Frölich ist bis heute der Master-Professor des jungen Künstlers. Seit 2018 wird er zudem von Professor Wolfram Schmitt-Leonardy an der Talent Music Academy im italienischen Brescia unterrichtet. Hier erhielt Czmorek im Mai 2019 als 16-Jähriger sein Künstler-Diplom. Die Erfolge blieben nicht aus: In insgesamt acht Jahren nahm er an 19 Wettbewerben teil und belegte 17 Mal den ersten Platz. Im spanischen Granada gewann er die Maria Herrero Piano Competition, in Brüssel die César Franck International Piano Competition, um nur zwei seiner Siege bei großen internationalen Wettbewerben zu nennen. Und als eines von weltweit zwölf Kindern durfte er an einer exklusiven Meisterklasse mit Lang Lang in Barcelona teilnehmen. Seit 2016 ist er jüngster Markenbotschafter und Künstler im offiziellen Artist Pool von Casio.

All das ist nur ein kleiner Ausschnitt von Stufen auf der Karriereleiter des jungen Ausnahme-Talentes. Bereits zwei Mal gastierte Enrico Noel Czmorek in der Kölner Philharmonie. Der Lions-Club Vulkaneifel hat es sich zur Aufgabe gemacht, ihn zu fördern, der Club ist „Pate“ des Pianisten. Wer ihn dann bei einem seiner Konzerte in seiner Wahlheimat Eifel, etwa für den Kulturkreis Daun oder im Kurfürstlichen Schlösschen Bad Bertrich, erlebt, der ist beeindruckt von

ENRICO MIT SEINEN BEIDEN GRÖẞTEN VORBILDERN GRIGORI SOKOLOV (LINKS) UND SIR ANDRÁS SCHIFF (RECHTS).

der Virtuosität und Emotionalität seines Spiels. Und genauso von der unprätentiösen Art, die ihn auszeichnet. Zwar beherrscht er bereits ein Repertoire von rund vier Stunden Solostücke, Kammermusik und Orchesterwerke, aber es bleibt offensichtlich noch Zeit und Energie für den normalen Schulunterricht, der ihn zum Abitur bringen soll.

Das meiste seines Repertoires spielt er auswendig. „Das ist doch normal", meint der Gymnasiast zu diesem Talent bescheiden lächelnd, und für ihn ist es das wohl auch. „Für mich war das Klavierspielen einfach immer da", sagt er und kann sich ohne das keine Zukunft für sich vorstellen. Seine größten lebenden Vorbilder sind Sir András Schiff („Weil der keine Show abzieht, sondern ganz authentisch und brillant interpretiert.") und Grigori Sokolov. Das allergrößte jedoch lebt nicht mehr, erläutert er, und nennt einen Namen, dessen technische Perfektion ihn fasziniert: Johann Sebastian Bach. *(ako)* ■

Foto: Gabriella Czmorek Roma

ZITAT

„Ich analysiere sehr gern Orchesterstücke, aber bei Werken wie Mahlers zweiter Sinfonie muss man durchaus eine Kaffeepause einlegen", schildert Enrico Noel Czmorek seine Freizeit jenseits der Schule, die er vorzugsweise mit Dirigieren und Komponieren verbringt. „Es ist für mich unvorstellbar, wie die damaligen Komponisten teilweise ohne Instrumente im Kopf komponiert haben und dann ein solches Werk schufen." Seine Frage: „Wie hat Rachmaninoff sein erstes Klavierkonzert mit 17 Jahren komponiert?" Er hat darauf keine Antwort. In den Ferien beschäftigt er sich zum Ausgleich mit verschiedenen Wissenschaften, unter anderem Astronomie, Botanik, Nautik, Flugwissenschaften und Elektronik.

„MIT ALLEN SINNEN" ERLEBEN, HÖREN, SEHEN, SCHMECKEN UND SICH BEGEGNEN

KLASSIKER AUF DEM VULKAN

Klassik und Klassiker, Nachwuchstalente und Weltstars, Genuss für Augen, Ohren und den Magen und das alles in den einzigartigen Naturräumen der Vulkaneifel. Die Symbiose von Natur und Kultur – das ist die Philosophie von KLASSIKER AUF DEM VULKAN.

Tragendes Element der Veranstaltungsreihe sind ausgewählte Plätze, die den Charakter der Vulkaneifellandschaft unterstreichen, wie die Konzertarena am Ufer des Gemündener Maares, die heimelige Kirche auf dem Dauner Burgberg hoch über den Dächern der Kreisstadt und mit einem atemberaubenden Blick über das Liesertal oder die anmutige Nikolauskirche im Zentrum der Stadt . Durch die Verpflichtung von Künstlern von Weltrang und vielversprechenden Nachwuchstalenten schlägt KLASSIKER AUF DEM VULKAN eine Brücke von der naturnahen Begegnung zum einzigartigen, sinnenfrohen Sommererlebnis.
Mit diesem Festival werden nicht nur Kulturinteressierte aus der Region angesprochen. Die Verknüpfung des Kulturprogramms mit einem attraktiven touristischen Angebot ist zusätzlich eine Einladung an Gäste aus nah und fern, sich ein entspanntes, genussvolles Wochenende zu gönnen.
Last but not least rundet ein erlesenes gastronomisches Angebot, umrahmt von dezenter Dinnermusik, den Besuch der Veranstaltungen ab. Das Gesamtpaket KLASSIKER AUF DEM VULKAN bietet Qualität in Ausführung und Ambiente.

Infos zum jeweiligen Programm unter www.klassikeraufdemvulkan.de *(red)* ■

Fotos: Fotostudios Rieder, Klassiker auf dem Vulkan

TAGEN UND KULTUR IM FORUM DAUN

Im Gäste- und Veranstaltungszentrum FORUM DAUN, einem architektonischen Juwel im Herzen der Stadt Daun, findet man den perfekten Rahmen für Tagungen, eine stilvolle Gala oder Feiern im Kreis von Familie und Freunden.

Individuelle Betreuung, eine flexible Raumgestaltung, moderne Tagungstechnik sowie die zentrale Lage machen das FORUM DAUN zum idealen Veranstaltungsort. Das FORUM DAUN ist auch Zentrum für ein breit gefächertes Kulturprogramm in der Vulkaneifel – seien es Konzerte, Theateraufführungen, Comedy, Kabarett, Ausstellungen, Lesungen, Multivisionsshows und mehr – hier ist für jeden Geschmack etwas Passendes dabei!

Infos, Programm und Tickets unter www.forum-daun.de. *(red)* ■

Genuss
GEROLSTEINER

RUND 70 AKTIVE MITGLIEDER AUS DEM GESAMTEN EIFLER RAUM ZÄHLEN ZUR EIFELPHILHARMONIE.

MIT DER EIFELPHILHARMONIE IM WUNDERSAMEN KINOPALAST

DIE NEBENHÖHLEN DES DARTH VADER

EIN WENIG WIRKT ES, ALS WÜRDE DAS LICHT GEDIMMT UND IN WEITER FERNE BEGINNE DAS RATTERN EINES FILMPROJEKTORS, ALS DIE BEKANNTE 20TH CENTURY FOX-FANFARE ERKLINGT. DIE STIMME DES ERZÄHLERS STELLT UNS PAULINE VOR, DIE ALLABENDLICH DURCH DIE STRAßEN VON PARIS STREIFT, UM AM ENDE IN DEM ALTEN, HERUNTERGEKOMMENEN KINO VON MADAME ODEON ZU LANDEN. WAS SIE DORT ERWARTET, HÄTTE SIE SICH IN IHREN KÜHNSTEN TRÄUMEN NICHT VORSTELLEN KÖNNEN.

HIER STIMMTE NICHT NUR DAS PROGRAMM, SONDERN AUCH DAS AMBIENTE: VORSTELLUNG IM HOTEL AUGUSTINERKLOSTER HILLESHEIM.

Unweigerlich wird Pauline in eine phantastische Geschichte hineingezogen, in der Darth Vader auf Winnetou trifft, in der Doc Brown aus „Zurück in die Zukunft“ begeistert den aktuellen amerikanischen Präsidenten treffen und in der Captain Hook sie über die Planke schicken will.

Was sich ziemlich eigenartig abgedreht anhört, entpuppt sich zu einer wunderbaren, spannenden und romantischen Reise durch die Filmgeschichte, in der man an der Seite von Pauline bekannte Protagonisten von völlig neuen Seiten kennenlernt.

Autor Ralf Kramp selbst trägt seine Geschichte in einzigartiger Weise vor und beweist eindrucksvoll, dass er nicht nur im Krimigenre zuhause ist. Gespickt mit vielen kleinen Details lässt einen die kurzweilige Erzählung schmunzeln und lachen, den Atem anhalten, sie sorgt sogar manchmal für Gänsehaut.

Wir befinden uns in einem sogenannten „Lesical“, einer Mischung aus Lesung und musikalischer Begleitung. Für die sorgt das rund 70-köpfige Orchester der Eifelphilharmonie, einem Zusammenschluss von unterschiedlichen Musikern aus der gesamten Eifel, von Köln bis Trier, von Aachen bis Koblenz. Unter der Leitung von Stefan Kollmann erklingen passend zur Erzählung Klassiker der Filmmusik, von „Lawrence von Arabien“ über „Mission Impossible“ bis hin zu „Indiana Jones“.

Die Anfänge dieses Orchesters liegen bereits im Jahr 1991, damals noch unter dem Namen SBO – Sinfonisches BlasOrchester. 2016 verselbstständigte sich das Orchester unter dem Namen Eifelphilharmonie. Neben Gala-, Kirchen- und Benefizkonzerten mit anspruchsvollen Originalkompositionen präsentiert das Orchester seit einigen Jahren eine besonders klangvolle und spannende Verbindung von Literatur und Musik – die Lesicals.

„MADAME ODEONS WUNDERSAMER KINOPALAST" IST DAS BISHER VIERTE GEMEINSAME PROJEKT DER EIFELPHILHARMONIE UND RALF KRAMP.

„Madame Odeons wundersamer Kinopalast" ist das vierte gemeinsame Projekt des Orchesters mit dem Krimiautor Ralf Kramp, ein fünftes ist bereits in Planung.

Nach zwei Stunden neigt sich die Vorstellung dem Ende zu. Das Publikum ist begeistert und fordert zwei Zugaben, die vom Orchester gerne gegeben werden.

Christian Hilgers, der Vorsitzende der Eifelphilharmonie, wendet sich zum Schluss noch mit einem Anliegen an die Besucher. Die Eifelphilharmonie und der Musikverein Hillesheim arbeiteten schon seit vielen Jahren in der Orchesterarbeit, der Jugendausbildung, in Seminaren und vielen anderen Bereichen zusammen. Man plane die Schaffung einer „Musikakademie" in Hillesheim, eines professionellen Ausbildungs- und Leistungszentrums für Orchester- und Ensemble-Musik. Dafür werde ein professioneller Probenraum benötigt, für den bereits erste Konzepte bestünden. Damit das Vorhaben nicht länger nur auf dem Papier existiere, werde nun Unterstützung, besonders im Bereich der regionalen Unternehmer, gesucht. Angesichts der ausgezeichneten Qualität der eben gehörten Vorstellung sicherlich eine gute Investition in die Zukunft. So wird sichergestellt, dass der Eifelphilharmonie der Nachwuchs nicht ausgeht und noch viele weitere Projekte realisiert werden können – denn das Ziel des Orchesters sei, meint Christian Hilgers augenzwinkernd, ein Auftritt auf der Berliner Waldbühne.

Sie wollen noch wissen, was es mit den Nebenhöhlen Darth Vaders auf sich hat? Nun, dazu müssen Sie sich wahrscheinlich selbst in „Madame Odeons wundersamen Kinopalast" begeben. In diesem Sinne: „Film ab, Madame Odeon!" *(jh)* ■

www.eifelphilharmonie.de

KAMMERKONZERTE IN MONSCHAU

MONTJOIE MUSICALE

MONSCHAU UND KLASSISCHE MUSIK, DAS PASST EINFACH ZUSAMMEN.
NEBEN DEN FESTSPIELEN IM SOMMER BIETET DIE KAMMERKONZERTREIHE MONTJOIE MUSICALE AUCH AUßERHALB DER FESTSPIELZEIT KLANGERLEBNISSE MIT FÜHRENDEN MUSIKERN DER INTERNATIONALEN MUSIKSZENE. KONZERTE MIT PREISGEKRÖNTEN KAMMERMUSIKERN WERDEN AUCH IN DIESEM JAHR DAS MONSCHAUER PUBLIKUM MUSIKALISCH VERZAUBERN.

Am Sonntag, 12. Januar 2020 um 17 Uhr lädt „Montjoie Musicale" zum besonderen Neujahrskonzert in die ev. Stadtkirche Monschau ein. Unter dem Motto „Berliner Luft" erwartet die Besucherinnen und Besucher ein heiterer und spritziger Abend, an dem neben Musik von Johann Strauß und bekannten Schlagern auch das berühmte, mottogebende Berliner Lied, die inoffizielle Hymne der Stadt, natürlich nicht fehlt. Das Klavierduo Xin Wang & Florian Koltun hat wieder einmal ein buntes Programm von Melodien aus Operette, Oper und Musical sowie Walzern und Polkas zusammengestellt. Neben dem russischen Ausnahmegeiger Mischa Kibardin und seinem Landsmann und gefeierten Cellisten Dmitrij Gornovsky darf sich das Publikum auf weitere Überraschungsgäste freuen.

ZAGREB SOLISTEN

Das erste Orchesterkonzert der diesjährigen Spielzeit steht mit den Zagreb Solisten am Sonntag, 16. Februar 2020, um 18 Uhr in der evangelischen Stadtkirche Monschau mit Werken von W. A. Mozart, J. Haydn u. a. ganz im Zeichen von Tradition und Umbruch.

Zu Ehren des Weltfrauentags reist „Montjoie Musicale" mit dem Klaviertrio Köln-Weimar am Sonntag, 8. März 2020, um 17 Uhr im Aukloster Monschau auf den Spuren von Clara Schumann und spielt Kammermusikwerke einer der größten Musikerinnen der Geschichte.

Poetischer Gesang trifft am Sonntag, 5. April 2020, um 17 Uhr im Aukloster Monschau auf Nachdenklichkeit. Mit Alfredo Oyáguez Montero kommt ein internationaler Musiker nach Monschau, der die Stadt lieben und schätzen gelernt hat. Diesmal bringt der spanische Meisterpianist und Kammermusiker zwei junge Geigerinnen aus seiner Heimat mit in die Eifel.

Unter dem neuen Format „Beethoven-Orbit 2020" gastiert zu Ehren des 250. Geburtstags Beethovens am Samstag, 2. Mai 2020, um 19.30 Uhr in der Aukirche Monschau das Sinfonieorchester Aachen mit dem amtierenden Generalmusikdirektor Christopher Ward. Musikliebhaber dürfen sich daher auf ein besonders Konzert mit einem der traditionsreichsten Orchester Deutschlands freuen, das zudem 1825 die deutsche Uraufführung der 9. Sinfonie Ludwig van Beethovens in Aachen gestaltete.

Romantik steht am Dienstag, 14. Juni 2020, um 17 Uhr im Aukloster Monschau beim letzten Konzert der diesjährigen Spielzeit im Mittelpunkt des Programms. Auch hier darf Beethoven als Wegbereiter nicht fehlen, hat er doch mit seinen Cello-Sonaten Monumente der Kammermusik geschaffen, die vielen Komponisten der Romantik als Vorlage dienen sollten. Der Pianist und Kulturmanager Florian Koltun übernimmt die Moderation der Konzerte und will zwischen den Werken mit interessanten Anekdoten und Hintergrundberichten auch „Klassik-Einsteigern" den Zugang zur Musik leicht ermöglichen.

Tickets können bei allen bekannten Vorverkaufsstellen erworben werden. *(red)* ■ *www.montjoie-musicale.com*

Grafik: Roland Grundheber

HEAVY METAL IN DER EIFEL

UND DANN WIRD'S LAUT

DIE GERÄUSCHKULISSE DER EIFEL IST ÜBLICHERWEISE SANFT UND NATURNAH. NACHTS HÖRT MAN KÄUZCHEN RUFEN ODER BLÄTTER RAUSCHEN. AB UND AN MELDET SICH EIN FUCHS ODER REH. ES GIBT WENIG AUTOLÄRM, AUßER NATÜRLICH AUF DER NORDSCHLEIFE. BIS AUF ZWEI TAGE MITTEN IM SOMMER. DENN DANN GIBT ES UNGEWOHNTE UND WENIGER LEISE TÖNE VON DEN RENGENER WIESEN.

In den Dörfern tuckern ab und an Traktoren, samstags und nach Feierabend wird der Rasen gemäht oder Brennholz gesägt, aber es gibt keine Partymeile mit ausgelassen Feiernden. Flugzeuge tummeln sich rund um Spangdahlem und Büchel, ansonsten bleiben sie in respektvoller Höhe. Open-air heißt zwar zum Beispiel „Rock am Ring" oder „New Horizons", aber wenige Kilometer vom Nürburgring ist davon nichts zu spüren und am Gemündener Maar bei Daun bedeutet ein Freiluftkonzert unter dem Motto „Klassiker auf dem Vulkan" eher Moderates auf die Ohren: Giora Feidman mit seiner Klarinette kommt gern.

FRÜH ÜBT SICH, WER EIN „METALLER“ WERDEN WILL:
BEI „DER DETZE ROCKT“ IST AUCH DER NACHWUCHS MIT DABEI.
IM GRUNDE IST DAS FESTIVAL EIN ETWAS ANDERES FAMILIENFEST.

Und doch: Rund um den Mitsommer verwandelt sich eine Weide beim Dauner Ortsteil Rengen in eine Location für Menschen mit Vorliebe für martialische Outfits und Klänge. DDR wird das Heavy-Metal-Festival auch genannt, und die Buchstaben stehen nicht für eine eher spießige Ex-Republik, sondern für „Der Detze Rockt“. Detze, das ist der Hausberg der Rengener, eigentlich heißt der Hügel Detzenberg. Und hier, nah an der Autobahntrasse, findet seit 2011 ein Geheimtipp für Fans der etwas härteren Musiksorte statt. Obwohl, ein echter Geheimtipp ist es nicht mehr, es kommen längst Besucher aus ganz Deutschland und darüber hinaus, an die 1000 oder mehr sind es in jedem Jahr. Noch immer kein Vergleich mit dem weltweit berühmten Vorbild in Norddeutschland, aber: „Es ist uriger als in Wacken“, urteilte im vergangenen Jahr ein Gast aus Schweden, der eine nahe Ferienwohnung gebucht hatte, „irgendwie noch viel cooler.“

Überhaupt: die Gäste. Sie kommen nicht in der eifeltypischen Wander-, Radler- oder Spaziergängerkluft, sondern man erkennt sie zumeist an den langen Haaren auch der männlichen Vertreter, an Schwarz in allen Designs und Schattierungen, an Piercings und anderen Accessoires, die wenig bürgerlich wirken. Aber sie sind, wie die Rengener wissen, die nettesten Gäste, die man sich vorstellen kann. Man kennt sich – die Organisatoren lieben das Stammpublikum. Es ist altersgemischt, einer der ältesten „Metaller“ ist um die achtzig. Etliche der Jüngeren bringen kleine Kinder mit, die natürlich bunte Ohrschützer tragen. Auf dem Campinggelände und auf der Festivalwiese dürfen sie in aufblasbaren Planschbecken toben, wenn das Frühsommerwetter es zulässt.
Im Grunde ist DDR ein Familienfest, nur musikalisch etwas anders.

NUR RUND 1000 BESUCHER MACHEN DEN BESONDEREN CHARME VON „DER DETZE ROCKT" AUS. WENN ES NACH DEN MACHERN GEHT, DARF DAS FESTIVAL GERNE FAMILIÄR BLEIBEN.

Die Macher von „Der Detze Rockt" sagen, dass sie auch gar nicht so groß werden wollen wie Wacken und familiär bleiben. Diese Atmosphäre macht den besonderen Charme aus, zudem ist es mit dieser Selbstbeschränkung auch möglich, die niedrigen Ticketpreise zu halten. Neben Bands, die in der Metal-Szene bekannt sind, gibt DDR auch Newcomern eine Chance. Die Rengener und ihre Vereine – auch die aus der Umgebung – ziehen mit, hinter dem professionell aufbereiteten Festivalgelände mit der Bühne steckt ganz viel Ehrenamt und Herzblut. Die Geschichte des Festivals ist bis heute spürbar: Entstanden ist es aus dem Wunsch, trotz des Aus für das traditionelle Rengener Dorffest im Jahr 2000 etwas zum Feiern zu haben. Zwei junge Männer aus Rengen lieferten die Initialzündung: David Müller, ein junger Bankkaufmann, und Martin Geisen, der Schauspieler am Trierer Theater ist und selbst Mitglied einer Heavy-Metal-Band war. DDR setzte sich jährlich durch, das Backfest und das Feuerwehrfest des Dorfes wechseln sich ab. David Haas, einer der Mitorganisatoren, schildert das Besondere: „Das ganze Dorf zieht mit, auch Leute, die mit der Musik gar nichts am Hut haben. Der Spaß und das Gemeinschaftsgefühl stehen im Vordergrund." *(ako)* ■

www.derdetzerockt.de

ZITATE:

www.kalle-rock.de: „Einfach eine Bühne in die Pampa gestellt, ein paar Bands versammelt und zwei Tage Metal, Metal, Metal ohne jeglichen Zirkus drum herum."

www.crossfire-metal.de: „Eröffnet wurde der Festivalsamstag von Burning Maja, die ihre gute Laune sofort auf das Publikum übertragen konnten. Die raue Stimme des Sängers konnte schon erste Ausrufezeichen im Publikum hinterlassen. Ihr Basser Martin im Stallion-Leibchen warf ‚Der Detze Rockt'-Shirts in die Menge, weil es nach seinen Angaben das geilste Festival der Welt wäre."

VERANSTALTUNGEN IM JAHR 2020

WAS, WANN, WO?

JANUAR

1. Januar	15.30 Uhr	Bad Neuenahr	**NEUJAHRSKONZERT IM KURPARK** Violoncello und Gitarre - das Kölner Ensemble Lena Kravets und Tobias Kassung widmet sich klassischen Melodien aus drei Jahrhunderten. *www.das-heilbad.de*	 Foto: Mischa Blank
12. Januar	18.00 Uhr	Düren	**NEUJAHRSKONZERT - CAPPELLA VILLA DURIA** Theater Düren im Haus der Stadt *www.kulturbetrieb.dueren.de*	 Foto: Jochen Hank
16. Januar	20.00 Uhr	Bad Neuenahr Kurhaus	**KONZERTREIHE „WIENER KLASSIK"** Die Klassische Philharmonie Bonn unter Leitung von Prof. Heribert Beissel präsentiert u. a. Werke von Joseph Haydn, Wolfgang Amadeus Mozart und Johannes Brahms. *www.das-heilbad.de*	 Foto: Dominik Ketz
18. Januar 24. Januar 25. Januar	20.00 Uhr	Ormont Bürgerhaus	**DER KIRCHENSCHATZ** Theateraufführung Ein Lustspiel von Eugen Schmid	
25. Januar		Kerpen Das kleine Landcafé	**BIBER HERRMANN SINGER-SONGWRITER** Acoustic Folk & Blues *www.biber-herrmann.de* *www.daskleinelandcafe.de*	
26. Januar - 09. Februar	Di.-Fr. 15-18 Uhr, Sa., So., FT 14-18 Uhr	Bitburg Haus Beda	**JAHRESAUSSTELLUNG** des Kunstkreises Beda im Haus Beda, Bedaplatz 1 *www.haus-beda.de*	 Foto: F. M. Bahr
26. Januar	18.00 Uhr	Burgau	**ZWEI AUF EINEM WEG** Cappella Villa Duria im Schloss Burgau *www.kulturbetrieb.dueren.de*	 Foto: Jochen Hank
31. Januar	19.30 Uhr	Bad Neuenahr Augustinum	**KONZERT „VILLA MUSICA"** Lena Neudauer (Violine) und Stipendiaten der Villa Musica spielen Werke von Ludwig van Beethoven und Richard Strauss. *www.villamusica.de*	 Foto: Marco Borggreve

FT = Feiertag

FEBRUAR

2. Februar	19.00 Uhr	Bitburg Haus Beda	**KLASSISCHES KONZERT** Sinfonietta Köln, Leitung: Cornelius Frowein Solist: Jan-Aurel Dawidiuk, Orgel *www.haus-beda.de*	 Foto: Jan Stephan Hubrich
8. Februar		Kerpen Das kleine Landcafé	**ENDLICH MINIMALIST ... ABER WOHIN MIT MEINEN SACHEN?** Comedy/Kabarett mit Olaf Bossi www.bossi.de www.daskleinelandcafe.de	
22. Februar	19.11 Uhr	Blankenheim	**HISTORISCHER GEISTERZUG** Jährlich am Karnevalssamstag verwandelt sich die Ahrstraße in Blankenheim in ein von Geistern beherrschtes Städtchen. *www.blankenheim.de*	
27. Februar	20.00 Uhr	Bad Neuenahr Kurhaus	**WIENER KLASSIK** Die Klassische Philharmonie Bonn unter der Leitung von Prof. Heribert Beissel präsentiert drei Konzerte der Saison 2019/2020. www.das-heilbad.de	 Foto: Dominik Ketz
29. Februar	abends	Gerolstein-Gees, Steffeln, Neroth, Stadtkyll, Walsdorf	**WINTERAUSTREIBEN „BURGSONNTAG"** Traditionell rollt am 1. Wochenenende in der Fastenzeit ein brennendes, mit Stroh bestücktes Feuerrad einen Berg hinab oder es wird auf einer Anhöhe ein Feuer entzündet.	
29. Februar	14.00 Uhr	Bitburg Stadthalle	**CONNY - DAS SCHULMUSICAL** für Kinder ab 3 Jahren *www.bitburger-stadthalle.de*	
29. Februar		Bad Bertrich Vulkaneifel Therme	**EIFELER SAUNA EVENT** *www.vulkaneifeltherme.de*	

Der Verlag übernimmt keinerlei Garantie für die Richtigkeit der Angaben. Veranstaltungstermine und -zeiten können sich ändern. Für den Besuch einzelner Veranstaltungen fallen ggf. Kosten an bzw. müssen Tickets erworben werden. Bitte informieren Sie sich im Vorfeld beim Veranstalter. Die Fotorechte liegen, sofern nicht anders verzeichnet, bei den jeweiligen Veranstaltern.

MÄRZ

01.03.- 05.04.20	Di.-Fr. 15-18 Uhr, Sa., So., FT 14-18 Uhr	Bitburg Haus Beda	**UDO, OTTO UND CO.** – Ausstellung Karikaturen, Malereien und Zeichnungen der Künstler Helge Schneider, Frank Zander, Otto Waalkes, Udo Lindenberg, Armin Mueller-Stahl und Francis Fulton-Smith. *www.haus-beda.de*	
6. März		Kerpen Das kleine Landcafé	**FREISTAAT EIFEL** Kabarett mit Hubert vom Venn und Achim Konejung www.hubert-vom-venn.de *www.daskleinelandcafe.de*	 Foto: Heike Eisenmenger
7. März	19.00 Uhr	Bitburg Haus Beda	**VON NEW YORK NACH BUENOS AIRES** Klassisches Konzert Nadine Schuster (Klavier) und Wojciech Wieczorek (Violine) *www.haus-beda.de*	 Foto: Heinz Drossard
7. März	20.00 Uhr	Bitburg	**OUT OF THE SHADOWS WORLD TOUR 2020** Konzert der Rockband SAGA *www.bitburger-stadthalle.de*	
07./08.03.20		Mechernich	**HOLZHAUERMEISTERSCHAFT** Freilichtmuseum Kommern *www.kommern.lvr.de*	
8. März		Speicher	**OSTERMARKT UND VERKAUFSOFFENER SONNTAG** *www.gewerbeverein-speicher.de*	 Foto: Couleur/pixabay
14. März		Ernzen	**SAISONSTART IM NATURPARKZENTRUM UND DINO-SAURIERPARK TEUFELSSCHLUCHT ERNZEN** *www.dinopark-teufelsschlucht.de*	 Foto: Elke Wagner
14./15.03.20	9 -18 Uhr	Hillesheim	**ANTIK-/TRÖDELMARKT** Markthalle am Viehmarkt *www.gerolsteiner-land.de*	 Foto: Jochen Hank
19. März	20.00 Uhr	Bad Neuenahr Kulturhaus	**WIENER KLASSIK** Kurhaus Bad Neuenahr Konzertreihe *www.das-heilbad.de*	 Foto: Dominik Ketz

FT = Feiertag

19.-22.03.		Daun Forum Daun	**DAUNER FOTOTAGE** Das Fotofestival in der Vulkaneifel *www.dauner-fototage.de*	 Foto: Martin Engelmann
20.- 22.03.2020		Bitburg	**BEDA-MARKT** Große regionale Messe mit Handwerk-, Automobil- und Landwirtschaftsausstellung sowie verkaufsoffenem Sonntag *www.beda-markt.com*	
21. März		Kerpen Das kleine Landcafé	**ZWEITASTENGESELLSCHAFT** Musikkabarett mit Peter Fischer *www.der-peter-fischer.de* *www.daskleinelandcafe.de*	 Foto: Peter Keller
21. März		Nürburgring	**VLN LANGSTRECKENMEISTERSCHAFT LAUF 1** Die VLN Langstreckenmeisterschaft ist die größte Breitensportserie der Welt. *www.vln.de*	 Foto: Jan Brucke
22. März		Monschau	**SAATGUTFESTIVAL** *www.monschau.de*	 Foto: Capri23auto/pixabay
27. März	20.00 Uhr	Bitburg Haus Beda	**EVA BUCHMANN'S GUMBO - JAZZKONZERT** Alte Jazztitel wunderbar modern Das Konzert ist eine Gemeinschaftsveranstaltung der Dr.-Hanns Simon-Stiftung und der Jazz-Initiative Eifel e. V. *www.haus-beda.de*	 Foto: Frank Sackenheim
27. März	19.00 Uhr	Bad Neuenahr Kurpark	**AHRWINE-TASTING** Zur Einstimmung auf den Tag der offenen Weinkeller am Samstag, 28. März, stellen mehrere Winzer ihre Weine in der Kleinen Bühne im Kurpark vor. *www.das-heilbad.de*	 Foto: shutterstock
27. März	18.30 Uhr	Bitburg Stadthalle	**TABALUGA UND LILLI** Musicalmärchen für Kinder ab 4 Jahren *www.bitburger-stadthalle.de*	 Foto: Tabaluga Enterprises
28. März	11.00 Uhr	Ahrtal	**TAG DER OFFENEN WEINGÜTER IM AHRTAL** Dem Winzer in den Keller geschaut: Wer wissen möchte, was der Winzer in seinem Keller macht und wie Wein hergestellt wird, ist bei diesem unterhaltsamen Tag genau richtig. *www.das-heilbad.de*	 Foto: Dominik Ketz

29. März | 18.00 Uhr | Düren

STABAT MATER
Cappella Villa Duria
St. Marien, Franziskanerstraße 2
www.kulturbetrieb.dueren.de

Foto: Jochen Hank

29. März | 12.00 Uhr | Adenau Innenstadt

FRÜHLINGSMARKT
Frühlingsmarkt mit verkaufsoffenem Sonntag und autofreier Innenstadt
www.gewerbeverein-adenau.de

Foto: Tim Friedrich

APRIL

4. April | Nürburgring

VLN LANGSTRECKENMEISTERSCHAFT LAUF 2
Die VLN Langstreckenmeisterschaft ist die größte Breitensportserie der Welt.
www.vln.de

Foto: Jan Brucke

5. April | 11.00 Uhr | Bad Neuenahr-Ahrweiler

OSTERMARKT RUND UMS EI
www.bad-neuenahr-ahrweiler.de

5. April | 11.00 Uhr | Trautzberg Ortsmitte an der Kapelle

SONNTAGSREIHE: DIE GEHEIMNISVOLLEN 13 - ZWÖLF MAARE UND EIN KRATERSEE
Auftaktwanderung: Das Trautzberger Maar
Alle weiteren Termine unter www.geopark-vulkaneifel.de

Foto: Dominik Ketz

04./05.04.20 | Irrel

MOUNTAINBIKE-TAG im Felsenland Südeifel und **FRÜHLINGSMARKT** in Irrel
www.felsenland-suedeifel.de

Foto: Marcus Lutz

06.-19.04.20 | Mechernich

JAHRMARKT ANNO DAZUMAL
Freilichtmuseum Kommern
www.kommern.lvr.de

10. April | Daun Manderscheid

EIFELBIKE SPRINGBREAK-TOUR
Rund um Daun und Manderscheid
Eröffnung der Mountainbike-Saison in der Eifel.
www.eifel.bike

10. April	19.00 Uhr	Nörvenich	**KONZERT ZUM KARFREITAG** Cappella Villa Duria St. Maria Heimsuchung in Nörvenich-Frauwüllesheim *www.kulturbetriebe.dueren.de*	 Foto: Jochen Hank
11.-27.04.20	Täglich 14 - 24 Uhr	Aachen	**DIE ÖCHER BEND** Öcher Osterbend - Kirmes in Aachen *www.aachen-tourismus.de*	 Foto: A. Steindl
12. April		Bollendorf	**TRADITIONELLE OSTEREIERLAGE** in Bollendorf, Echternacherbrück, Geichlingen, Neuerburg, Utscheid *www.felsenland-suedeifel.de*	 Foto: Elke Wagner
12. April	20.00 Uhr	Schönecken	**OSTERPARTY** Forum am Flecken	 Foto: Couleur/pixabay
12./13.04.20	12 -19 Uhr	Mechernich Burg Satzvey	**OSTERMARKT BURG SATZVEY** An beiden Markttagen wird von 13 bis 17 Uhr der Osterhase mit den Kindern auf Eiersuche hoppeln. *www.burg-satzvey.de*	 Foto: Poema66/wikipedia
13. April	14.00 Uhr	Schönecken	**EIERLAGE AM OSTERMONTAG** Mehr als 250 Jahre alter Brauch, bei dem der „Raffer", der 104 Eier, die im Abstand von 62 cm liegen, aufheben muss, während der Läufer indes zum Nachbarort und zurück laufen muss.	 Foto: Stefan Lieser
18. April		Kerpen Das kleine Landcafé	**PIANO MAN TRIFFT ROCKETMAN UND ENGLISHMAN** Michael Meyer *www.daskleinelandcafe.de*	
18. April		Nürburgring	**VLN LANGSTRECKENMEISTERSCHAFT LAUF 3** Alle Infos unter www.vln.de	 Foto: Jan Brucke
18./19.04.20	9 - 18 Uhr	Hillesheim	**ANTIK-/TRÖDELMARKT** Markthalle am Viehmarkt *www.gerolsteiner-land.de*	 Foto: Jochen Hank

24. - 26. April	10.00 Uhr	Dernau	**11. DERNAUER WEINFRÜHLING** Entlang des rund 8,5 Kilometer langen Weges laden Winzer und Gastronomen zu regionalen Genüssen, köstlichem Ahrwein und Traubensaft inmitten der Weinberge ein. *www.dernau.de*	
25. April	17 - 24 Uhr	Zell (Mosel)	**WEINKULTURNACHT MIT AFTER-TASTE-PARTY** Auf über 1.000 Quadratmetern, vom Gewölbekeller bis zum Weinmuseum, und in den Obergeschossen des Rathauses finden auch Sie bestimmt Ihren Lieblingswein. *www.zellerland.de*	
25. April		Schleiden Sportplatz	**EIFELER CROSSDUATHLON** *www.e-xd.de*	
25./26. April		Leudersdorf Bürgerhaus	**FRÜHLINGSFEST** *www.mv-leudersdorf.de*	
25. - 26. April	11.00 Uhr	Rech Mayschoß Altenahr	**KULINARISCHE REBENWANDERTAGE** Die Rebenwelt der Recher, Mayschoßer und Altenahrer Weinberge erkunden und vielfältige Köstlichkeiten der einheimischen Gastronomie und Winzerbetriebe genießen. *www.rebenwandertage.de*	
25. - 26. April		Nürburgring	**ADAC QUALIFIKATIONSRENNEN - 24H-RENNEN** *www.24h-rennen.de*	
26. April	18.00 Uhr	Düren Schloss Burgau	**RENDEZVOUS AVEC DJANGO REINHARDT** Cappella Villa Duria *www.kulturbetrieb.dueren.de*	
28. April		Schleiden	**FRÜHLINGSTAG IM NATIONALPARK EIFEL** Aktionstag Eifeler Sonntagsausflug *www.vogelsang-ip.de*	
30. April	ab 17 Uhr	Mechernich Burg Satzvey	**HEXENNACHT** Die Hexennacht ist das Ereignis für die Fans von alten Maibräuchen, Mystik und Musik. *www.burgsatzvey.de*	

Foto: Christian Hahn

Foto: Jochen Hank

Foto: Poema66/wikipedia

MAI

01. Mai- 01. Juli	Di.-Fr. 15-18 Uhr, Sa., So., FT 14-18 Uhr	Bitburg Haus Beda	**WALD WOLF WILDNIS** Ausstellung Die Rückkehr der Wölfe. Zeitgenössische und historische Darstellungen des Wolfes *www.haus-beda.de*	 Foto: Gisela Krohn
01. - 04. Mai		Glaadt	**GLAADTER KIRMES** *www.kirmes-glaadt.de*	
1. Mai	ab 10 Uhr	Gerolstein	**VULKANTAG IM GEROLSTEINER LAND** eine geführte und erlebnisreiche Wanderung durch das Vulkangebiet der Ferienregion Gerolsteiner Land mit anschließendem Imbiss. *www.gerolsteiner-land.de*	 Foto: TW Gerolsteiner Land
1. Mai		Leudersdorf Bürgerhaus	**MUSIK ZUM MAI** *www.mv-leudersdorf.de*	
2. Mai		Kerpen Das kleine Landcafé	**SASCHA GUTZEIT & DAVID REBEL** Konzert *www.saschagutzeit.de* *www.daskleinelandcafe.de*	
3. Mai		Bad Münstereifel Altstadt	**ANTIK-/TRÖDEL- UND DESIGNMARKT** in der historischen Altstadt von Bad Münstereifel *www.nordeifel-tourismus.de*	 Foto: Jochen Hank
8. Mai	20 Uhr	Wittlich Eventum	**SEBASTIAN FITZEK – LIVE IN DER EIFEL** Eifel-Literatur-Festival EXTRA! 2020 13. Eifel-Literatur-Festival *www.eifel-literatur-festival.de*	
8. Mai		Kerpen Das kleine Landcafé	**NEW FOLK/ROCK/BLUES** Philip Bölter *www.philip-boelter.de* *www.daskleinelandcafe.de*	 Foto: undenkbar.de
9. Mai	14.00 Uhr	Oberweis	**WALD TUT GUT!** Gesundheit und Wohlbefinden aus dem Wald Leichte Wanderung im Bedhard-Wald mit Erfahrungssuche über die heilsame Wirkung des Waldes. *vhs.bitburgerland.de*	 Foto: Fotostudio Creativ

FT = Feiertag

MAI

9. Mai		Nürburgring	**FISHERMAN'S FRIEND STRONGMANRUN** Weit mehr als 10.000 Läufer, 24 Kilometer Strecke mit 40 Hindernissen vor prominenter Kulisse am Nürburgring. *www.strongmanrun.de*	 Foto: Faktor4
9. Mai		Monreal	**34. BLUMENMARKT IM FACHWERKDORF MONREAL** Zahlreiche Blumenfreunde finden alljährlich den Weg nach Monreal in der Eifel, um an dieser traditionsreichen Veranstaltung teilzuhaben. *www.monrealeifel.de*	 Foto: Ingo Becker
09./10. Mai	9 - 18 Uhr	Hillesheim	**ANTIK-/TRÖDELMARKT** Markthalle am Viehmarkt *www.gerolsteiner-land.de*	 Foto: Jochen Hank
10. Mai	18.00 Uhr	Düren	**HARMONIEMUSIK** Cappella Villa Duria Theater Düren im Haus der Stadt *www.kulturbetrieb.dueren.de*	 Foto: Jochen Hank
16. Mai	20.00 Uhr	Düren	**JUAN JOSE MOSALINI Y SU GRAND ORQUESTA DE TANGO** - Cappella Villa Duria Theater im Haus der Stadt *www.kulturbetrieb.dueren.de*	 Foto: Jochen Hank
16. Mai		Kerpen Das kleine Landcafé	**DON ALDER** Singer-Songwriter, Gittarist, Entertainer *www.donelder.com* *www.daskleinelandcafe.de*	
17. Mai	11.00 Uhr	Düren	**BUENOS AIRES TANGO ENSEMBLE** Cappella Villa Duria Theater Düren im Haus der Stadt *www.kuturbetrieb.dueren.de*	 Foto: Jochen Hank
21. Mai		Aachen Innenstadt	**VERLEIHUNG DES KARLSPREISES** *www.karlspreis.de*	 Foto: A. Hermann
21. Mai	11.00 Uhr	Bad Bodendorf	**WEIN-WANDER-EVENT** Für Wanderfreunde startet in Verbindung mit dem Weinfest in Bad Bodendorf wieder das Wein-Wander-Event über den Rotweinwanderweg. *www.bad-bodendorf.de*	 Foto: Dominik Ketz

21.-24.05.20	Hellenthal- Reifferscheid Burg	**LAGERLEBEN UND ALTES HANDWERK** auf der Burg Hellenthal-Reifferscheid *www.nordeifel-tourismus.de*		Foto: Cristian Rico/pixabay
21.-24.05.20	Nürburgring und Adenau	**ADAC TOTAL 24-H-RENNEN** Nürburgring und Adenauer Racing Day Ein Rennen der Superlative mit Rahmenprogramm und dem Adenauer Racing Day *www.24h-rennen.de*		Foto: Christian Hahn
22.-25.05.20	Mechernich- Eicks	**COUNTRY HOMES** Gartenfestival auf Schloss Eicks *www.schloss-romantik.de*		
23. Mai	Mechernich	**ROCK AM RATHAUS** Open Air Konzert *www.mechernicher-sommer.de*		Foto: hendrikertel/pixabay
24. Mai	Kall-Steinfeld	**HERMANN-JOSEF-FEST** im Kloster Steinfeld *www.kloster-steinfeld.de*		
24. Mai	Bad Münstereifel Altstadt	**EIFEL KRÄUTERTAG** in der historischen Altstadt Bad Münstereifel *www.bad-muenstereifel.de*		Foto: gate74/pixabay
29.- 31.05.2020	Ahrweiler Marktplatz	**WEINMARKT DER AHR** Weingüter und Winzergenossenschaften der Ahr und die Krönung der neuen Ahrweinkönigin am Freitagabend sind Höhepunkte dieser Veranstaltung. *www.bad-neuenahr-ahrweiler.de*		Foto: Dominik Ketz
29.-31.05.20	Ormont	**PFINGST-SPORTFEST**		
29. Mai - 7. Juni	Aachen	**WELTFEST DES PFERDESPORTS** CHIO Aachen 2020 *www.chioaachen.de*		Foto: Michael Strauch

30. Mai		Zülpich Seepark	**BEACHZAUBER** Musikfestival am Strand *www.seepark-zuelpich.de*	
30. Mai - 01. Juni		Mechernich Burg Satzvey	**RITTERFESTSPIELE** Höhepunkt des mittelalterlichen Treibens rund um die Burg sind die Ritter der Burg Satzvey, die ihre völlig neue Show präsentieren. *www.burg-satzvey.de*	 Foto: Poema66/wikipedia
30./31. Mai		Kall-Steinfeld	**EIFEL MUSIK FEST** *www.kloster-steinfeld.de*	
31.05.- 01.06.2020		Wolsfeld	**WOLSFELDER BERGRENNEN** Traditionelles Bergrennen, welches auf der kurvigen Landstraße zwischen Wolsfeld und dem Wolsfelder Berg ausgetragen wird. Eifel Motor Sport Club Bitburg e. V. *www.eifel-direkt.de*	 Foto: emsc Bitburg
31. Mai	19.00 Uhr	Bickendorf	**KONZERT DES MUSIKVEREINS DAHNEN-DASBURG** in Bickendorf, Festplatz Gartenstraße	 Foto: Jochen Hank
31. Mai	10 -17 Uhr	Zell (Mosel)	**KULINARISCHE PFINGST-WEIN-WANDERUNG** rund um die Marienburg. Entlang der 10 km langen Route verwöhnen Moselwinzer und Vereine in ihren urigen Einkehrstationen die Wein- und Wanderfreunde. *www.zellerland.de*	 Foto: Inge Faust

JUNI

1. Juni	ganztags	Bickendorf	**ERLEBNISTAG „NIM(M)S RAD" IN BICKENDORF** *www.nimmsrad.info*	 Foto: Rudolf Höser
1. Juni	16.00 Uhr	St. Jost/ Langenfeld	**BAROCKKONZERT** in der Wallfahrtskapelle St. Jost Barocke Musik bekannter Komponisten *www.langenfeld-vordereifel.de* *www.naturerlebnis-vordereifel.de* *www.grube-bendisberg.de*	 Foto: Jochen Hank

1. Juni		Birgel	**DEUTSCHER MÜHLENTAG** Die historische Mühle Birgel öffnet ihre Tore und erlaubt einen Blick hinter die Kulissen. Meist gibt es spannende Attraktionen und viele Angebote auch für Kinder. *www.gerolsteiner-land.de*	
1. Juni	14.30 Uhr	Ormont	**31. ORMONTER VOLKSLAUF** Start 14:30 Uhr Hauptlauf 17.00 Uhr *www.laufkalender24.de*	
2. Juni			**WANDERPARADIES SÜDEIFEL-NATURPARK-WANDERTAG** *www.wandertag-suedeifel.de*	 Foto: Dieter Heck
05. - 07. Juni		Sinzig	**SPRUDELNDES SINZIG** Zwei Tage Unterhaltung, Attraktionen und Vielfalt. Am Samstagabend laden regional bekannte Bands zum Abrocken und Mitsingen ein. Mit verkaufsoffenem Sonntag. *www.ag-sinzig.de*	 Foto: Martin Gausmann
05. - 07. Juni		Nürburgring	**ROCK AM RING** 35 Jahre Rock am Ring und 25 Jahre Rock im Park Das legendäre Festival am Nürburgring *www.rock-am-ring.com*	 Foto: Marius Althof
06./07. Juni	9 - 18 Uhr	Hillesheim	**ANTIK-/TRÖDELMARKT** Markthalle am Viehmarkt *www.gerolsteiner-land.de*	 Foto: Jochen Hank
7. Juni	18.00 Uhr	Düren	**ALLES OPER, ODER WAS?** Cappella Villa Duria Schloss Burgau *www.kulturbetrieb.dueren.de*	 Foto: Jochen Hank
7. Juni	11 -17 Uhr	Euskirchen-Kuchenheim	**WOLLMARKT** LVR Industriemuseum *www.industriemuseum.lvr.de*	 Foto: LVR-ZMB/D.Schmitz
10. - 14. Juni	19.00 Uhr	Dernau Kloster Marienthal	**MUSIK UND WEIN IM AHRTAL** Fünf Tage Open-Air-Musikgenuss zwischen den mächtigen Mauern der Klosterruine: Von Köbes Underground bis zum traditionellen Jazz-Konzert. *www.kleinkunstandmore.de*	 Foto: Achim Meurer

JUNI

11. - 14. Juni		Ahrtal	**AHRTALER GIPFELFEST** Vier außergewöhnliche Gipfel mit gastronomischen und unterhaltsamen Angeboten. Hier zeigt sich das Ahrtal von seiner schönsten Seite. *www.ahrtal.de*	 Foto: Dominik Ketz
12. - 14. Juni		Nürburgring	**NÜRBURGRING CLASSIC** Historische Renn-Highlights mit „John Cooper Revival“ oder „100 Jahre Bentley“ - mit großem Rahmenprogramm. *www.nuerburgring.de*	 Foto: Gina-Maria Eckhardt
13. Juni		Bad Neuenahr	**AHRATHON** - Ein wunderschöner Landschaftslauf mit Erlebnis-Charakter und durchaus sportlichen Anreizen. Im Anschluss findet die Veranstaltung „Rock und Wein“ auf dem Gelände des Weingutes Sonnenberg statt. *www.ahrathon.de*	 Foto: Achim Meurer
14. Juni		Bad Münstereifel	**ERLEBNIS MITTELALTER** Historische Altstadt Bad Münstereifel *www.bad-muenstereifel.de*	 Foto: Raimond Spekking
19. - 21. Juni		Mayschoß	**WEINBLÜTENFEST IN MAYSCHOß** Jedes Jahr laden die Mayschoßer Winzerinnen und Winzer sowie die einheimische Gastronomie zum Fest der blühenden Weintraube ein. *www.wg-mayschoss.de*	 Foto: Dominik Ketz
21. Juni		Daun	**ENSEMBLE SAXOFORTE** Kulturfestival Klassiker auf dem Vulkan Evangelische Kirche Burgberg Daun *www.klassikeraufdemvulkan.de*	
21. Juni	ab 11 Uhr	Bürresheim Schloss	**MITTELALTERFEST** Teil des Kaiserjahres 2020 der Generaldirektion Kulturelles Erbe Rheinland-Pfalz (GDKE). *www.tor-zum-welterbe.de*	 Foto: U. Pfeuffer
21. Juni		Zülpich Seepark	**CRUISIN COLOGNE CAR MEETING** Amerikanische Fahrzeuge im Seepark Zülpich *www.seepark-zuelpich.de*	
21. Juni	ab 10 Uhr	Blankenheim	**TOUR DE AHRTAL** Von der Quelle in Blankenheim bis hin nach Altenahr führt die Tour über gut ausgebaute Landstraßen, entlang idyllischer Dörfer, vorbei am Flusslauf durch die vielseitige Landschaft des Ahrtals. *www.hocheifel-nuerburgring.de*	

21. Juni		Arzfeld Neuerburg Ernzen	**RADERLEBNISTAG - „SÜDEIFEL TOUR“** Arzfeld - Ernzen *www.suedeifeltour.de*	 Foto: Rudolf Höser
26. - 29. Juni		Hillesheim	**HILLESHEIMER KIRMES** Große Hillesheimer Kirmes mit Tanz und Musik sowie Jahrmarkt mit Kleidung, Haushaltsgegenständen und Lebensmittel. *www.gerolsteiner-land.de*	
26. Juni		Gemünden	**BRINGS** Kulturfestival Klassiker auf dem Vulkan Open Air am Gemündener Maar *www.klassikeraufdemvulkan.de*	 Foto: Fotostudios Nieder
27. Juni		Gemünden	Kulturfestival Klassiker auf dem Vulkan **DIE NACHT DER TENÖRE** Open Air am Gemündener Maar *www.klassikeraufdemvulkan.de*	
27. Juni		Nürburgring	**VLN LANGSTRECKENMEISTERSCHAFT LAUF 4** Die VLN Langstreckenmeisterschaft ist die größte Breitensportserie der Welt. *www.vln.de*	 Foto: Jan Brucke
27./28. Juni	ab 7:00 Uhr	Blankenheim	**EIFEL HERO TRIATHLON** Schwimmen, Radfahren und Laufen in einer landschaftlich traumhaften Umgebung und der Freilinger See in wunderschöner Lage mit sehr guter Wasserqualität. *www.eifelhero.de*	
29. Juni		Daun Forum Daun	**LYRIK VON GOETHE BIS HEUTE** – Gedichte und Lyrik aus drei Jahrhunderten – Oliver Steller u. Band Kulturfestival Klassiker auf dem Vulkan *www.klassikeraufdemvulkan.de*	

JULI

02. - 30. Juli	donnerstags ab 18 Uhr	Blankenheim Weiheranlage	**SOMMER AM SEE** Live-Musik verschiedener Bands, Speis und Trank sowie unterschiedliche Kinderprogramme. *www.blankenheim.de*	
4. Juli		Daun	Klassiker auf dem Vulkan **JOE COCKER TRIBUTE BAND** *www.klassikeraufdemvulkan.de*	 Foto: krafik photography
04./05. Juli		Gerolstein	**OLDTIME & NEW ORLEANS JAZZ FESTIVAL MIT STREETFOOD FESTIVAL** *www.gerolsteiner-land.de*	 Foto: Nico Franz/pixabay
04./05. Juli	09 - 18 Uhr	Hillesheim	**ANTIK-/TRÖDELMARKT** Markthalle am Viehmarkt *www.gerolsteiner-land.de*	 Foto: Jochen Hank
4. Juli - 9. August	Samstag 20.30 Uhr, Sonntag 15.30 Uhr.	Schuld	**THEATERAUFFÜHRUNGEN** Theaterspaß für die ganze Familie mitten im Wald auf der wunderschönen Freilichtbühne. *www.freilichtbuehne-schuld.de*	
5. Juli		Zülpich Seepark	**WASSERSPAß IM PARK** Spannende Wettkämpfe und Wassersport *www.seepark-zuelpich.de*	
5. Juli		Roth a. d. Our	**ORIGINAL EIFELER FLOHMARKT** *www.eifeler-flohmarkt.de*	 Foto: FFW Roth
10. - 13. Juli		Bolsdorf	**KIRMES IN BOLSDORF**	
10. - 13. Juli		Bitburg	**EUROPÄISCHES FOLKLORE FESTIVAL** in Bitburg auf dem Festplatz an der Stadthalle *www.folklore-bitburg.de*	 Foto: TI Bitburger Land

11. Juli		Nürburgring	**VLN LANGSTRECKENMEISTERSCHAFT LAUF 5** *www.vln.de*	 Foto: Jan Brucke
12. Juli		Kronenburg	**KRONENBURGER FLOHMARKT** in historischer Kulisse *www.flohmarkt-kronenburg.de*	 Foto: Jochen Hank
12. Juli - 8. August	13.30 - 18 Uhr	Prüm	**EVBK KUNSTAUSSTELLUNG** Die Europäische Vereinigung Bildender Künstler präsentiert im ehemaligen Abteigebäude (heute Regino-Gymnasium Prüm) ihre Jahresausstellung	
12. Juli	ab 10 Uhr	Aremberg bis Insul	**AHRSTEIG ERLEBEN** Wanderevent auf der 3. Etappe des AhrSteigs von Aremberg bis Insul mit geführten Wanderungen und Aktionen in den teilnehmenden Orten von Aremberg bis Insul. *www.ahrsteig.de*	 Foto: Dominik Ketz
13. Juli	18.15 Uhr	Bolsdorf	**KIRMES IN BOLSDORF** Festzelt in Bolsdorf (Einlass: 18.15 Uhr) Dorfrocker Live in Concert mit DJ Christian Schall	
17./18. Juli	18.00 Uhr	Sinzig Kirchplatz	**SINZIGER WEINSOMMER** Abendweinfest, bei dem Besucher regionale und internationale Weine probieren und genießen können. Top-Musiker bieten an beiden Abenden kostenlose Open-Air-Konzerte. *www.ag-sinzig.de*	 Foto: Martin Gausmann
17. - 19. Juli		Nürburgring	**INTERNATIONALER ADAC TRUCK-GRAND-PRIX** *www.truck-grand-prix.de*	 Foto: Robert Kah
18./19.07.20	Samstag ab 19 Uhr, Sonntag ab 11 Uhr.	Nohn Gemeindehaus	**SCHÜTZENFEST** im und am Gemeindehaus in Nohn	 Foto: Claudia Peters/pixabay
18.-25.07.20		Brohltal	**NACHT DER VULKANE** Kultur- und Erlebniswoche rund um den Laacher See mit einer Vielzahl von Veranstaltungen und großem Abschluss mit vulkanischem Feuerspektakel im Brohltal. *www.nacht-der vulkane.de*	

19. Juli	ab 10 Uhr	Gerolstein-Lissingen	**RADERLEBNISTAG - KYLLTAL AKTIV -** Autofreies Kylltal von Lissingen bis St. Thomas. Radler, Inline-Skater und Wanderer genießen das idyllische Kylltal auf rund 20 Kilometern. *www.gerolsteiner-land.de*	 Foto: TW Gerolsteiner Land
23. - 25. Juli		Daun	**ADAC EIFEL-RALLYE FESTIVAL** Motorsportfans feiern das „Klassentreffen des internationalen Rallye-Sports“ rund um Daun. *www.eifel-rallye-festival.de*	 Foto: RBHahn
23. - 26. Juli		Simmerath-Rurberg	**RURSEEFEST MIT RURSEE IN FLAMMEN** Donnerstag ab 18 Uhr, Freitag ab 19 Uhr, Samstag 10 - 24 Uhr, Sonntag 10 - 16 Uhr. *www.rursee-in-flammen.de*	 Foto: Dominik Ketz
24. - 26. Juli		Nürburgring	**RAD AM RING** Radevent auf der schönsten Rennstrecke der Welt mit großem Rahmenprogramm auf dem Nürburgring *www.radamring.de*	 Foto: Sportograf
24. - 27. Juli		Gerolstein	**ST. ANNA KIRMES GEROLSTEIN** *www.gerolsteiner-land.de*	 Foto: TW Gerolsteiner Land
25. Juli		Bitburg	**BITBURGER BRADERIE** Open-Air Flohmarkt der Gewerbebetriebe in der Fußgängerzone mit Rahmenprogramm.	
25. Juli	12.00 Uhr	Bad Neuenahr	**BURGUNDERFEST** – Bei einer Wanderung auf dem Rotweinwanderweg erwarten bereits drei Probierstände die Gäste, bevor dann auf der Festwiese bei Musik, Wein und kleinen kulinarischen Genüssen gefeiert werden kann. *www.burgunderfest.de*	 Foto: Weingut Sonnenberg
25.-27. Juli		Wiesbaum	**ANNA-KIRMES** Am Bürgerhaus	
31. Juli - 2. August		Altenahr	**ALTENAHRER BURGENFEST** Altenahr im Wandel der Zeit präsentiert Altbewährtes und Neues harmonisch vereint im verkehrsberuhigten Ortskern. *www.altenahr-ahr.de*	 Foto: W. Dreschers

AUGUST

1. August		Schalkenmehren	**VULKAN-CROSS-TRIATHLON** Eines der sportlichen Highlights in der Vulkaneifel: Schwimmen, Laufen und Radfahren rund um das Schalkenmehrener Maar. *www.cross-triathlon-schalkenmehren.de*	
1. August		Nürburgring	**VLN LANGSTRECKENMEISTERSCHAFT LAUF 6** *www.vln.de*	
1. August	13.00 Uhr	Bickendorf Motorradwiese	**NIMSROCK-REVIVAL** Benefiz Rockkonzert zugunsten der Special Olympics Rheinland-Pfalz. Unter anderem dabei „Emil Bulls“ – die Alternative-Metal-Band aus München.	
1./2. August		Leudersdorf Schützenplatz	**43. WALD- UND WIESENFEST** Junggesellenverein Leudersdorf	
7. - 9. August		Zülpich	**PIRATEN ABENTEUER** Piraterie vom Feinsten mit Musik und Säbelrasseln Park am Wallgraben in Zülpich *www.piraten-abenteuer.de*	
7. - 17. August	Täglich 14 - 24 Uhr	Aachen	**ÖCHER SOMMERBEND** Sommerkirmes in Aachen *www.aachen-tourismus.de*	
8. August		Euskirchen	**KUNSTHANDWERKERMARKT** Schöne Dinge von Hand gemacht Klosterplatz Euskirchen *www.z-eu-s.de*	
8. August		Bad Bertrich	**OPEN AIR KINO PICKNICK** Einmal im Jahr verwandelt sich der Römerkessel in Bad Bertrich zu einem großen Freiluftkino mit besonderer Atmosphäre. *www.bad-bertrich.de*	
8. / 9. August		Bad Neuenahr Kurpark	**GENUSS AM FLUSS** „Mit allen Sinnen genießen“ ist das Motto des Open-Air-Festivals „Genuss am Fluss“. *www.bad-neuenahr-ahrweiler.de*	

Foto: Jan Brucke
Foto: hendrikertel/pixabay
Foto: Thomas B./pixabay
Foto: William Adams/pixabay
Foto: cocoparisienne/pixabay
Foto: Marco Rothbrust

AUGUST

8.-10. August		Hillesheim	**ADAC OBEREHE RALLYE** Start und Ziel an der Markthalle in Hillesheim *www.msc-oberehe.de*	 Foto: Dimitris Vetsikas/pixabay
9. August	10.00 Uhr		**RADAKTIONSTAG GRENZENLOS KYLLRADWEG** Radaktionstag auf der ehemaligen Bahnstrecke zwischen Jünkerath und dem ostbelgischen Büllingen. *www.grenzenlos-kyllradweg.de*	 Foto: Sylwia Aptacy/pixabay
14. - 16. August		Nürburgring	**ADAC GT MASTERS** *www.adac-gt-masters.de*	 Foto: Gruppe C
14. - 16. August		Heimersheim	**HISTORISCHES WEINFEST** Eine Reise in die Vergangenheit: Mittelalter zum Anfassen und Erleben. Handwerksleute und holde Edelfrauen erinnern an ferne Epochen. *www.bad-neuenahr-ahrweiler.de*	 Foto: Dominik Ketz
15./16. August		Mechernich	**ZEITBLENDE 1970** Freilichtmuseum Kommern *www.kommern.lvr.de*	
15.-21. August		Ettringen	**BILDHAUERSYMPOSIUM** Für die Besucher ist es ein Erlebnis zu sehen, wie vor einzigartiger Kulisse eine Idee vor ihren Augen zu einem Kunstwerk geformt wird und Gestalt annimmt. *www.vordereifel.eu*	 Foto: Svenja-Schulze-Entrup
20.-23. August	DO-FR 16 - 24 Uhr SA-SO 12 - 24 Uhr	Aachen Katschhof	**WEINSOMMER** Rund 20 rheinland-pfälzische Winzer präsentieren ihre Weine vor historischer Kulisse auf dem Katschhof. *www.aachen-tourismus.de*	 Foto: A. Steindl
21.-23. August		Walporzheim	**LÄNDLICHES WEINFEST**	 Foto: Klaus Böhm/pixabay
21.-23. August		Nürburgring	**NEW HORIZONS** - Beim EDM Festival öffnen sich die Tore zur magischen Party-Dimension am Nürburgring: Musikfans von EDM bis Hardstyle und Techno kommen voll auf ihre Kosten *www.newhorizons-festival.com*	 Foto: ALDA

22./24. August		Ettringen	**STEINMETZFEST** Im Anschluss an das Symposium folgt das traditionelle „Steinmetzfest“ auf der Ettringer Lay. *www.vordereifel.eu*	 Foto: Svenja-Schulze-Entrup
22./23. August	9 - 18 Uhr	Hillesheim	**ANTIK-/TRÖDELMARKT** Markthalle am Viehmarkt	 Foto: Jochen Hank
28.-30. August	20. - 23.30 Uhr	Aachen	Aachen Kurpark Mohnheimallee 22 **KURPARK CLASSIX** Eine der beliebtesten Open Air-Veranstaltungen in Aachen. *www.kurparkclassix.de*	
28.-31. August		Kottenheim	**KRÖBBELCHESFEST** in Kottenheim Die Besucher bekommen ein vielseitiges Angebot an Information und Unterhaltung mit Livemusik, inklusive des traditionellen Handwerkermarktes. *www.kroebbelchesfest.de*	 Foto: Couleur/pixabay
29.-30. August		Manderscheid	**HISTORISCHES BURGENFEST** Veranstaltung für alle Mittelalterfans mit Ritterwettkämpfen, Gauklern und allem, was zu einem Mittelalterfest dazugehört. *www.burgenverein-manderscheid.de*	 Foto: Mike D. Winter
29. August		Gillenfeld	**MAARE-MOSEL-LAUF** Der Erlebnislauf im Land der Maare und Vulkane. Von Halbmarathon bis Bambinilauf werden viele verschiedene Läufe angeboten. *www.maaremosellauf.de*	
29. August		Nürburgring	**VLN LANGSTRECKENMEISTERSCHAFT LAUF 7** *www.vln.de*	 Foto: Jan Brucke
29.-31. August		Adenau	**ADENAUER HEIMATFEST** Heimatfest mit verkaufsoffenem Sonntag in der autofreien Innenstadt von Adenau *www.hocheifel-nuerburgring.de*	 svenbauer photography
29. August - 06. September			**NORDEIFEL - MORDEIFEL** Krimitag im Krimiland Eifel Kreis Euskirchen Verschiedene Standorte *www.nordeifel-mordeifel.de*	 Andrii Klemenchenko/fotolia

SEPTEMBER

3. September		Bitburg	**BITBURGER AUTOFESTIVAL & GÄßESTREPPERFEST** *www.eifel.info*	
4. - 6. September		Ahrweiler	**AHRWEILER WINZERFEST** *www.bad-neuenahr-ahrweiler.de*	 Foto: Dominik Ketz
5. / 6. September		Geichlingen	**ZWETSCHGENFEST** mit Bauern- und Handwerkermarkt *www.quetschenfest.de*	 Foto: FFW Geichlingen
5. / 6. September	SA 10. - 19 Uhr SO 11 - 18 Uhr	Aachen Innenstadt	**EUROPAMARKT** – Designstücke und Kunsthandwerk. Der Markt findet auf insgesamt 7 Plätzen in der Aachener Innenstadt rund um den Dom und das Rathaus statt. *www.aachen-tourismus.de*	 Foto: A. Steindl
5. / 6. September		Mechernich-Satzvey	Burg Satzvey **RITTERFESTSPIELE HERBST** *www.burgsatzvey.de*	 Foto: Poema66/wikipedia
6. September		Gerolstein	**EHRENAMTSTAG GEROLSTEIN** An diesem Tag wird allen Engagierten in Rheinland-Pfalz dafür gedankt, dass sie ihre Zeit und Tatkraft für ein gutes Miteinander investieren. *www.gerolsteiner-land.de*	 Foto: Myriam Zilles/pixabay
11./ 12. September		Daun	**VULKANBIKE EIFEL-MARATHON** Mit rund 2.000 Teilnehmern das Radsportevent für die nationale und internationale Mountainbiker-Szene mitten in der Vulkaneifel. *www.vulkan.bike*	 Foto: Sportograf
11. - 13. September		Ahrweiler	**WEINMARKT MIT ALTSTADTFEST** *www.bad-neuenahr-ahrweiler.de*	 Foto: Dominik Ketz
11. - 13. September		Hillesheim Markthalle	**29. OLDTIMERTREFFEN HILLESHEIM** Das beliebte Treffen der Oldtimerfreunde für fast alle Fahrzeugkategorien mit Teilemarkt. *www.oldtimer-hillesheim.de*	

11. - 13. September		Nürburgring	**DTM DEUTSCHE TOURENWAGEN MEISTERSCHAFT**	 Foto: Robert Kah
11. - 13. September	FR-SA 9 - 24 Uhr SO 9. - 18 Uhr	Simmerath Rurberg	**BALLOON-, STREETFOOD-, SWOOP-FREESTYLE - FESTIVAL** *www.rursee.de*	
12. / 13.September		Mechernich-Satzvey	**RITTERFESTSPIELE HERBST** Burg Satzvey *www.burgsatzvey.de*	 Foto: Ziko van Dijk/wikipedia
13. September	ab 9.00 Uhr	Bitburg	**25. BITBURGER STADTLAUF** Start und Ziel ist am Barockschlösschen in der Kölner Straße *www.stadtlauf-bitburg.de*	 Foto: Fandel
13. September	ab 10.00 Uhr	Blankenheim	**MARKT LEBENDIGER GESCHICHTE** Tag des offenen Denkmals. Entdecken Sie Aussteller, Leckereien, Kunstobjekte, Deko-Artikel, Keramik, Wolle und Stoffe, Tier- und Waldkunde. Führungen im Ortskern. *www.blankenheim.de*	
17. - 20. September		Aachen	**AACHENERSEPTEMBERSPECIAL** Vier Tage, vier Bühnen in der Aachener Innenstadt und zahlreiche kostenfreie Konzerte *www.aachen-tourismus.de*	 Foto: A. Steindl
18. - 20. September		Wershofen	**WESTERNTREFFEN IN WERSHOFEN** Internationales Westerntreffen mit Hufeisenwerfen, Wettschießen, Bratpfannenwerfen und vielen weiteren Highlights zum Thema „Western“ *www.hocheifel-nuerburgring.de*	 Foto: Clarissa Schmitz
18. / 20. September		Rockeskyll	**ERNTEDANKFEST** mit großem Festumzug am Sonntag	 Foto: Hans Benn/pixabay
18. September - 4. Oktober		Zülpich	**LEUCHTENDE GÄRTEN ZÜLPICH** im Park am Wallgraben	 Foto: Michael/flickr

19./20.09.		Mechernich	**NACH DER ERNTE - RÖSSER, TRECKER** im Freilichtmuseum Kommern *www.kommern.lvr.de*	
20. September	10.00 Uhr	Gerolstein	**GEROLSTEINER EIFELSTEIGLAUF** Über unverfälschten Naturboden führt der Lauf durch die wunderschöne Landschaft der Eifel und bietet so genau das Richtige für Läufer mit Hang zur Natur. *www.gerolsteiner-land.de*	 Foto: TW Gerolsteiner Land
20. September	10.00 Uhr	Oberweis	**WALD TUT GUT!** Wanderung Treffpunkt: Wanderparkplatz vor dem Ortseingang Oberweis	
25. - 27. September		Hellenthal	**LTD. GRAVEL RAID** Fahrradcross-Wochenende mit Musikfestival am Campingplatz Hellenthal	
25. - 28. September		Dernau	**WINZERFEST** im Weinkulturdorf Dernau *www.dernau.de*	
26. September		Nürburgring	**VLN LANGSTRECKENMEISTERSCHAFT LAUF 8** *www.vln.de*	 Foto: Jan Brucke
26./ 27. September		Hillesheim	**ANTIK- UND TRÖDELMARKT** an der Markthalle *www.gerolsteiner-land.de*	 Foto: Jochen Hank
26./ 27. September		Euskirchen	**EUSKIRCHENER KNOLLENFEST** Buntes Stadtfest mit Musikprogramm in der Innenstadt von Euskirchen	 Foto: Couleur/pixabay
30. September - 4. Oktober			**SÜDEIFEL WANDERWOCHE** *www.felsenland-suedeifel.de*	 Foto: Hans-Dieter Heck

OKTOBER

30. September - 4. Oktober			**SÜDEIFEL WANDERWOCHE** *www.felsenland-suedeifel.de*	 Foto: Hans-Dieter Heck
1. Oktober		Speicher	**HERBSTMARKT**	 Foto: Hans Benn/pixabay
02. - 06. Oktober		Bollendorf	**WANDERWOCHE SÜDEIFEL** *www.wandertag-suedeifel.de*	 Foto: Hans-Dieter Heck
3. Oktober		Nettersheim	**EIFELER OKTOBERFEST MIT HERBSTMARKT**	 Foto: Hans Benn/pixabay
3. Oktober		Ulmen	**APFELFEST IN ULMEN** Ein Fest, bei dem sich alles um den Apfel dreht: Apfelsortenschau, Infos zur Veredelung von Obstbäumen, Apfelgelee, Apfelsaft, Apfelküchlein …	 Foto: Jochen Hank
3. Oktober	11.30 Uhr	Boos	**OKTOBERFEST IN BOOS** Almabtrieb in Boos mit anschließendem Frühschoppen und musikalischer Unterhaltung durch die „Original Goldbach Musikanten“. *www.boos-eifel.de*	 Foto: Gasthof zur Quelle
03. / 04. Oktober		Ernzen	**HERBSTFEST IM DINOSAURIERPARK TEUFELSSCHLUCHT** in Ernzen *www.dinopark-teufelsschlucht.de*	 Foto: Elke Wagner
4. Oktober		Nettersheim	**MINERALIENBÖRSE** im Naturzentrum Eifel	 Foto: Robert Strasser/pixabay
4. Oktober		Kreis Euskirchen	**ARCHÄOLOGIETOUR NORDEIFEL** Führungen an sechs Bodendenkmälern und Mitmachprogramm für Kinder *www.archaeologietour-nordeifel.LVR.de*	 Fcto: Marcel Zajani, LVR

7. Oktober - 10. Januar 21	DI-SO 10 - 17 Uhr	Aachen	**DREI AUSSTELLUNGEN** über das historische Zusammentreffen von Albrecht Dürer und Karl V. 1520 in Aachen *www.aachen-tourismus.de*	
9. - 11. Oktober		Insul an der Ahr	**OKTOBERFEST IN INSUL AN DER AHR** Drei Tage lang wird in Insul an der Ahr Oktoberfest gefeiert. Eines der vielen Highlights ist der Erntedank- und Trachtenumzug am Sonntag. *www.oktoberfest-insul.de*	 Foto: motointermedia/pixabay
08.-11. Okt. 15.-18. Okt.	20.00 Uhr	Bad Neuenahr-Ahrweiler Kurpark	**KLANGWELLE** Die Klangwelle Bad Neuenahr-Ahrweiler vereint Wasser, Feuer, Laser, Licht und Musik zu einer einzigartigen Show mit Gänsehaut-Faktor. *www.die-klangwelle.de*	 Foto: Dominik Ketz
10. Oktober	18.00 Uhr	Gerolstein	**6. LIONS-BENEFIZKONZERT** Gerolstein, Erlöserkirche, Sarresdorfer Straße „Extension Jazz Quartett“ unter der Leitung des Musikers und Künstlers Franziskus Wendels (Daun/Köln)	 Foto: Free-Photos/pixabay
11. Oktober		Bitburg	**BITBURGER BAUERNMARKT** *www.eifel.info*	
17. / 18. Oktober		Mechernich	**HISTORISCHER KUNSTHANDWERKERMARKT** *www.mechernich.de*	 cocoparisienne/pixabay
22. Okt. 26. Nov. 17. Dez.	20.00 Uhr	Bad Neuenahr Kurhaus	**WIENER KLASSIK** Die Klassische Philharmonie Bonn unter der Leitung von Prof. Heribert Beissel präsentiert in der Saison 2020/2021 wieder sechs Konzerte. *www.das-heilbad.de*	 Foto: Dominik Ketz
24. Oktober		Nürburgring	**VLN LANGSTRECKENMEISTERSCHAFT LAUF 9** *www.vln.de*	 Foto: Jan Brucke
24. Oktober		Zülpich	**STRANDLEUCHTEN ZÜLPICH** im Seepark Zülpich Stimmungsvolle Strandiluminationen *www.seepark-zuelpich.de*	

25. Oktober	13.00 Uhr	Bad Neuenahr	**RUND UM DEN WECKMANN** Von 13 bis 18 Uhr darf nach Herzenslust geschlendert, geguckt und gekauft werden. Als kleines Präsent gibt es an vielen Stellen für die Kunden Hefewecken. *www.bad-neuenahr-ahrweiler.de*	 Foto: Gerd Weigl
25. Oktober	12.00 Uhr	Jünkerath	**KÜRBISMARKT JÜNKERATH** Ein interessanter Einkaufsbummel mit zahlreichen Aktivitäten und Aktionen Jünkerather Vereine erwartet die Besucher. *www.gerolsteiner-land.de*	 Foto: Wokandapix/pixabay
31. Oktober	17.00 Uhr	Bitburg	**HALLOWEEN SHOPPING** in der Bitburger Innenstadt	 Foto: TI Bitburg
31. Oktober		Bad Bertrich	**HALLOWEEN SAUNA EVENT** in Bad Bertrich in der Vulkaneifel Therme *www.vulkaneifeltherme.de*	

NOVEMBER

7. November		Euskirchen	**NIGHT GROOVE** - Musikalisches Kneipenfestial *www.nightgroove.de*	 Foto: Pexels/pixabay
7. / 8. November	9 - 18 Uhr	Hillesheim	**ANTIK-/TRÖDELMARKT** Markthalle am Viehmarkt *www.gerolsteiner-land.de*	 Foto: Jochen Hank
7. / 8. November		Speicher	**VORWEIHNACHTSMARKT UND VERKAUFSOFFENER SONNTAG**	
8. November	7.30 - 12.30 Uhr	Monreal	**34. INT. HERBSTWANDERUNG** rund um Monreal	 Foto: DePr/wikipedia

NOVEMBER

8. November	ab 12 Uhr	Adenau	**MARTINSMARKT IN ADENAU** Der Martinsmarkt in Adenau lockt mit einem verkaufsoffenen Sonntag in der autofreien Innenstadt. *www.eifel.info*	 Foto: ASSY/pixabay
13. - 16. November		Nohn	**KIRMES IN NOHN** im Gemeindehaus mit Tanz und Frühschoppen	
13. - 15. November		Ahrweiler	**ALTENAHRER MAATELJASS** Der Weinort Altenahr feiert mit seinen Gästen das traditionelle Erntedankfest der Winzer mit Führungen, Weinbergswanderungen und kulinarischen Spezialitäten. *www.altenahr-ahr.de*	 Foto: Werner Deschers
14. November		Ahrweiler	**TRADITIONELLES MARTINSFEUER IN AHRWEILER** Die Junggesellenvereine von Ahrweiler konstruieren sensationelle Bergfeuer und brennende Schaubilder in den Weinbergen rund um Ahrweiler. *www.altenahr-ahr.de*	 Foto: Dominik Ketz
21. / 22. November		Nettersheim	**8. EIFELER BUCHMESSE UND 7. JUGENDLITERATURPREIS EIFEL** Nettersheim Naturzentrum Eifel	 Foto: Jochen Hank
27. - 29. November		Ahrweiler	**WEIHNACHTSMARKT** Der historische Altstadtkern verwandelt sich an den Adventswochenenden mit seinem stimmungsvollen Weihnachtsmarkt in ein glanzvolles Wintermärchen. *www.bad-neuenahr-ahrweiler.de*	 Foto: Klaus Geck
27. - 29. November		Kronenburg	**WEIHNACHTSMARKT** im historischen Burgort Kronenburg *www.kronenburger-weihnachtsmarkt.de*	 Foto: Iris Hamelmann/pixabay
28. November	11.00 Uhr	Mayschoß	**NIKOLAUSMARKT** Weihnachtsmarkt in den historischen Gewölbekellern der Winzergenossenschaft Mayschoß-Altenahr *www.ahrtal.de*	 Foto: Matthias Baltes
28. / 29. November		Dudeldorf	**WEIHNACHTSMARKT** *www.eifel.info*	 Foto: TI Bitburger Land

28. / 29. November		Mechernich- Satzvey	**BURGENWEIHNACHT** *www.burgsatzvey.de*	 Foto: Arkadius Neumann
28. / 29. November		Reifferscheid	**HEIMELIGER MARKT** in historischer Kulisse *www.hellenthal.de*	 Foto: Sven Gaedtke
28. / 29. November		Manderscheid	**MANDERSCHEIDER BURGENWEIHNACHT** Zauberhafter Weihnachtsmarkt in der Kulisse der historischen Burgen von Manderscheid mit lebendiger Krippe. *www.eifel.info*	 Foto: Sigrun Neumann
28. / 29. November		Neuerburg	**WEIHNACHTSMARKT** *www.neuerburg-eifel.de*	 Foto: Martin Brunker
29. November		Ulmen	**WEIHNACHTSMARKT AUF DER ULMENER BURG** Weihnachtsmarkt an der historischen Burgruine von Ulmen direkt am Ulmener Maar. *www.stadt-ulmen.de*	 Foto: Doris Meta F/flickr
29. November	14.45 Uhr	Wiesbaum	**THEATERAUFFÜHRUNG „BÜHNENMÄUSE“** in Wiesbaum im Jugendheim	 Foto: Gabi Schoenemann
1. bis 3. Advent	SA und SO	Simmerath	**WEIHNACHTSMARKT IN SIMMERATH-RURBERG** *www.rursee.de*	 Foto: Sephelonor/pixabay
20. Nov. - 30. Dez.		Bad Münstereifel Altstadt	**WEIHNACHTSSTADT MIT LICHTERFEST** in der historischen Altstadt in Bad Münstereifel vom 20.11. bis 30.12.20 *www.bad-muenstereifel.de*	 Foto: rockschaf/pixabay

DEZEMBER

1. bis 3. Advent	SA und SO	Simmerath	**WEIHNACHTSMARKT IN SIMMERATH-RURBERG** *www.rursee.de*	 Foto: Sephelonor/pixabay
20. Nov. - 30. Dez.		Bad Münstereifel	**WEIHNACHTSSTADT MIT LICHTERFEST** in der historischen Altstadt in Bad Münstereifel *www.bad-muenstereifel.de*	 Foto: rockschaf/pixabay
ab 04. Dez.	SA ab 16.00 Uhr SO ab 14.00 Uhr	Bad Neuenahr Kurpark	**UFERLICHTER,** 2. – 4. Adventswochenende und zw. den Jahren. Einmaliges Ambiente des Ahrufers und eine andere Form des weihnachtlichen Geschehens. Traumhafte Lichterstimmung und Dekoration verzaubern. *www.uferlichter.de*	 Foto: Dominik Ketz
4. - 6. Dezember		Daun	**DAUNER ADVENTSLEUCHTEN** Der etwas andere Weihnachtsmarkt: Kunstvolle Illuminationen und gemeinnütziges Engagement stehen im Vordergrund. *www.gesundland-vulkaneifel.de*	 Foto: Iris Hamelmann/pixabay
04.-06. Dez. 11.-13. Dez. 18.-20. Dez.		Ahrweiler	**WEIHNACHTSMARKT** – Der historische Altstadtkern von Ahrweiler verwandelt sich an den Adventswochenenden mit seinem stimmungsvollen Weihnachtsmarkt in ein glanzvolles Wintermärchen. *www.bad-neuenahr-ahrweiler.de*	 Foto: Klaus Geck
im ganzen Advent		Aachen	**AACHENER WEIHNACHTSMARKT** Er zählt mit seiner romantischen Atmosphäre zu den schönsten Weihnachtsmärkten in ganz Europa. *www.aachen-tourismus.de*	 Foto: Aachen Tourist Service
05./06. Dez. 12./13. Dez. 19./20. Dez.	SA 13 - 20 Uhr SO 12 - 19 Uhr	Mechernich Burg Satzvey	**BURGENWEIHNACHT** Einer der wohl schönsten und romantischsten Weihnachtsmärkte mit mittelalterlichem Krippenspiel. www.burgsatzvey.de	 Foto: Poema66/wikipedia
05./06.12.20		Hillesheim	**HALLENWEIHNACHTSMARKT HILLESHEIM** Der größte Hallenweihnachtsmarkt in der Vulkaneifel in der beheizten und festlich geschmückten Markt- und Messehalle. *www.werbegemeinschaft-hillesheim.de*	 Foto: Jochen Hank
12./13.12.20		Monreal	**URIGER ADVENTSMARKT VOR IDYLLISCHER KULISSE** Monreal ist die perfekte Kulisse für einen urigen Adventsmarkt, der auf die besinnliche Weihnachtszeit einstimmt und nicht nur Kinderaugen zum Leuchten bringt. *www.monrealeifel.de*	 Foto: Svenja Schulze-Entrup

12. / 13. Dezember	14.30 Uhr	Wiesbaum	**THEATERAUFFÜHRUNG JUGENDGRUPPE „COOLISSE“** Wiesbaum Jugendheim	 Foto: Gabi Schoenemann
12. / 13. Dezember		Kall-Steinfeld	**WEIHNACHTSMARKT IM KLOSTER STEINFELD** *www.kloster-steinfeld.de*	
12. / 13. Dezember		Gerolstein	**GEROLSTEINER WEIHNACHTSMARKT** Der Weihnachtsmarkt lädt mit verführerisch duftenden Waffeln, Plätzchen, Kakao und Glühwein zum Verweilen und Stöbern ein. *www.gerolsteiner-land.de*	 Foto: TW Gerolsteiner Land
13. Dezember		Speicher	**ADVENTSAUSSTELLUNG** im Museum der Verbandsgemeinde Speicher	
19. Dezember		Bad Bertrich	**WEIHNACHTS-SAUNA-EVENT** in Bad Bertrich in der Vulkaneifel Therme *www.vulkaneifeltherme.de*	
19. Dezember		Monreal	**WEIHNACHTEN MIT DER BURGKAPELLE MONREAL E.V.** In der Pfarrkirche Kreuzerhöhung	 Foto: Jochen Hank
23. Dezember		Hillesheim Stadtmauer	**TURMMUSIK** mit Musikern des Musikvereins Hillesheim *www.mv-hillesheim.de*	 Foto: Jochen Hank
25. Dezember	19.30 Uhr	Nohn	**WEIHNACHTSKONZERT MUSIKVEREIN NOHN** Ecke Kirchstraße/Hauptstraße - der Musikverein bringt bei Glühwein und Kakao bekannte Weihnachtslieder zu Gehör. *www.nohn-eifel.de*	

Der Verlag übernimmt keinerlei Garantie für die Richtigkeit der Angaben. Veranstaltungstermine und -zeiten können sich ändern. Für den Besuch einzelner Veranstaltungen fallen ggf. Kosten an bzw. müssen Tickets erworben werden. Bitte Informieren Sie sich im Vorfeld beim Veranstalter. Die Fotorechte liegen, sofern nicht anders verzeichnet, bei den jeweiligen Veranstaltern.

Hintergrundfoto: Jochen Hank

Heimat hautnah.
VulkanEifel
Deutschland: 4,50 €
Nr. 4 / Oktober - Dezember 2019
Entschleunigung auf vier Rädern • Naherholung im Biotop Steinbruch
Immer der Nase nach • Tatort Eifel: Dreharbeiten in Hillesheim • So kocht die Eifel
Engelshof in Hetzerath
30 Jahre Eifelkrimi
Jetzt Jahresabo verschenken!
... oder sich selbst gönnen!
Telefon (0 26 96) 12 21
www.vulkaneifel-hautnah.de